KB179798

혼자서 따라하기 쉬운 모든 업무 8

한권으로 끝장내자 인사노무 급여관리 근로기준법 실무설명서

손원준 지음

모든 실무자가 가장 짜증 내는 노무관리업무를 한눈에!

"인사 노무, 급여 계산은 제발 노무사에게 맡기고 싶어요.
그런데 사장님은 저보고 직접 하라고 해요. 답답합니다."

경리담당자가 이것까지 해야 하나요?

"기장 대리업체에 물어봐도 잘 모르고 어디서부터 어떻게 시작해야 할지 모르겠어요."

K.G.B
지식만들기
이론과 실무가 만나 새로운 지식을 창조하는 곳

머리말...

근로기준법을 꼭 알아야 할 필요가 있나요? 그냥 하던 대로 처리하면 되지 법적인 문제가 생길 일이 있나요?

혹시 문제가 생기면 인터넷에서 찾아보면 되고 어차피 봐도 모르는 것은 마찬가지인데... 다른 일도 바쁜데...

벌어 먹고살기 바쁜 시절에는 '회사가 월급만 잘 주고, 많이 주면 그만이지' 라고 생각했는데, 세월이 흐르다 보니 이제 권리를 찾으려는 근로자들이 많이 늘어나고 있는 것이 현실이다.

예를 들어 "월급은 언제 얼마 줄게" 등 채용 시 사장이 그냥 구두로 이야기하던 내용이 이제는 근로계약서를 반드시 문서로 쓰는 시절로 바뀌었고, 좋은 게 좋은 거라도 임금을 체불해도 아무 말 못 하고 가슴앓이하던 것이 관할 지방노동청에 임금체불을 신고해 분쟁이 발생하는 시절로 변했다.

따라서 멀게만 느껴졌던 근로기준법이 이제는 우리의 생활 속으로 친숙하게 다가오고 있다. 즉, 이제 노동법을 모르면 회사는 직원들의 요구에 적절히 대응하지 못하고, 직장인은 내가 받을 수 있는 권리를 적적히 이용하지 못하는 현실이 되었다.

회사에서 업무를 하면서 통상임금을 정확히 계산하지 못하면 각종 수당을 계산할 수 없고, 평균임금을 계산하지 못하면 직원들 퇴직금을 계산해서 지급하지 못하며, 지각 · 조퇴 · 결근 등 근태관리를 확실히 하지 않으면 분쟁시 분쟁 해결뿐만 아니라 확실한 수당계산이 어려워진다.

또한, 노동법을 정확히 알지 못하면 근로감독관 감독 시 적절한 준비를 하지 못해 적발되면 각종 비용을 추가로 부담할 수 있다.

이에 본서에서는 실무자 입장에서 꼭 알아야 할 내용만을 중심으로 다음과 같이 구성하였다.

제1장 근로기준법의 기본원리에서는 근로기준법을 흐름을 이해하는데 꼭 알고 있어야 할 기본용어와 판단기준을 제시해주고, 5인 이상 사업장과 5인 미만 사업장으로 구분해 규모에 맞는 근로기준법 적용내용을 설명해주고 있다.

제2장 근로계약서와 취업규칙의 작성에서는 근로계약과 연봉계약의 차이와 체결 방법, 일용근로자, 단시간근로자, 계약직 근로자, 수습근로자 등 회사가 채용하는 형태에 따른 다양한 근로계약서 작성 방법과 실제 사례를 제시하고 있다. 또한, 퇴직이나 해고 시 노사간 문제없는 근로계약 종료 방법과 문제 발생 시 해결 방법에 관해서도 설명하고 있다. 더불어 취업규칙의 작성방법과 변경방법에 대해서도 설명해주고 있다.

제3장 근로기준법상 근로시간과 휴식에서는 법정근로시간과 휴가, 휴식, 휴직, 지각, 조퇴, 결근 등 근태와 관련된 다양한 법률 규정 해설과 사례를 통해 손쉽게 실무자가 실무를 할 수 있게 해준다.

특히 실무자들이 어려워하는 연차휴가에 대해 체계적인 설명을 통해 누구나 쉽게 연차일수 및 연차수당 계산과 정산을 할 수 있도록 하고 있다.

제4장 근로기준법상 임금과 퇴직금에서는 임금, 수당, 상여금 및 퇴직금과 관련한 법률적용과 계산방법에 대한 실무적 사례를 제시해줌으로써 이해를 증진시키고 있다. 특히 실무에서 자주 발생하는 시간외근로수당의 적용과 계산사례에 중점을 둬 설명하고 있다.

제5장 근로감독관 근로기준법 점검에서는 근로감독관 점검 시 검토사항과 해결방안을 점검표를 통해 점검해 볼 수 있도록 구성했다.

끝으로 부족하지만, 본서를 구매해서 읽어주신 많은 독자분과 나의 사랑하는 아내, 예영, 예서 등 가족들에게도 감사의 말을 전하며, 부족한 부분은 다음 개정판에 적극적으로 반영하도록 노력하겠습니다.

저자 **손원준 올림**

차 례

제1장 ┃ 근로기준법의 기본원리

▪제2장 | 근로계약서와 취업규칙의 작성

제3장 | 근로기준법상 근로시간과 휴식 ■

■제4장 | 근로기준법상 임금과 퇴직금

제5장 | 근로감독관 근로기준법 점검

제1장
근로기준법의 기본원리

근로기준법의 기본원리

1 근로기준법의 의의

근로기준법과 이 법에 따른 대통령령은 국가, 특별시·광역시·도, 시·군·구, 읍·면·동, 그 밖에 이에 준하는 것에 대해서도 적용된다(근로기준법 제12조).

일반적으로 근로조건이란 임금, 근로시간, 취업 장소와 종사업무, 법 제96조 (단체협약의 준수)의 규정 사항 등을 의미한다. 단, 채용은 근로기준법에서 말하는 근로조건에서 제외된다(근로기준법 제1조).

근로기준법에서 정하는 근로조건은 최저기준이므로 근로관계 당사자는 이 기준을 이유로 근로조건을 낮출 수 없다(근로기준법 제3조). 여기서 이 기준을 이유로 근로조건을 저하시킬 수 없다는 의미는 근로기준법의 기준이 그렇게 정하고 있다는 이유로 현재 회사 규정에서 정해서 시행되고 있는 근로조건을 근로기준법에 맞추어 낮추면 안 된다는 의미이다. 즉 근로기준법과 회사 규정 중 근로자에게 유리한 것을 적용하면 실무상 문제가 없다. 다만, 사회 경제적 상황 변화나 경제 여건의 변화, 직무재설계, 사업 악화에 따른 노사

합의에 의한 근로조건의 저하 등은 가능하다.

근로조건은 근로자와 사용자가 동등한 지위에서 자유의사에 따라 결정해야 한다(근로기준법 제4조).

2 근로기준법의 기본원칙

↗ 근로자 평등 대우의 원칙

사용자는 근로자에 대해서 남녀의 성(性)을 이유로 차별적 대우를 하지 못하고, 국적·신앙 또는 사회적 신분을 이유로 근로조건에 대한 차별적 처우를 하지 못한다(근로기준법 제6조). 만약 이 규정을 위반해 차별적 처우를 하는 경우는 무효가 되고, 사용자는 500만 원 이하의 과태료를 매기게 된다. 여기서 근로조건에 대한 차별은 임금, 교육, 배치, 복리후생, 정년 등에서 성, 국적, 신앙, 사회적 신분만을 이유로 다른 합리적인 이유 없이, 차별대우를 하는 것을 말한다. 특히 성을 이유로 해서는 남녀고용평등과 일가정 양립지원에 관한 법에서 근로조건 외에 별도로 모집과 채용에 있어서도 남녀의 차별을 금지하고 있으며, 여성의 결혼, 임신, 출산을 이유로 퇴직시키거나 이를 이유로 하는 근로계약을 체결하는 것을 금지하고 있다.

↗ 강제 근로의 금지

사용자는 폭행, 협박, 감금, 그 밖에 정신상 또는 신체상의 자유를 부당하게 구속하는 수단으로써 근로자의 자유의사에 어긋나는 근로를 강요하지 못한다(근로기준법 제7조). 만약 이 규정을 위반해 강제 근로를 시킬 경우는 5년 이하의 징역 또는 3천만 원 이하의 벌금이라는 강력한 처벌 규정을 두고 있다.

여기서 금지되는 것은 근로자의 자유의사에 어긋나는 근로를 강요하는 것이 므로 그 수단이 폭행, 협박, 감금, 기타 정신상 또는 신체상의 자유의 부당한 구속뿐 아니라 위약금의 예정, 전차금 상계, 강제저축, 사직서 수리 지연 등 도 그로 인해 근로자의 자유의사에 반하는 근로를 강요하는 수준에 이른다 면 부당한 구속 수단에 해당될 수 있을 것이다.

↗ 폭행의 금지

사용자는 사고의 발생이나 그 밖의 어떠한 이유로도 근로자를 폭행하지 못 한다(근로기준법 제8조). 만약 이 규정을 위반하게 되면 5년 이하의 징역 또는 3천만 원 이하의 벌금에 처하도록 하고 있다. 즉, 근로자가 고의 또는 과실 로 사고를 유발했거나, 기타 질서유지에 위반했거나, 어떤 이유가 있더라도 민·형사상 책임을 물을 수는 있지만, 보복 또는 징계 차원에서 근로자를 폭 행해서는 안 된다. 여기서 말하는 폭행에는 직접적인 물리적 유형력뿐만 아 니라 수 차례의 폭언 반복, 몸수색 등도 해당한다.

↗ 중간 착취의 배제

누구든지 법률에 따르지 않고는 영리로 다른 사람의 취업에 개입하거나 중 간 인으로서 이익을 취득하지 못한다(근로기준법 제9조). 위반 시에는 5년 이하 의 징역 또는 3천만 원 이하의 벌금에 처한다고 규정하고 있다. 즉, 직업안 정법이나 파견법 등 다른 법률의 근거가 없이 반드시 직업적이 아니더라도 영리를 목적으로 타인의 취업에 개입하거나, 중간 인으로서 이익을 얻은 자 는 누구나 처벌 대상이 된다.

↗ 공민권 행사의 보장

사용자는 근로자가 근로시간 중에 선거권, 그 밖의 공민권(公民權) 행사 또는 공(公)의 직무를 집행하는데, 필요한 시간을 청구하면 거부하지 못한다. 다만, 그 권리 행사나 공(公)의 직무를 수행하는 데에 지장이 없으면 청구한 시간을 변경할 수 있다(근로기준법 제10조). 이 규정을 위반해 근로자의 공민권 행사 청구를 거부하거나, 근로시간 외의 시간으로 변경하는 것은 법 위반이 된다. 그러나 공직선거법, 민방위기본법, 향토예비군설치법 등 다른 법률에 특별히 유급으로 하도록 정한 경우가 아니면, 공민권 행사 시간에 대해 무급으로 하는 것은 무방하다.

3 근로자와 사용자의 의무

↗ 근로계약의 준수 및 이행 의무

근로자와 사용자는 각자가 단체협약, 취업규칙과 근로계약을 지키고 성실하게 이행할 의무가 있다(근로기준법 제5조).

↗ 보고, 출석의 의무

사용자 또는 근로자는 이 법의 시행에 관해서 고용노동부 장관·노동위원회법에 따른 노동위원회 또는 근로감독관의 요구가 있으면 지체없이 필요한 사항에 대해서 보고하거나 출석해야 한다(근로기준법 제13조).

⬈ 법령 요지 등의 게시

사용자는 이 법과 이 법에 따른 대통령령의 요지(要旨)와 취업규칙을 근로자가 자유롭게 열람할 수 있는 장소에 항상 게시하거나 갖추어 두어 근로자에게 널리 알려야 한다.

사용자는 위의 대통령령 중 기숙사에 관한 규정과 제99조 제1항에 따른 기숙사 규칙을 기숙사에 게시하거나 갖추어 두어 기숙(寄宿)하는 근로자에게 널리 알려야 한다.

 사업장에 게시해야 할 자료

- 법령 요지와 취업규칙 : 5인 이상 사업체(4인 이하 사업장의 경우 적용 제외)의 사용자는 근로기준법, 동법 시행령의 요지, 취업규칙을 근로자들이 자유롭게 볼 수 있는 장소에 비치하여 게시하여야 하며(근로기준법 제14조), 이를 위반한 경우 500만원 이하 과태료의 제재를 받는다(근로기준법 제116조 제2호).

- 최저임금 : 사용자는 ① 적용을 받는 근로자의 최저임금, ② 최저임금법 제6조 제4항에 따라 최저임금에 산입하지 아니하는 임금, ③ 최저임금법 제7조에 따라 해당 사업에서 최저임금의 적용을 제외할 근로자의 범위, ④ 최저임금의 효력 발생연월일 등의 내용을 게시하여 근로자에게 주지시켜야 한다(최저임금법 제11조). 이를 위반한 경우 100만 원 이하 과태료의 제재를 받는다(최저임금법 제31조 제1호).

- 성희롱 예방 교육자료 : 사용자는 남녀고용평등과 일·가정 양립 지원에 관한 법률에 따라 직장 내 성희롱 예방을 위한 교육을 연 1회 이상 실시하여야 하며, 예방 교육에는 ① 직장 내 성희롱에 관한 법령, ② 해당 사업장의 직장 내 성희롱 발생 시의 처리 절차와 조치 기준, ③ 해당 사업장의 직장 내 성희롱 피해근로자의 고충 상담 및 구제 절차, ④ 그 밖에 직장 내 성희롱 예방에 필요한 사항 등이 포함되어야 한다(남녀고용평등과 일·가정 양립 지원에 관한 법률 제13조).

  또한 사용자는 성희롱 예방 교육의 내용을 근로자가 자유롭게 열람할 수 있는 장소에 항상 게시하거나 갖추어 두어 근로자에게 널리 알려야 하며, 이를 위반하여 성희롱 예방 교육의 내용을 근로자가 열람할 수 있는 장소에 게시하지 아니한 경우 500만 원 이하 과태료의 제재를 받게 된다(남녀고용평등법 제39조 제2항).

- 장애인 인식개선 자료 : 사용자는 연 1회 장애인 인식개선 교육을 실시해야 한다. 다만, 상시 50인 미만 근로자를 고용하는 사업장의 경우 고용노동부 장관이 보급한 교육자료 등을 배포·게시하는 방법으로 장애인 인식개선 교육을 실시할 수 있다(장애인고용촉진 및 직업재활법 제5조의 2). 이를 위반한 경우 300만 원 이하 과태료가 부과된다.
- 산업안전보건법령의 요지 : 산업안전보건법 법령의 요지란 산업안전보건법과 그에 다른 명령 등 주요 사항을 요약한 내용이라고 보면 된다.

근로기준법에서 사용하는 용어의 뜻

근로기준법에서 사용하는 용어의 뜻은 다음과 같다(근로기준법 제2조).

1 근로자

근로자란 직업의 종류와 관계없이 임금을 목적으로 사업이나 사업장에 근로를 제공하는 자를 말한다.

❶ 직업의 종류와 싱관없이 공무원, 교원, 의사, 농업근로자, 부임근로자, 생산직, 사무직, 관리직, 영업직, 위탁실습생, 수련의 등도 모두 근로자이다.

❷ 사업 또는 사업장에서 근로를 제공한다는 것은 사업 또는 사업장에 고용되어 근로를 제공한다는 것을 말한다. 특히 사업이란 하나의 활동 주체가 되어 유기적 관련 아래 업(사회적 활동)으로서 계속적으로(계속할 의도로) 행하는 모든 작업을 말한다. 또 사업장이란 본사, 공장, 지점 등 그러한 작업이 행해지는 단위 장소 또는 장소로 구획된 사업체 일부분을 말한다.

가. 사업의 목적, 허가 유무, 업종 등은 묻지 않는다. 따라서 영리목적의 기업 외에도 비영리 또는 공익의 사업▌이라도 무방하고 법령상의 허가를 받지 않았거나 금지된 경우도 사업에 포함된다.

주 사회사업단체나 종교단체도 포함(대판 1978. 7. 11. 78다591 ; 대판 1992. 2. 14. 91누8098)

나. 또한, 업으로서 계속하려는 의도가 있는 이상 사업이 1회적 또는 일시적이더라도 사업에 해당한다.

❸ 임금을 목적으로 '근로' 를 제공하는 모든 사람은 근로자이다. 이러한 임금 목적성은 근로자성을 판단하는 주요 기준이므로 유념해야 한다.

❹ 근로란 정신노동과 육체노동을 모두 포함하는 개념이며, 근로자성이 있다는 것은 사용종속관계를 전제로 하는 것이다.

② 근로자성

근로기준법상의 근로자에 해당하는지? 여부는 계약의 형식과는 관계없이 실질에 있어서 근로자가 임금을 목적으로 종속적인 관계에서 사용자에게 근로를 제공하였는지? 여부에 따라 판단하여야 하고(2002.08.04, 근기 68207-973), 이를 판단함에 있어서는

① 업무의 내용이 사용자에 의하여 정해지는지? 여부

② 취업규칙 · 복무규정 · 인사 규정 등의 적용을 받으며, 업무수행 과정에 있어서도 사용자로부터 구체적이고, 직접적인 지휘 · 감독을 받는지? 여부

③ 사용자에 의해 근무시간과 장소가 지정되고, 이에 구속받는지? 여부

④ 근로자 스스로가 제3자를 고용하여 업무를 대행케 하는 등 업무의 대체적 유무

⑤ 비품·원자재, 작업 도구 등의 소유관계

⑥ 보수가 근로 자체의 대상적 성격을 갖고있는지? 여부

⑦ 기본급이나 고정급이 정해져 있는지? 여부

⑧ 근로소득세의 원천징수 여부 등 보수에 관한 사항

⑨ 근로 제공 관계의 계속성과 사용자에 전속성의 유무와 정도

⑩ 사회보장제도 등 다른 법령에 의해 근로자 지위를 인정해야 하는지? 여부

⑪ 양 당사자의 경제·사회적 조건 등 당사자 사이의 관계 전반에 나타나는 사정 등을 고려하여 종합적으로 판단해야 한다.

3 사용자

사용자란 사업주 또는 사업경영담당자, 그 밖에 근로자에 관한 사항에 대해서 사업주를 위해서 행위 하는 자를 말한다.

일반적으로 노동법상 사용자라고 하면 회사의 사업주를 연상하기 때문에 스님, 목사님, 신부님, 수녀님 등 성직자는 노동법상 사용자에 해당하지 않는다고 생각하기 쉽다.

노동법상 '사용자' 개념을 이해하기 위해서는 '근로'의 개념을 먼저 이해해야 한다. 근로는 정신노동과 육체노동을 말하고, 사용자란 사업주 또는 사업경영담당자 그 밖에 근로자에 관한 사항에 대해서 사업주를 위해서 행위 하는 자를 말한다.

❶ 사업주란 근로자를 사용하여 사업을 행하는 자를 말한다. 개인기업에 있어서는 그 기업의 기업주인 개인을 의미하고, 법인조직인 경우는 법인 그 자체를 말한다.

❷ 경영담당자란 사업경영 일반에 대해서 책임을 지는 사람으로서 사업주로부터 사업경영의 전부 또는 일부에 대해서 포괄적인 위임을 받고 대외적으로 사업을 대표하거나 대리하는 사람을 말한다.

❸ 근로자에 관한 사항에 대해서 사업주를 위해서 행위 하는 자(흔히 관리자라 부른다)란 인사, 임금 등 근로조건의 기획, 결정에 대한 실질적인 권한 또는 근로 제공에 대한 실질적인 지휘·감독 권한을 가진 사람을 말한다.

따라서 근로를 제공받아 사회적 일자리 사업장 등 비영리법인을 운영하는 스님, 목사님, 신부님, 수녀님 등 성직자도 노동법상 사용자에 해당한다.

4 사업 또는 사업장

사업 또는 사업장은 일정한 장소에서 유기적인 조직하에 업으로서 계속적으로 행해지고 있음을 요건으로 한다. 사업이 법인이든 개인 사업이든 불문한다. 업으로서 계속적으로 행하는 한 영리를 목적으로 하지 않더라도 관계가 없다. 따라서 국가 또는 지방자치단체가 행하는 사업, 국영기업체와 공익사업체, 정부투자기관 그리고 사회사업단체나 종교단체 또는 정당의 사무국 등이 행하는 계속적인 활동도 사업에 해당한다.

5 해외 국내기업과 국내 외국기업의 근로기준법

근로기준법은 국내법으로서 국내에서만 적용되며, 통치권이 미치지 못하는 국외의 사업에는 적용되지 않는 것이 원칙이다. 국내 회사가 현지에 독립된 법인을 설립하였을 경우 해외 현지법인은 근로기준법이 적용되지 아니한다 (1999.12.31, 근기 68207-1002).

국내의 외국인 사업도 법령 또는 조약상 특별한 규정이 없는 한 속지주의 원칙에 따라 근로기준법이 적용되는 사업이다. 다만, 독립된 해외 현지법인에는 국내 근로기준법이 적용되지 않으나 국내에 본사가 있고 출장소, 지점 등이 국외에 있는 경우에는 근로기준법이 적용된다(1992.04.01, 근기 01254-465)

6 근로

근로란 정신노동과 육체노동을 말한다. 여기서 정신노동이란 주로 두뇌를 써서 하는 노동을 말하고, 육체노동이란 육체를 움직여 그 물리적 힘으로써 하는 노동을 말한다.

7 근로계약

근로계약이란 근로자가 사용자에게 근로를 제공하고 사용자는 이에 대해서 임금을 지급함을 목적으로 체결된 계약을 말한다. 여기에서의 사용자는 사업주 또는 대표이사를 의미하며, 근로자는 근로를 제공하려는 본인이어야 하며 대리체결은 무효가 된다.

특히 미성년자도 근로계약은 반드시 미성년자 본인이 친권자나 후견인의 동의를 얻어 직접 체결해야 효력이 발생한다. 이러한 근로계약은 계약자유의 원칙에 따라 양 당사자가 자유롭게 체결할 수 있다. 다만, 사회적으로 약자인 근로자를 보호하기 위해서 법 기준에 미달하는 근로조건을 정한 근로계약은 무효로 하며, 무효로 된 부분은 법에 정한 기준이 적용된다. 아울러 취업규칙이나 단체협약에 미달하는 근로계약 역시 그 효력이 부정된다.

8 임금

임금이란 사용자가 근로의 대가로 근로자에게 임금, 봉급, 그 밖에 어떠한 명칭으로든지 지급하는 일체의 금품을 말한다.

근로의 대가라는 의미는 근로자가 사용자에게 노무를 제공하고 그에 대해서 금품을 지급받은 것이다. 따라서 사용자가 호의적, 은혜적, 실비변상적으로 지급하는 금품은 임금이라고 할 수 없다.

구분	임금에 해당하는 경우	임금에 해당하지 않는 경우
예시	❶ 정기적·계속적으로 지급하는 상여금, 생산장려금, 능률수당 ❷ 퇴직금(후불성 임금) ❸ 유급휴일, 연차휴가기간에 지급하는 수당 ❹ 휴업수당 ❺ 일률적으로 지급하도록 명시되어 있거나 관례적으로 지급되는 물가수당·통근수당·가족수당·월동수당 등의 복리후생적 성격의 금품	❶ 경조금·위로금 등의 의례적 호의적으로 지급되는 금품 ❷ 여비·출장비 등의 실비변상으로 지급되는 금품 ❸ 해고예고수당 ❹ 휴업보상 등의 재해보상금

↗ 평균임금

평균임금이란 이를 산정해야 할 사유가 발생한 날 이전 3개월 동안에 그 근로자에게 지급된 임금의 총액을 그 기간의 총일수로 나눈 금액을 말한다. 근로자가 취업한 후 3개월 미만인 경우도 이에 준한다. 다만, 산출된 금액이 그 근로자의 통상임금보다 적으면 그 통상임금액을 평균임금으로 한다.

↗ **통상임금**

통상의 근로일이나 근로시간에 대해 통상적으로 지급되는 임금을 말한다.

근로자에게 정기적·일률적으로 소정근로 또는 총 근로에 대하여 지급하기로 정해진 시간급 금액·일급금액·주급금액·월급금액 또는 도급금액을 말한다. 즉, 소정의 근로의 양 또는 질에 대하여 지급하기로 된 임금으로서 실제 근무일수나 수령액에 구애됨이 없이 정기적, 일률적으로 임금 산정기간에 지급하기로 정해진 고정급 임금을 의미하며, 실제 수령한 임금에 구애됨이 없이 고정적이고 평균적으로 지급되는 일반임금을 의미하는 것이다.

9 **소정근로시간**

소정(所定)근로시간이란 제50조, 제69조 본문 또는 「산업안전보건법」 제46조에 따른 근로시간의 범위에서 근로자와 사용자 사이에 정한 근로시간을 말한다. 즉, 법정근로시간 범위 내에서 노사 간에 정한 근로시간을 말한다. 즉, 일 8시간 또는 주 40시간의 범위(법정근로시간) 안에서 노사가 근로하기로 계약한 시간을 말한다.

소정근로시간은 상호 약정된 근로시간으로 실제 근로시간과는 관계가 없으며, 연장근로수당, 휴일근로수당, 연차수당을 산정할 때와 법률상, 일, 주, 월 등에 의한 통상임금을 산정할 때 중요하다.

소정근로시간은 반드시 단체협약, 취업규칙, 개별 근로계약에서 법정근로시간 범위 내에서 규정해야 한다.

10 (초)단시간 근로자(근로자의 구분)

단시간근로자란 1주 동안의 소정근로시간이 그 사업장에서 같은 종류의 업무에 종사하는 통상근로자의 1주 동안의 소정근로시간에 비해서 짧은 근로자를 말한다. 즉, 소정근로시간이 통상근로자의 소정근로시간 또는 주 평균근로시간보다 짧은 근로자를 말한다.

예를 들어 같은 업무를 1일 8시간, 주 40시간을 일하는 근로자가 있는 경우해당 근로자보다 소정근로시간이 적은 근로자를 단시간근로자라고 한다.

참고로 1주 15시간 미만 근무하는 근로자는 초단시간 근로자라고 한다.

일반적으로 통상근로자는 주 40시간 근무자를 일컬으며, 단시간근로자는 이보다 짧게 근무하는 모든 근로자를 일컫고, 초단시간 근로자는 단시간근로자중에서도 주 15시간 미만 근무자를 일컫는다.

그리고 일용근로자란 1일 단위 또는 1개월 미만의 계약기간을 정해서 고용된 근로자를 말한다.

 단시간근로자의 범위

- 4주간을 평균해서 1주간 소정근로시간이 동종업무에 종사하는 통상근로자와 비교해서 짧다면 단시간근로자에 해당한다(근기 68207-284, 2003.03.12).
- 소정근로시간을 1주 15시간 이상으로 정하고 1년간 근로계약기간을 설정하되, 방학기간은 근로하지 않기로 한 경우 1주간의 소정근로시간이 15시간 미만인 근로자에 해당하지 않는다(근기 68207-2562, 2002.07.22.). 즉 실제 근로시간이 아닌 근로하기로 약속한 소정근로시간을 기준으로 판단한다.
- 단시간근로의 경우 연장근로를 제외한 소정근로시간으로 주휴수당 및 연차유급휴가수당을 계산해야 한다(근로기준과-6465, 2004.11.30).

상시근로자 수에 따른 근로기준법 적용 범위

근 로기준법은 상시 5인 이상의 근로자를 사용하는 사업 또는 사업장에 적용한다. 다만, 동거하는 친족만을 사용하는 사업 또는 사업장과 가사(家事) 사용인에게는 적용하지 않는다.

상시 4명 이하의 근로자를 사용하는 사업 또는 사업장에 대해서는 근로기준법의 일부 규정을 적용할 수 있다.

근로기준법을 적용하는 경우 상시 사용하는 근로자 수를 산정하는 방법은 아래에 설명하는 바와 같다(근로기준법 제11조).

1 5명 이상(5인 부터) 사업장에 적용되는 근로기준법

상시 5인 이상의 근로자를 사용하는 사업장에 적용되는 근로기준법의 주요 내용은 다음과 같다.

구 분	해 설
해고 등의 제한 (4인 이하 미적용)	특별한 제한 없이 임의로 근로자를 징계하거나 해고할 수 없을 뿐만 아니라 출산휴가기간 및 그 후 30일, 산재요양기간 및 그 후 30일 동안은 어떠한 이유로도 해고가 금지된다. 따라서 4인 이하 사업장은 정당한 이유가 없어도 근로자들을 마음대로 해고하거나 징계할 수 있다.
연차 · 생리휴가 (4인 이하 미적용)	연차, 생리휴가를 부여해야 한다. 따라서 4인 이하 사업장은 연차 · 생리휴가를 주지 않아도 된다.
근로시간의 제한 (4인 이하 미적용)	1일 8시간, 1주 40시간의 법정 근로시간제가 적용되며, 연장근로에 대한 제한이 있다. 따라서 4인 이하 사업장은 근로시간에 제한이 없다.
연장 · 야간 · 휴일근로에 따른 할증임금	연장 · 야간 · 휴일근로에 대해서 할증임금(50%)을 지급해야 한다. 그러나 4인 이하 사업장은 지급하지 않아도 된다.
휴업수당 (4인 이하 미적용)	사용자(기관) 측 사정으로 일하지 못했던 기간에 대해서 평균임금의 70%를 휴업수당으로 지급해야 한다. 그러나 4인 이하 사업장은 지급하지 않아도 된다.

2 5명 미만(4인까지) 사업장에 적용되는 근로기준법

아래의 규정은 5인 이상 사업장뿐만 아니라 5인 미만 즉, 1인 이상 사용하는 모든 사업장에서 적용되는 규정이다.

구 분	해 설
출산휴가	임신한 여성 근로자에 대해서 총 90일의 출산휴가를 주어야 하며, 90일 중 60일은 회사에서 통상임금을 지급해야 한다. 또한, 출산휴가 기간과 그 후 30일 동안은 절대로 해고할 수 없다.

구 분	해 설
근로계약서 작성 및 교부	소정근로시간, 임금의 구성항목/계산방법/지급방법, 휴일, 휴가, 근무장소, 담당업무 등이 명시된 서면을 작성 및 교부
해고의 예고	해고하기 최소 30일 전에 직원에게 통보, 이를 이행하지 않으면 30일분 통상임금(해고예고수당) 지급 의무 발생
임산부 야간 및 휴일근로 금지	임신한 여성 근로자는 야간근로(밤 10시부터 새벽 6시까지)와 휴일근로를 시킬 수 없다.
휴게시간	근로시간이 1일 8시간 이상의 경우 1시간 휴게시간을 근로시간 도중에 주어야 한다.
임금대장 작성 및 보존	근로자에게 지급되는 임금대장을 매월 작성하고 3년간 보존해야 한다.
육아휴직	자녀가 만 8세 이하로 초등학교 2학년까지 1년 이내의 육아휴직을 부여받을 수 있다.
퇴직금제도	1년 이하 근속 근로자에게는 퇴직금을 지급할 법적 의무가 없다.
주휴일	1주 평균 15시간 이상 근무자에 적용, 1주 소정근로일을 개근한 경우 주 1일 유급휴일 부여
최저임금	2024년 기준 시급 9,860원
직장 내 성희롱 예방교육	임직원을 대상으로 연 1회 필수 교육

3 상시근로자수의 계산방법

상시 5인 이상이란 사업장의 근로자 수가 항상 5인 이상이어야 한다는 뜻은 아니고 때때로 5인 미만이 되더라도 일정 기간을 평균해서 상태적으로 5인 이상이면 상시 5인 이상으로 본다.

상시근로자수를 판단하기 위해서는 상시근로자수 산정에 포함되는 근로자와 제외되는 근로자를 구분해야 한다.

상시근로자수 산정에서 제외되는 근로자는 파견근로자, 도급(용역)근로자 등 간접고용 되는 근로자를 제외하고, 대표이사도 제외된다.

반면, 직접 고용되는 근로자는 고용형태를 불문하고 모두 포함해야 한다. 즉, 해당 사업(장)의 상용근로자, 기간제근로자, 단시간근로자, 일용직 근로자, 계약직 근로자는 물론 동거의 친족만을 사용하는 사업장이라도 다른 직접 고용 근로자가 1명이라도 있는 경우에는 동거의 친족인 근로자도 상시근로자수 산정에 포함해야 한다.

↗ 상시근로자 수의 계산 방법

산정 사유(휴업수당 지급, 근로시간 적용 등 법 적용 여부를 판단해야 하는 사유) 발생일 전 1개월(사업이 성립한 날로부터 1개월 미만의 경우는 그 사업이 성립한 날 이후의 기간) 동안 사용한 근로자의 연인원을 같은 기간 중의 가동일수로 나누어 산정한다. 다만, 해당 사업(장)의 근로자 수를 산정한 결과 5인 미만이어서 법 적용대상 사업(장)에 해당하지 않는 경우도 산정기간에 속하는 일별로 근로자 수를 파악했을 때 5인 미만인 일수가 1/2 미만의 경우(5인 이상인 일수가 1/2 이상인 경우)는 법 적용대상 사업(장)으로 본다.

반대로 해당 사업(장)의 근로자 수를 산정한 결과 5인 이상이어서 법 적용대상 사업(장)에 해당하는 경우라도 산정기간에 속하는 일별로 근로자 수를 파악했을 때 5인 미만인 일수가 1/2 이상인 경우(5인 이상인 일수가 1/2 미만인 경우)는 법 적용대상 사업(장)으로 보지 않는다.

$$\text{상시근로자 수} = \frac{\text{산정기간 동안 사용한 근로자 연인원}}{\text{산정기간 중 가동일수}}$$

사유발생일은 근로기준법 적용 사유가 발생한 날을, 연인원은 기간 내에 사용한 근로자 수의 합을, 가동일 수는 그 사업장 내에서 사람이나 기계가 실제로 일을 한날이 며칠인가를 의미한다.

예를 들어 어떤 기업에서 한 달 동안 다음과 같이 근로자를 사용했다고 가정해 보자

일	월	화	수	목	금	토
		1	2	3	4	5
		휴무	4명	4명	4명	휴무
6	7	8	9	10	11	12
휴무	5명	5명	5명	5명	5명	휴무
13	14	15	16	17	18	19
휴무	6명	6명	6명	6명	6명	휴무
20	21	22	23	24	25	26
휴무	7명	7명	1명	7명	5명	휴무
27	28	29	30	31		
휴무	5명	5명	7명	1명	사유 발생일	

이 회사는 사유 발생일 직전 1개월 중 사업장을 가동한 날이 총 22일이고,

매일 사용한 근로자 수를 합하면 112명이 된다. 따라서 이 사업장의 상시근로자 수는 112 ÷ 22 = 5.09명이고, 5명 이상이기 때문에 근로기준법을 준수해야 하는 사업장이 된다. 단, 상시근로자수가 5명 이상으로 산정되더라도 1개월간 5명 미만을 사용한 가동일수가 전체 가동일수의 1/2 이상이거나 5명 이상 가동일수가 1/2 미만이면 근로기준법 적용 대상 사업장에서 제외된다.

앞에서 가동일수가 22일이고 연인원도 112명이어서 상시근로자 수가 5.09명이지만, 만일 5명 미만을 사용한 날이 12일로 전체 가동 일수의 1/2 미만이 된다고 가정하면 근로기준법 적용 대상에서 제외한다.

 ## 연차유가 계산에 있어서의 상시근로자수 산정방법

법 제60조(연차유급휴가 제2항 제외), 제61조(연차유급휴가의 사용촉진), 제62조(연차유급휴가의 대체)의 적용 여부를 판단하는 경우는 해당 사업(장)에 대해서 1개월 동안 사용한 근로자의 연인원을 같은 기간 중의 가동일 수로 나누어 상시근로자 수를 산정한 결과 법 적용 사유 발생일 전 1년 동안 계속해서 5명 이상의 근로자를 사용하는 사업(장)이어야 한다.

따라서, 연차휴가는 사업(장)이 산정 사유 발생일 1년 전 동안 계속해서 5인 이상이 되어야 하며, 당해 근로자가 계속근로기간이 1년 이상이고 1년 중 80% 이상 개근한 근로자의 경우에 발생하는 것이다.

여기서 1년 동안 계속해서 상시근로자 수가 5인 이상이라는 의미는 월 단위로 상시근로자 수를 산정한 결과 5인 이상인 월이 계속해서 1년이 되어야 한다는 의미이며, 중간에 1달이라도 5인 미만이 되는 경우는 연차휴가는 발생하지 않는다.

이 경우에는 5인 이상인 달에 개근한 근로자에 한 해 1일씩의 유급휴가가 발생할 뿐이다.

사업주가 꼭 알아야 할 주요 노동법 규정

1 근로자를 채용할 때는 반드시 근로계약서 작성

근로계약은 향후 노사 간에 권리 다툼을 명확히 한다는 취지에서 반드시 서면으로 하는 것이 바람직하다(근로기준법 제17조).

● 근로계약서에는 임금의 구성항목, 계산방법, 지급방법, 소정근로시간, 주휴일, 연차휴가에 관한 내용이 반드시 기재되어야 한다.

● 근로계약서는 언제든지 그 근로자에게 발급해야 한다.

2 서류의 보존

사용자는 근로자명부(근로자가 해고되거나 퇴직 또는 사망한 날부터 날짜 계산) 등 다음의 서류를 3년간 보존해야 한다(근로기준법 제22조, 근로기준법 제42조).

❶ 근로계약서 : 근로관계가 종료된 날부터 날짜 계산

❷ 임금대장 : 최후의 기입을 한 날부터 날짜 계산

❸ 임금의 결정 · 지급 방법 및 임금 계산의 기초에 관한 서류 : 그 완결한 날부터 날짜 계산

❹ 고용 · 해고 · 퇴직에 관한 서류 : 근로자가 해고되거나 퇴직한 날부터 날짜 계산

❺ 승급 · 감급에 관한 서류 : 그 완결한 날부터 날짜 계산

❻ 휴가에 관한 서류 : 그 완결한 날부터 날짜 계산

❼ 연장근로, 감시 또는 단속적으로 근로에 종사하는 자로서 사용자가 고용노동부 장관의 승인을 얻은 자(근로시간과 휴일, 휴게 규정 예외) 및 18세 미만자 · 산후 1년이 경과 되지 아니한 여성 · 임신 중의 여성이 명시적으로 청구(야업 및 휴일근로의 제한) 규정에 의한 승인 · 인가에 관한 서류 : 승인 또는 인가를 받은 날부터 날짜 계산

❽ 탄력적 근로시간, 선택적 근로시간, 출장 및 업무의 특성상 특수한 경우 및 운수업, 물품 판매 및 보관업, 금융보험업, 영화제작 및 흥행업, 통신업, 교육 연구 및 조사사업, 광고업, 의료 및 위생사업, 접객업, 소각 및 청소업, 이용업, 기타 공중의 편의 또는 업무의 특성상 필요한 경우로서 근로시간 및 휴게시간의 특례 규정에 의해서 서면합의를 한 경우 서면합의 서류 : 서면합의를 한 날부터 날짜 계산

❾ 사용자는 18세 미만인 자에 대해서는 그 연령을 증명하는 호적증명서와 친권자 또는 후견인의 동의서를 사업장에 비치해야 한다. : 서면합의를 한 날부터 날짜 계산

↗ 근로자명부의 작성

사용자는 사업장별로 근로자명부를 작성하고 근로자의 성명, 성별, 생년월일,

주소, 이력, 종사하는 업무의 종류, 고용 또는 고용갱신 연월일, 계약기간을 정한 경우에는 그 기간 기타 고용에 관한 사항, 해고·퇴직 또는 사망의 경우에는 그 연월일과 사유, 기타 필요한 사항을 기입해야 한다(근로기준법 제41조). 그 후 기입할 사항에 변경이 있는 경우에는 지체 없이 정정해야 한다.

↗ 임금대장의 작성

사용자는 사업장별로 임금대장을 작성하고, 임금과 가족수당 계산의 기초가 되는 사항, 임금액, 성명, 주민등록번호, 고용연월일, 종사하는 업무, 근로일수, 근로시간 수, 연장 및 야간 또는 휴일근로를 시킨 경우 그 시간 수, 기본급과 제 수당의 내역별 금액 등의 사항을 매 임금 지급 시마다 기입해야 한다(근로기준법 제48조).

③ 임금은 매월 1회 이상 일정한 날짜에 지급

임금은 매월 1회 이상 일정한 날짜를 정해 현금 또는 통장으로 그 전액을 지급해야 한다. 다만, 법령 또는 단체협약에 특별한 규정이 있는 경우에는 임금의 일부를 공제하거나 통화 이외의 것으로 지급할 수 있다. 또한, 임시로 지급하는 임금(= 상여금), 수당 기타 이에 준하는 임금에 대해서는 매월 1회 이상 지급하지 않아도 된다(근로기준법 제43조).

❶ 직접불 원칙(직접 해당 근로자에게 지급)

❷ 통화불 원칙(현금으로 지급, 다만, 실명필한 본인 계좌에 입금 가능)

❸ 전액불 원칙(임금 지급 시마다 발생 된 전액의 임금을 지급)

❹ 매월불 원칙(매월 1회 이상 지급)

❺ 정기불 원칙(매월 정한 일정한 기일에 지급)

근로소득세, 4대 보험 등은 사전 공제가 가능하며, 한 달을 모두 근무하지 않은 경우에도 일한 일수만큼만 임금을 지급해도 된다.

4 최저임금 이상의 임금을 지급해야 한다

임금은 고용노동부 장관이 정해서 고시하는 최저임금 이상을 지급해야 한다 (최저임금법 제6조).

5 퇴직금을 지급해야 한다.

1년 이상 근무하다 퇴직한 근로자에게 1년에 평균 1개월 치의 돈을 퇴직금으로 지급해야 한다(근로기준법 제34조, 근로자퇴직급여 보장법 제8조 제1항).

1년 이상 근무한 근로자의 요구가 있는 경우 부양가족의 질병 등 퇴직금 중간정산 요건을 충족한 경우 퇴직금을 미리 정산할 수 있다(근로자퇴직급여 보장법 제8조 제2항).

6 근로시간

1주간의 근로시간은 휴게시간을 제하고 40시간을 초과할 수 없다. 1일의 근로시간은 휴게시간을 제하고 8시간을 초과할 수 없다(근로기준법 제50조). 다만, 근로자의 동의가 있는 경우 1주 12시간 연장근무를 할 수 있다(근로기준법 제53조).

7 연장 · 야간 · 휴일근로

연장 · 야간 · 휴일근로를 시키는 경우는 시간급(통상임금)의 50%를 더 지급해야 한다. 여기서 연장근로는 1일 8시간 또는 1주 40시간을 초과해서 일을 시키는 경우를 말하고, 야간근로는 오후 10시(22시)부터 다음날 오전 6시까지 사이에 일을 시키는 경우를 말한다(근로기준법 제56조).

휴일근로수당에 8시간까지는 통상임금의 50%를, 8시간을 초과하는 경우 통상임금의 100%를 지급해야 한다.

8 휴일 및 휴가

1주일을 개근한 근로자에게는 하루의 유급휴일(통상 일요일)을(근로기준법 제55조), 사용자는 1년간 80% 이상 출근한 근로자에게 15일의 연차유급휴가를 주어야 한다(근로기준법 제60조 제1항). 1월을 개근한 근로자에게는 하루의 연차유급휴가를 주어야 한다(근로기준법 제60조 제2항).

9 근로자의 해고

근로자를 해고하려면 정당한 이유가 있어야 하고 해고 시기와 해고 사유를 서면으로 통지해야 한다.

근로자를 해고할 때는 적어도 30일 전에 해고예고를 해야 하고 30일 전에 해고예고를 하지 않는 경우는 30일분의 통상임금을 지급해야 한다(근로기준법 제26조).

10 취업규칙의 작성과 신고

상시근로자 수가 10인 이상이면 취업규칙을 작성해서 지방노동관서에 신고해야 한다(근로기준법 제93조).

취업규칙을 작성하거나 변경하는 경우 사용자는 취업규칙의 작성 또는 변경에 관해서 해당 사업 또는 사업장에 근로자의 과반수로 조직된 노동조합이 있는 경우에는 그 노동조합, 근로자의 과반수로 조직된 노동조합이 없는 경우에는 근로자의 과반수의 의견을 들어야 하며, 근로자에게 불리하게 변경하는 경우는 그 동의를 받아야 한다(근로기준법 제94조 제1항).

회사 규정과 근로기준법이 충돌하는 경우 판단기준

사업주와 근로자가 근로관계를 유지하는 기간 내내 양 당사자를 규율하는 많은 규범이 있다. 가장 대표적인 규범은 사업주와 근로자가 직접 작성한 근로계약이다. 또한 근로기준법을 비롯한 노동관계 법령 그리고 사규(취업규칙), 노동조합과 체결한 단체협약 역시 양 당사자 모두에게 적용된다.

각각의 규범은 같은 시점에 동일한 당사자가 합의한 계약도 아니고, 각각 다른 이름으로 존재한다. 또한, 최초 근로계약을 제외한 여타 규범들은 시간이 지남에 따라 제·개정되기 때문에 규범 상호 간 충돌할 때도 많다.

근로계약 또는 취업규칙이 근로기준법과 충돌할 수 있고, 단체협약의 규정과 취업규칙의 내용이 상반되는 때도 있을 수 있다. 이같이 규범 상호 간 충돌했을 때, 어느 규범을 기준으로 분쟁을 처리해야 할지가 문제가 된다.

1 상위법 우선 원칙

두 개 이상의 규범이 충돌한 경우, 일반적인 법 해석 및 적용은 상위법 우선 원칙에 따른다. 헌법 > 관계 법률 > 단체협약 > 취업규칙 > 근로계약 순으로 상위법을 우선 적용하는 방식이다.

② 유리한 조건 우선 원칙

근로관계에서는 일반적인 법 적용 원칙과 달리, 상위법 우선의 원칙과 함께 유리한 조건 우선 원칙도 적용된다.

유리한 조건 우선 원칙이란 노동법의 여러 법원(法源) 가운데 근로자에게 가장 유리한 조건을 정한 법원을 먼저 적용하는 것을 말한다. 노동관계를 규율하는 규범에는 헌법, 근로기준법이나 노동조합 및 노동관계조정법 등의 법률 및 시행령, 단체협약, 취업규칙, 근로계약, 노동 관행 등이 있는데, 이중 근로자에게 가장 유리한 조건을 정한 규범을 우선해 적용한다는 의미다.

즉 근로계약의 내용이 해당 사업장 취업규칙에 미달한다면(예컨대 취업규칙에 휴일수당 가산율을 200%로 정하고 있으나 근로계약 시 150% 적용을 약정한 경우), 해당 조항은 무효가 되며, 취업규칙에 정한 내용을 적용해야 한다. 반대로 취업규칙상 규정보다 유리한 조건으로 근로계약을 체결할 때는 근로계약의 내용을 적용해야 한다(취업규칙에 휴일수당 가산율을 150%로 정하고 있으나 근로계약 시 200% 적용을 약정한 경우).

노동시장에서 사용자보다 상대적인 약자인 근로자를 보호하겠다는 노동법의 취지에 따라 규범 상호 간 충돌이 발생할 때는 근로자에게 유리한 규범을 적용하겠다는 것이다.

유리한 조건 우선 원칙을 직접 명시한 법률 규정도 있다. 근로기준법 제15조 제1항은 근로기준법에서 정하는 기준에 미치지 못하는 근로조건을 정한 근로계약은 그 부분에만 무효로 한다고 명시하고 있다.

근로기준법에 미달하는 근로조건을 정한 근로계약은 위법하다는 것이다.

만일 근로기준법을 위반한 근로계약 효력 전부를 무효로 하는 경우 민법에 따르면 근로계약을 체결하기 이전의 상태에 놓이게 된다. 근로계약 전부 무효는 근로자 보호라는 근로기준법 취지에 반하기 때문에 근로기준법에 미달하는 근로조건 부분만 무효가 되고, 나머지 근로기준법을 상회하는 근로조건은 유효하다고 선언함으로써 유리한 조건 우선 원칙을 분명히 했다.

 ## 회사 사규와 단체협약이 충돌하는 경우(예외)

앞의 내용을 정리하면 근로기준법, 취업규칙, 근로계약 상호 간에는 유리한 원칙이 적용된다는 것이다.

그러나 단체협약과 취업규칙이 충돌하는 경우 유리한 조건 우선 원칙이 무조건 적용되는 것은 아니라는 점에 유의해야 한다. 우리 법원은 단체협약과 취업규칙이 충돌하는 때는 개별적 구체적 사정을 고려해 유리한 조건 우선 원칙 적용 여부를 판단한다.

제2장

근로계약서와 취업규칙 작성

근로계약의 체결

근 로계약이란 근로자가 사용자에게 근로를 제공하고 사용자는 이에
대해서 그 임금을 지급함을 목적으로 체결된 계약을 말한다.
근로기준법에서 정하는 기준에 미치지 못하는 근로조건을 정한 근로계약은
그 부분만 무효로 하며, 무효로 된 부분은 근로기준법에서 정한 기준에 따른
다(근로기준법 제15조).

| 근로기준법상 근로자 | → 근로제공 → | 근로계약 | ← 임금지급 ← | 근로기준법상 사용자 |

| 직업의 종류를 불문하고 사업(장)에 임금을 목적으로 근로를 제공하는 자 | ❶ 사업주(개인 / 법인)
❷ 사업경영담당자
❸ 근로자에 관한 사항에 대해서 사업주를 위해 행위 하는 자 |

근로기준법 적용

근로계약에 의해 근로자는 근로자의 지위를 취득하게 되고 사용자의 지휘, 감독 아래 근로를 제공할 의무를 지게 되며, 사용자는 이에 대해 임금을 지급할 의무를 지게 된다.

근로계약 체결 시 유의사항

문서로 체결하는 것이 바람직하다.

근로조건은 최소한 근로기준법상의 조건보다 높아야 한다.

근로계약 체결 시 근로조건(임금 관련 사항, 근로시간, 주휴일, 연차에 관한 사항)을 반드시 서면 명시하고, 근로자에게 발급해야 한다.

사용자는 근로자와 위약금 약정계약을 체결하지 못한다.

사용자는 근로자와 임금과 전차금을 상계할 수 없다.

사용자는 근로자의 의사에 반해서 강제로 저축할 수 없다.

1 근로계약서는 반드시 작성해야 한다.

근로계약은 구두로 했든 서면으로 작성했든 그 효력이 발생하지만, 근로자 입장에서 향후 발생할 수 있는 법적 분쟁에 대비하기 위해서라도 근로계약서를 작성하는 것이 바람직하며, 근로기준법은 임금의 구성항목 · 계산 방법 · 지급 방법, 소정근로시간, 휴일, 연차유급휴가, 취업의 장소와 종사해야 할 업무 등을 반드시 서면으로 작성해서 근로자에게 발급하도록 하고 있다(근로기준법 제17조). 또한 사용자는 근로계약서와 취업규칙을 근로자가 자유로이 열람할 수 있는 장소에 항상 게시하거나 갖추어 두어 근로자에게 널리 알려야 한다.

② 근로계약 시 근로조건 서면 명시

근로계약 체결 시 근로조건을 명시하되 주요 사항은 서면으로 명시하고 근로자에게 교부해야 한다(근로기준법 제17조). 이를 위반하는 경우 500만 원 이하의 벌금에 처한다.

↗ 서면 명시 의무사항

일반명시 의무사항	"서면"명시 및 "교부" 의무사항
❶ 임금(임금의 구성항목, 지급방법, 계산방법) ❷ 소정근로시간 ❸ 주휴일 ❹ 연차유급휴가 ❺ 그 밖에 대통령령으로 정하는 근로조건 • 취업의 장소와 업무에 관한 사항 • 취업규칙에서 규정한 사항 • 기숙사 규칙에 관한 사항	❶ 임금(임금의 구성항목, 지급방법, 계산방법) ❷ 소정근로시간 ❸ 주휴일 ❹ 연차유급휴가 ❺ 단, ❶~❹에 관한 사항이 단체협약 또는 취업규칙 등 대통령령으로 정하는 사유로 변경되는 경우 근로자의 요구시 교부

↗ 기간제 및 단시간근로자의 근로조건 서면명시

구 분	기간제근로자 서면 명시	단시간근로자 서면 명시
근로자 공통사항	❶ 임금(임금의 구성항목, 지급방법, 계산방법) ❷ 소정근로시간 ❸ 주휴일 ❹ 연차유급휴가	

구 분	기간제 근로자 서면명시	단시간근로자 서면명시
추가사항	❶ 근로계약기간 ❷ 근로장소 ❸ 종사업무	근로일 별 근로시간
근거규정	기간제 및 단시간근로자 보호 등에 관한 법률 제17조(근로조건의 서면 명시) 사용자는 기간제근로자 또는 단시간근로자와 근로계약을 체결하는 때에는 다음 각호의 모든 사항을 서면으로 명시해야 한다. 다만, 제6호는 단시간근로자에 한한다. 1. 근로계약 기간에 관한 사항 2. 근로시간·휴게에 관한 사항 3. 임금의 구성항목·계산 방법 및 지불 방법에 관한 사항 4. 휴일·휴가에 관한 사항 5. 취업의 장소와 종사해야 할 업무에 관한 사항 6. 근로일 및 근로일별 근로시간	

↗ 실무 활용방안

- 법률에 근거한 근로계약서를 서면 작성(2부)
- 간인 이후 근로자에게 1부 교부
- 교부 대장에 교부일시 등 작성 후 서명날인을 받음
- 교부 대장의 보관

간인과 교부 대장 작성이 법률상 의무는 아니다.

이메일로 근로계약서를 작성·교부했을 때 서면작성·교부로 인정될 수 있는지? 여부

이메일로 해고통보를 한 사례에서 서울행정법원은 "법 조항상 '서면'이란 종이로 된 문서를 의미하고, 전자문서는 회사가 전자결재 체계를 완비해 전자문서로 모든 업무의 기안·결재·시행 과정을 관리하는 등 특별한 사정이 있는 경우 이외에는 법 조항 상 '서면'에 해당하지 않는다고 해석하는 것이 문언 및 입법취지에 부합한다." 고 판결한 판례에 비춰 볼 때, 원칙적으로 서면 작성·교부의 의미는 문서작성을 의미한다고 보는 것이 합리적이다. 다만, 예외적으로 근로관계 당사자 간의 서명 또는 날인을 확인할 수 있는 전자결재 체계를 완비해 모든 업무를 이러한 전자결재 체계를 통해 이뤄지는 사업장의 경우에 한해 이메일 통보 등을 인정할 수 있다(서울행법 2010구합 11269 2010.6.18.).

③ 근로계약 기간은 1년으로 법정 되어있는 건가?

근로계약 기간을 정하는 것은 노사 재량사항이고, 기간제의 경우는 2년 내에서 임의로 정할 수 있다.

근로계약 기간은 단지 근로계약의 존속기간에 불과할 뿐 근로조건에 해당하지 않으므로, 근로계약 당사자는 원칙적으로 근로계약 기간을 임의로 정할 수 있다는 판례에서 엿볼 수 있듯이 종전 장기근로계약에 의한 인신구속이나 강제근로의 폐해를 막기 위한 근로계약 기간의 제한 규정은 2007년 7월 1일 사실상 폐지되었고(근로기준법 제16조), 동 규정을 대신해서 오히려 장기고용을 보장하고 독려하는 기간제및단시간근로자보호등에관한법률이 제정 시행되었다.

기단법 제4조는 2년을 초과하지 않는 범위 안에서 기간제근로자를 사용할 수 있다고 하면서 2년을 초과해서 기간제근로자를 사용하는 경우는 그 기간제근로자는 기간의 정함이 없는 근로계약을 체결한 것으로 본다고 간주 규정을 두어 외형상으로는 기간제근로자를 보호하는 법 규정을 마련했다.

따라서 근로계약 기간은 1년이라는 법정 사항은 없는 것이고 노사가 임의로 정하면 되는 것으로, 기간제근로자의 경우에는 2년을 초과하지 않는 범위 내에서 근로계약 기간을 정해야 하는데, 2년을 초과하면 기간의 정함이 없는 근로자로 간주하기 때문이다.

↗ 기간의 정함이 없는 근로계약(예 : 정년제)

퇴직의 자유가 있는 근로자는 언제든지 계약 해지 통고가 가능하고, 통고 후 1개월이 경과하면 퇴직의 효력이 발생한다. 반면 사용자의 계약 해지는 근로기준법상 해고에 해당하기 때문에 징계해고, 경영상의 사유 등 정당한 사유가 존재해야 한다.

↗ 기간의 정함이 있는 근로계약

사용자는 2년을 초과하지 않는 범위 내에서 기간제근로자를 사용할 수 있다. 즉, 2년의 범위에서는 근로계약 기간을 수차례 갱신하는 것이 가능하다. 반면, 기간제근로자를 2년 이상 초과해서 사용할 때는 해당 근로자는 '기간의 정함이 없는 근로자'로 간주해서 2년을 초과해서 사용한 이후 사용자가 근로계약 기간만료를 이유로 근로계약을 종료하는 것은 근로기준법상의 해고에 해당해서 '해고의 정당한 사유'가 있어야 정당한 해고로 본다.

 기간제 사용기간 제안의 예외 : 2년 초과 사용 가능

❶ 사업의 완료 또는 특정한 업무의 완성에 필요한 기간을 정한 경우
❷ 휴직 · 파견 등으로 결원이 발생해서 당해 근로자가 복귀할 때까지 그 업무를 대신할 필요가 있는 경우
❸ 근로자가 학업, 직업훈련 등을 이수함에 따라 그 이수에 필요한 기간을 정한 경우
❹ 「고령자고용촉진법」 제2조 제1호의 고령자와 근로계약을 체결하는 경우
❺ 전문적 지식 · 기술의 활용이 필요한 경우와 정부의 복지정책 · 실업대책 등에 따라 일자리를 제공하는 경우로서 대통령령이 정하는 경우 등

4 법에서 금지하는 근로계약

↗ 계약체결의 자유와 근로기준법 기준 미달금지

근로계약은 당사자가 자유롭게 체결할 수 있다. 다만, 법 기준에 미달하거나 사회상규에 반하는 내용의 계약은 인정되지 않는다(근로기준법 제15조). 특히 위약금 또는 손해배상액의 예정, 전차금상계, 강제저축이 금지되고 있으므로 주의해야 한다.

↗ 위약금, 손해배상의 예정 금지

근로계약을 체결함에 있어 근로자가 근로계약을 이행치 않을 때 손해 발생 여부 및 손해액과 관계없이 위약금을 물거나 손해배상을 하도록 예정하는 계약을 체결하지 못하게 하고 있다(근로기준법 제20조). 위약금이란 근로자가 근로계약상의 의무를 이행하지 않았을 때 사용자에게 일정액을 지불하도록 약정하는 금액이다. 또한, 손해배상액의 예정이란 근로계약을 이행하지 않았을 때 배상해야 할 손해액을 실제 손해와 관계없이 미리 정하는 것을 말한다. 단, 지각·조퇴·무단결근 등이 있는 경우에 그 시간에 대한 임금을 삭감하도록 정하거나 근로기준법에 따라 근로자에 대해서 감급의 제재를 정할 경우에 그 감액은 1회의 금액이 1일분 평균임금의 2분의 1을, 총액이 1임금 지급기 임금 총액의 10분의 1을 초과하지 않도록 취업규칙에서 근로자에 대한 감급의 제재를 정할 경우는 근로기준법 위반이 아니므로 가능하다.

예를 들어 월급이 300만 원이고, 1일 평균임금의 10만 원인 근로자가 1회의 위반행위에 대하여 감급 6개월의 제재를 받았을 경우 감급 1회의 금액은 1일 평균임금 10만 원의 반액인 5만원을 초과할 수 없으며, 6월간에 걸쳐 수

회 감급할 수 있으나 그 감급 총액은 1임금지급기 임금총액의 10분의 1인 30만 원의 한도 내에서 기간의 제한 없이 수회에 걸쳐 감급을 할 수 있다 (근로기준팀-462, 2008.1.25.).

근로자의 불법행위 등으로 사용자에게 손해가 발생했을 때는 사용자는 근로 자에 대해 손해배상을 청구할 수 있다.

 ## 지각 · 조퇴 · 외출 시 업무상 유의 사항

- 무단으로 지각 · 조퇴 · 외출 시에는 징계 절차를 진행한다.
- 사유 발생 시에는 가능한 빠른 시간 이내에 사건 경위를 파악하고, 해당자로부터 서면으로 소명서나 확인서를 받는다.
- 지각 · 조퇴 · 외출 시 시급 통상임금을 기준으로 임금을 공제한다(근기 68207-3181, 2000.10.31).
- 지각 · 조퇴 · 외출 3회를 1일 결근으로 처리하는 것은 위법이다. 즉, 지각 · 조퇴 · 외출을 수 시간 또는 수회를 했더라도 결근으로 처리할 수 없다(근기 01254-156, 1988.01.07). 단, 근로기준법에 의한 감급이나 승급, 상여금 지급 등에 영향을 주는 제도는 채택할 수 있다(법무 811-4808, 1981.02.16.). 또한, 취업규칙 등에 월 3회 이상 지각 · 조퇴를 할 경우 1일 결근으로 규정하여 인사고과에 달리 반영하는 것은 무방하다(근기 01254-156, 1988.01.07.)
- 지각 · 조퇴 · 외출 후 종업시간 이후 연장근로를 한 경우 비록 종업시간 이후 연장근로라 하더라도 1일 8시간을 초과하지 않는 경우는 연장근로 가산 수당을 지급하지 않는다.
- 지각 · 조퇴 · 외출 등이 있더라도 일반적으로 개근(만근)으로 해석함이 타당하다(근기 1455-8372, 1970.09.08).
- 조퇴를 이유로 주휴일 등을 공제할 수 없다(근기 01254-1103, 1987.01.23)
- 무단조퇴 · 무단결근, 근무성적 불량 등을 이유로 시용기간 중인 근로자에 대한 해고를 부당해고라 볼 수 없다(중노위 96부해57, 1996.05.28).

⬀ 전차금상계의 금지

근로자의 신분이 부당하게 오랫동안 구속되고 근로자에게 불리한 근로조건을 감수하게 하는 것을 방지하기 위해 전차금 또는 전대 채권과 임금을 상계하지 못하도록 하고 있다. 여기에서 전차금이란 근로계약을 체결할 때 또는 그 후 근로를 제공할 것을 조건으로 해서 사용자로부터 금전을 빌린 뒤 앞으로 임금에서 반환할 것을 약속한 금전을 말한다. 전대 채권은 전차금 외에 근로자 또는 그 친권자 등에게 지급되는 금전으로서 전차금과 동일한 목적을 가지는 것을 말한다. 다만, 가불액에 대한 상계는 근로자의 편의를 위한 것이므로 전차금 상계 금지에 해당하지 않는다(근로기준법 제21조).

⬀ 강제저금의 금지

사용자가 임금의 일정액을 강제적으로 저축하게 하고 그 반환을 어렵게 함으로써 근로자를 사업장에 구속시키는 결과를 가져오고 저축금이 기업의 경영자금으로 이용되는 폐단을 방지하기 위한 규정이다. 다만, 고용노동부 장관의 인가를 받은 경우는 저축금의 관리를 할 수 있다(근로기준법 제22조).

보안계약서 징구

❶ 최근 전·현직 종업원에 의한 기술유출이 큰 문제를 야기하고 있으며, 기술유출 방지를 위해 근로계약 체결 시 종업원에게 보안서약서를 징구할 필요가 있다.
현행 부정경쟁방지 및 영업비밀 보호에 관한 법률에 종업원의 비밀유지의무(제2조 제3호 라목)를 인정하고 있으며, 상법에 이사의 비밀유지의무(제382호의 4)를 인정하고 있다.
영업비밀로 분류된 정보에 대해서 함부로 외부에 발설하거나 전달해서는 안 된다는 사실을 종업원에게 사전에 통보한다.

❷ 보안서약서에는 재직 중에 지득한 회사의 기밀을 누설하는 경우 손해배상은 물론 민·형사상 책임을 지겠다는 내용을 명기해야 한다.

재직 중에 작성·개발한 특허나 논문 등 지적재산권의 소유권이 회사에 있음을 명기하고, 영업비밀의 무단 사용으로 인한 법적 분쟁 여지를 사전에 차단하기 위함이다.

❸ 입사 시 근로계약서에 보안 서약 내용을 포함해도 무방하나, 회사와 근로자 간의 책임 한계를 명확히 하기 위해 별도의 서약서를 징구하는 것이 더욱 바람직하다.

모집·채용 시 반드시 알아두어야 할 법률

남녀고용평등과 일·가정 양립 지원에 관한 법률

제7조(모집과 채용) ① 사업주는 근로자를 모집하거나 채용할 때 남녀를 차별하여서는 아니 된다.

② 사업주는 여성 근로자를 모집·채용할 때 그 직무의 수행에 필요하지 아니한 용모·키·체중 등의 신체적 조건, 미혼 조건, 그 밖에 고용노동부령으로 정하는 조건을 제시하거나 요구하여서는 아니 된다.

제8조(임금) ① 사업주는 동일한 사업 내의 동일 가치 노동에 대하여는 동일한 임금을 지급하여야 한다.

② 동일 가치 노동의 기준은 직무 수행에서 요구되는 기술, 노력, 책임 및 작업조건 등으로 하고, 사업주가 그 기준을 정할 때는 제25조에 따른 노사협의회의 근로자를 대표하는 위원의 의견을 들어야 한다.

③ 사업주가 임금차별을 목적으로 설립한 별개의 사업은 동일한 사업으로 본다.

제9조(임금 외의 금품 등) 사업주는 임금 외에 근로자의 생활을 보조하기 위한 금품의 지급 또는 자금의 융자 등 복리후생에서 남녀를 차별하여서는 아니 된다.

제10조(교육·배치 및 승진) 사업주는 근로자의 교육·배치 및 승진에서 남녀를 차별하여서는 아니 된다.

제11조(정년·퇴직 및 해고) ① 사업주는 근로자의 정년·퇴직 및 해고에서 남녀를 차별하여서는 아니 된다.

② 사업주는 여성 근로자의 혼인, 임신 또는 출산을 퇴직 사유로 예정하는 근로계약을

체결하여서는 아니 된다.

📂 **고용상 연령차별금지 및 고령자고용촉진에 관한 법률**

제4조의4(모집 · 채용 등에서의 연령차별 금지) ① 사업주는 다음 각 호의 분야에서 합리적인 이유 없이 연령을 이유로 근로자 또는 근로자가 되려는 자를 차별하여서는 아니 된다.

1. 모집 · 채용

2. 임금, 임금 외의 금품 지급 및 복리후생

3. 교육 · 훈련

4. 배치 · 전보 · 승진

5. 퇴직 · 해고

② 제1항을 적용할 때 합리적인 이유 없이 연령 외의 기준을 적용하여 특정 연령집단에 특히 불리한 결과를 초래하는 경우에는 연령차별로 본다.

제4조의5(차별금지의 예외) 다음 각 호의 어느 하나에 해당하는 경우에는 제4조의4에 따른 연령차별로 보지 아니한다.

1. 직무의 성격에 비추어 특정 연령기준이 불가피하게 요구되는 경우

2. 근속기간의 차이를 고려하여 임금이나 임금 외의 금품과 복리후생에서 합리적인 차등을 두는 경우

3. 이 법이나 다른 법률에 따라 근로계약, 취업규칙, 단체협약 등에서 정년을 설정하는 경우

4. 이 법이나 다른 법률에 따라 특정 연령집단의 고용유지 · 촉진을 위한 지원조치를 하는 경우

📂 **신원보증법**

제3조 (신원보증계약의 존속기간 등) ① 기간을 정하지 아니한 신원보증계약은 그 성립일부터 2년간 효력을 가진다.

② 신원보증계약의 기간은 2년을 초과하지 못한다. 이보다 장기간으로 정한 경우에는 그 기간을 2년으로 단축한다.

③ 신원보증계약은 갱신할 수 있다. 다만, 그 기간은 갱신한 날부터 2년을 초과하지 못한다.

제4조 (사용자의 통지의무) ① 사용자는 다음 각 호의 어느 하나에 해당하는 경우에는 지체 없이 신원보증인에게 통지하여야 한다.

1. 피용자가 업무상 부적격자이거나 불성실한 행적이 있어 이로 인하여 신원보증인의 책임을 야기할 우려가 있음을 안 경우

2. 피용자의 업무 또는 업무수행의 장소를 변경함으로써 신원보증인의 책임이 가중되거나 업무 감독이 곤란하게 될 경우

② 사용자가 고의 또는 중과실로 제1항의 통지의무를 게을리하여 신원보증인이 제5조에 따른 해지권을 행사하지 못한 경우 신원보증인은 그로 인하여 발생한 손해의 한도에서 의무를 면한다.

제5조 (신원보증인의 계약해지권) 신원보증인은 다음 각 호의 어느 하나에 해당하는 사유가 있는 경우에는 계약을 해지할 수 있다.

1. 사용자로부터 제4조 제1항의 통지를 받거나 신원보증인이 스스로 제4조제1항 각 호의 어느 하나에 해당하는 사유가 있음을 안 경우

2. 피용자의 고의 또는 과실로 인한 행위로 발생한 손해를 신원보증인이 배상한 경우

3. 그 밖에 계약의 기초가 되는 사정에 중대한 변경이 있는 경우

제6조 (신원보증인의 책임) ① 신원보증인은 피용자의 고의 또는 중과실로 인한 행위로 발생한 손해를 배상할 책임이 있다.

② 신원보증인이 2명 이상인 경우에는 특별한 의사표시가 없으면 각 신원보증인은 같은 비율로 의무를 부담한다.

③ 법원은 신원보증인의 손해배상액을 산정하는 경우 피용자의 감독에 관한 사용자의 과실 유무, 신원보증을 하게 된 사유 및 이를 할 때 주의를 한 정도, 피용자의 업무 또는 신원의 변화, 그 밖의 사정을 고려하여야 한다.

제7조 (신원보증계약의 종료) 신원보증계약은 신원보증인의 사망으로 종료된다.

제8조 (불이익금지) 이 법의 규정에 반하는 특약으로서 어떠한 명칭이나 내용으로든지 신원보증인에게 불리한 것은 효력이 없다.

근로계약서와 연봉계약서

1 연봉계약서와 근로계약서의 차이점

연봉계약서, 근로계약서 등 명칭이 중요한 것이 아니라 근로계약서에 들어가야 할 내용이 다 들어가 있으면 그것이 근로계약서이다.

연봉계약서는 근로계약서의 필수기재 사항 중 임금 부분만 쏙 빼서 작성한 것이므로, 근로계약서를 작성하지 않아도 되는 것은 아니다.

따라서 연봉계약서와 별도로 근로계약서는 반드시 작성해야 한다. 다만, 연봉계약서에 임금 부분뿐만 아니라, 근로계약서에 필수적으로 들어가야 할 내용이 모두 들어가 있다면 연봉계약서를 근로계약서로 볼 수 있다.

즉 근로계약서를 작성하면서 "임금 부분을, 임금은 연봉계약서에 의한다."와 같은 문구를 삽입해, 연봉계약서에 위임한 경우, 근로계약서와 연봉계약서를 따로 작성해도 세트로 움직이는 것이다.

반면 근로계약서, 연봉제 근로계약서와 같이 명칭에 상관없이 계약서상에 임금 등 근로계약서의 필수적 기재 사항이 모두 기재되어 있는 경우는 별도의 연봉계약서 없이 근로계약서 또는 연봉제 근로계약서 자체가 홀로 근로계약서가 된다. 따라서 별도의 연봉계약서는 필요 없다.

근로계약 기간과 연봉계약 기간의 차이는 근로계약 기간은 고용관계의 시작 시점부터 고용관계의 종료 시점을 의미하는, 반면 연봉계약 기간은 근로계약 기간 중 해당 임금이 적용되는 기간을 정한 것을 의미한다.

실무상 두 기간을 따로 정하는 경우와 같은 기간으로 정하는 경우를 볼 수 있는데, 명칭과 기간의 구분 없이 같은 기간으로 정하는 경우는 분쟁 발생 시 근로계약 기간을 언제로 볼지에 대한 해석상의 문제로 인해 부당해고나 실업급여 등에 있어 불필요한 오해가 발생할 수 있다. 따라서 명칭과 기간을 구분해 정해두는 것이 좋다.

즉 근로계약 기간과 연봉계약 기간을 구분해서 명시해야 해당 근로자와의 계약이 정규직 계약인지, 계약직 계약인지 명확히 구분할 수 있다.

계약직 근로자의 경우 가장 신경 써야 할 부분이 근로계약 기간이다.

근로계약 종료일의 기재가 불명확한 경우 계약기간 만료로 근로관계를 종료할 수 없고, 정규직으로 전환되어 부당해고와 관련된 문제를 일으킬 수 있다. 따라서 기간제법상 사용기한의 제한 2년 범위에서 계약 종료일을 반드시 기재해 법적 논란을 줄여야 할 것이다.

첫째, 연봉계약서를 작성한다고 근로계약서를 작성하지 않아도 되는 것은 아니다. 따라서 근로계약서 1부와 연봉계약서 1부, 총 2부의 계약서를 작성해야 한다.

둘째, 연봉계약서는 근로계약 중 임금과 관련된 사항을 별도로 다룬 계약서이다.

연봉계약서를 작성한 경우 매년 급여 인상이 있어도, 근로계약서를 매년 갱신하지 않고, 연봉계약서만 갱신하면 된다.

임금만 변경된 경우는 연봉계약서의 형태로 재교부하는 것이 가능하며, 근로계약서상 임금 부분을 변경하여 재교부한 경우 연봉계약서를 별도로 교부하지 않아도 된다.

셋째, 연봉계약서는 근로계약서의 임금에 국한된 내용을 별도로 작성하는 것으로, 근로계약서에 해당 내용이 모두 들어가 있다면, 별도로 연봉계약서를 반드시 작성해야 하는 것은 아니다.

넷째, 실무자 중에서 대표가 같다는 이유로 개인과 법인 또는 개인과 개인, 법인과 법인, 2개의 회사에서 근무하는 경우가 있다. 이 경우 2곳에서 실제로 근로를 제공한다면, 2개의 근로계약서를 작성해야 한다.

② 근로계약서는 언제 작성해야 하나요?

사용자는 근로 개시 전 근로계약을 체결할 때, 근로계약서를 작성하고, 이를 근로자에게 교부해주어야 한다. 즉, 근로계약서는 근로 개시 이전이나, 근로 개시와 동시에 작성해야 한다.

이를 위반했을 때는, 500만 원 이하의 벌금을 물어야 한다.

1일 근무 후, 다음 날 바로 근로계약서 미작성으로 신고하는 예도 봤으므로, 사장님은 천천히 작성하면 되겠지 라고, 안일하게 생각하지 말고, 금전적 시간적 손해를 사전에 방지하고자 근로 개시 전 근로계약서를 작성하고 노무를 제공받기 바란다.

첫째, 근로계약서는 서면으로 작성해야 한다.

둘째, 원칙은 종이로 된 문서로 작성 및 발급하는 것이 원칙이지만, 전자문서로 작성 및 발급해도 효력에는 영향이 없다.

3 근로계약서에 들어가야 할 내용 작성 방법

근로계약서에 반드시 들어가야 할 사항은 다음과 같다.

단시간근로자인 아르바이트의 근로계약서에는, 정규직 근로계약서의 내용 외에 근로일 및 근로일별 근로시간이 반드시 명시되어야 한다.

근로계약기간은 근로계약기간을 정하지 않는 경우는 근로 개시 일만 기재하고, 계약직으로 계약기간을 정한 경우에는 개시일과 종료일을 기재한다.

계약직 근로자는 연속된 근로기간이 2년을 초과하면 기간제 및 단시간근로자 보호 등에 관한 법률에 따라 정규직 직원으로 전환해야 하므로, 계약기간을 연장할 때는 이 점을 고려할 필요가 있다.

그리고 취업규칙은 회사 운영원칙이 되는 기준이므로, 근로조건에 있어 중요한 부분이 있다면 계약서에 해당 내용을 포함하여 당사자 간에 확인할 필요가 있다.

↗ 근무 장소 및 업무 내용

일을 수행하기 위한 장소와 어떤 일을 할 것인가에 대한 내용을 기재한다.

실무상 회사가 입사할 때 정한 업무와 직원이 실제 수행하는 업무가 확연히 다른 경우에는 문제가 발생할 수 있으므로, 지나치게 좁은 범위로 근무지나 직무 내용을 확정하는 것은 업무 유연성 차원에서 바람직하지 않다.

↗ 임금 구성항목(급여, 상여금, 수당 등)

임금을 시간급으로 정할지, 주급으로 정할지, 월급으로 정할지 결정하여 그 금액을 기재한다.

상여금이 있으면 그 내용 및 금액에 대해 기재한다.

가족수당, 자격증 수당 등 지급하기로 한, 수당이 있으면, 해당 내용에 대해 기재한다.

↗ 임금 계산 방법

임금의 계산 방법은 임금의 구성 항목별로 금액이 어떻게 산출된 건지 산출식이나 산출 방법을 작성하되, 근로자가 바로 알 수 있도록 구체적인 수치를 포함하여 적어주면 된다.

시급제 및 일급제와 같이 급여가 매달 변동되는 경우는 계산 방법을 명시해야 한다.

그리고 월급제라도 근로일수 및 연장, 야간, 휴일근로시간 등으로 인해 월급이 달라지는 경우는 계산 방법을 명시해야 한다.

하지만 고정급으로 금액이 달라지지 않는 경우는 계산 방법을 별도로 작성하지 않아도 된다.

즉, 모든 임금 항목에 대해 기재할 필요는 없고, 출근 일수, 시간 등에 따라 금액이 달라지는 항목에 대해서만, 계산 방법을 작성해 주면 된다.

정액으로 지급되는 임금 항목은 계산 방법을 작성하지 않아도 되고, 연장, 야간, 휴일근로를 하여, 추가된 근로시간에 대한, 임금 외 가산수당이 발생하는 경우, 실제 연장, 야간, 휴일근로시간 수를 포함하여 계산 방법을 작성해 주면 된다.

↗ 임금의 지급 방법

급여 지급일을 매월 며칠로 하고, 임금을 계좌로 지급할 것인지 등에 대해 노사간 협의 후 기재한다.

↗ 소정근로시간

소정근로시간은 노사가 근로계약으로 근무하기로 합의한 시간을 의미한다.

소정근로시간은 법정근로시간을 넘지 못한다.

따라서 1일 8시간, 주 40시간을 초과하면 안 된다.

소정근로시간을 초과한 근로시간은 연장근로 또는 휴일근로를 의미한다.

연장근로 또는 휴일근로는 주 12시간을 초과하지 못한다.

노사가 하루 8시간, 주 40시간의 법정근로시간 내에서 하루에 몇 시간을 일할지 정한 시간을 기재한다.

① 기본시간(주휴시간 포함 시간)

기본시간 : 8시간 × (5일 + 주휴 1일) = 1주 48시간 × 4.345주 = 208.56 = 209시간

기본급 : 209시간 × 9,860원 = 2,060,740원

② 기본시간(주휴 제외 기본 근무시간)

기본시간 : 8시간 × 5일 = 1주 40시간 × 4.345주 = 173.8 = 174시간

주휴수당 : 8시간 × 4.345주 = 34.76시간= 35시간

근로계약서 내 소정근로시간은 위 내용의 어떤 방식으로 표현하든 무관하며, ②로 할 경우, 기본급과 주휴수당 금액과 시간을 구분하여 명시하는 것이 분쟁의 소지를 최소화하는 방법일 것으로 판단된다.

↗ 업무의 시작과 종료시간 및 휴게시간

업무의 시작시간과 종료시간을 기재하고, 휴게시간은 4시간에 30분, 8시간인 경우 1시간 이상을 주도록 소정근로시간 내에서 기재한다.

출근 시간과 퇴근 시간을 모두 기재해야 하며, 직원에게는 4시간마다 30분

이상의 휴게시간을 부여해야 하므로, 휴게시간도 기재하는 것이 바람직하다. 하루 8시간을 일하는 직원이라면 언제부터 언제까지 1시간의 점심시간을 준다고 기재하면 된다.

☑ 휴일 및 연차 유급휴가

일주일 중 어떤 날에 근무할지를 기재하며, 주 중 근무하기로 한 날을, 만근하였을 경우 부여하는 유급휴일(주휴일)을 어느 요일로 할지 결정하여 기재한다.

일요일이 아닌 주중의 일정한 날이 주휴일인 회사 등의 경우에는, 근로계약서에 근무일은 월요일부터 금요일까지 또는 근무일은 매주 수요일, 토요일 등 근무일을 명확히 기재하는 것이 법적인 다툼 방지에 도움이 된다.

연차휴가는 1년간 총소정근로일의 80% 이상 출근자에게 15일부여, 1년 초과 매 2년마다 1일씩 가산해서 부여하고, 한도는 25일이다.

1년 미만 또는 1년간 80% 미만 출근자에게는 1개월 개근 시 1일을 부여한다. 다만, 연차휴가는 5명 이상의 근로자를 사용하고 있는 회사에 적용되는 기준이므로 직원이 5명 미만인 기업은 연차휴가를 부여하지 않을 수 있다.

④ 근로계약서에 들어가면 안 되는 내용

법에서 정한 근로계약서보다 노사 간 작성한 각서의 효력이 더 우선한다고 생각하시는 일부 사장님이 계신 데, 이는 잘못 알고 있는 것이다.

근로계약서에 들어가면 안 되는 내용은 다음과 같다.

• 후임자가 정해지지 않는 경우, 퇴사하지 못한다. 라는 등의 근로자의 자유

의사에 어긋나는 근로를 강요하지 못한다(근로기준법 제7조 : 강제 근로의 금지). 다만 근로자가 생각하기에 강제 근로에 해당한다고 해서 임의로 퇴사하는 경우 손해배상청구나 퇴직금 계산 시 불이익이 발생할 수 있다.

- 근로계약서에 명시된 근로조건이 사실과 다를 경우에 근로자는 근로조건 위반을 이유로 손해배상을 청구할 수 있으며, 즉시 근로계약을 해제할 수 있다(근로기준법 제19조 : 근로조건의 위반).

- 일하다가 실수하는 경우, 무조건 50만 원씩 회사에 배상해야 한다. 퇴사 30일 전 알리지 않고 무단으로 퇴사하는 경우, 그달의 월급은 지급하지 않는다. 지각, 조퇴 시 벌금 10만 원을 내야 한다. 라는 등의 근로계약 불이행에 대한 위약금 또는 손해배상액을 예정하지 못한다(근로기준법 제20조 : 위약 예정의 금지).

- 월급 일부를 퇴직금으로 회사에서 보관한다. 정부지원금을 받은 사업장에서 월급 통장을 나누어 일부를 회사에서 관리한다. 라는 등의 강제저축 또는 저축금의 관리를 규정하는 계약을 체결하지 못한다(근로기준법 제22조 : 강제 저금의 금지).

5 근로계약서를 매년 재작성해야 하나?

첫째, 종전의 소정근로시간, 임금수준, 주휴일, 연차휴일 등 앞서 설명한 근로계약서에 들어가야 할 내용이 변경되지 않은 때에는 근로계약서를 다시 작성해서 근로자에게 교부해 줄 의무는 없다. 만일 근로계약서를 다시 작성한 경우는 반드시 재교부해주어야 한다.

둘째, 근로계약서 재작성 시 변경되는 근로조건에 대해서만 변경시키면 된다. 근로계약 기간의 변경이 없다면 재작성할 때도 기존 계약기간을 그대로 명시하면 된다. 즉 계약서를 다시 쓴다고 해서 계약기간이 새로이 시작되는 것은 아니다.

셋째, 변경된 근로조건에 근로자의 동의를 얻어 근로계약서를 작성한 경우 기존의 근로계약의 내용은 효력이 없으며, 변경된 근로계약에 따라 효력이 발생한다. 즉 새로운 근로계약이 우선해서 적용된다. 다만, 근로조건에 관한 서류는 3년간 보관해야 하므로, 변경 전의 근로계약서 또한 3년간 보관해야 한다.

넷째, 대표자가 변경되었다 하더라도 근로자들의 근로계약상 지위의 변동이 없다면 근로계약서를 재작성할 필요는 없다. 다만, 이후 임금, 근로시간, 복리후생 등을 달리 적용하여 근로계약상 내용과 상이하다면 그때에는 근로계약서를 재작성할 필요가 있으며, 이때에는 취업규칙 또한 변경되어야 할 것이다.

다섯째, 임금에 대해 별도로 연봉계약서를 작성하는 경우 근로계약서에 임금조건을 기재하지 않고, 연봉계약서에 따른다는 문구를 기재하였을 경우 연봉계약서만 재작성하면 된다.

하지만 다른 근로조건의 변경 없이 임금이 변경되었다고 매번 근로계약서를 반드시 재작성해야 하는 것은 아니다.

여섯째, 계약직 근로자의 경우 계약기간이 종료된 후에 반드시 근로계약서를 재작성 후 교부해야 한다.

6 임금인상 시 근로계약서 작성

사용자는 근로계약을 체결할 때뿐만 아니라 임금의 구성항목, 계산방법, 지급방법, 소정근로시간, 주휴일, 연차유급휴가에 관한 사항이 변경될 때도 근로계약을 갱신하고 근로계약서를 근로자에게 교부해야 한다.

따라서 계약기간 중에 임금이 인상된 경우는 임금의 구성항목이 변경된 것으로 보아 다시 근로계약서를 작성하여 근로자에게 이를 교부해 주어야 한다.

임금 관련 근로조건이 변경될 경우 해당 근로조건을 다시 서면으로 명시하여 근로자에게 교부한다.

따라서 임금인상 시마다 근로계약서 또는 연봉계약서를 작성하는 것이다.

번거롭지만 연봉계약서를 작성하는 방법도 고려해볼 수 있다.

예를 들어 1월 1일에 급여가 450만 원에서 500으로 인상되었다면, 가장 하단에 2023년 1월 1일로 작성하고 근로계약기간은 실제 근로계약 기간으로, 임금은 500만 원으로 작성하면 된다.

7 계약직에서 정규직으로 전환시 근로계약서 작성

기존의 계약직 근로계약을 정규직으로 소급해서 변동하는 것이 아니라면 정규직 전환 시점을 기준으로 근로계약을 다시 하는 것이 원칙이다.

계약직으로 근무하던 중에 이어서 정규직으로 전환되어 일을 지속하게 될 때 별도로 신고할 사항은 없다.

계약직으로 근무하다가 1개월 이상 일을 중지한 후 정규직으로 전환되어 일하게 되는 경우, 4대 보험 상실 신고 후, 다시 취득 신고를 진행해야 한다.

8 수습이 끝나면 근로계약서를 재작성해야 하나요?

수습에서 정규직으로 전환되는 과정에서 근로조건에 변동이 있는 경우가 아니라면 특별히 근로계약서를 재작성할 필요는 없다.

9 근로계약서의 보존기간

근로계약서의 보존기간은 3년이다. 다만 근로계약서 미교부에 대한 입증책임은 사용자에게 있고 해당 공소시효는 5년이므로 3년이 지나도 근로자의 동의를 받아 적정기간은 보관하는 것이 좋을 듯하다.

10 근로계약서 양식을 구할 수 없나요?

근로계약서 양식은 고용노동부 홈페이지, 상단의, 정책자료, 정책 자료실, 게시판 검색에서 표준 근로계약서로 검색하면 다운로드 받을 수 있다.

11 연봉계약서 작성 요령

첫째, 근로계약서가 소정근로시간, 임금수준, 주휴일, 연차휴일 등 근로자의 근로 제공에 관한 전반적인 사항을 기재하는 계약서라면 연봉계약서는 그중에서도 임금에 관한 사항을 주요 내용으로 작성하는 계약서이다.

앞서 설명한 바와 같이 연봉계약서는 근로계약서의 필수기재 사항 중 임금 부분만 쏙 빼서 작성한 것이므로, 근로계약서를 작성하지 않아도 되는 것은 아니다.

따라서 연봉계약서와 별도로 근로계약서는 반드시 작성해야 한다.

둘째, 연봉계약서는 통상 1년 단위로 작성을 하며, 근로계약서는 채용 시 또는 근로계약 기간만료 시 작성하는 계약서이다. 연봉계약서의 계약기간은 해당 연봉을 지급하기로 정한 기간을 의미하며, 근로계약서의 계약기간은 근로자가 기업에서 근로하기로 정한 기간을 의미한다.

즉, 근로계약서가 연봉계약서 보다 명시 내용의 범위가 포괄적인 문서라고 할 수 있다.

셋째, 연봉계약 기간이 끝나도 근로관계는 종료되지 않는다. 즉, 연봉계약 기간과 근로계약 기간이 그 의미가 다르다.

근로계약 기간은 고용관계의 시작 시점부터 고용관계의 종료 시점을 의미하는, 반면 연봉적용 기간은 근로계약 기간 중 해당 임금이 적용되는 기간을 정한 것을 의미한다.

연봉계약은 근로계약 기간과 관계없이 임금액의 산정을 연 단위로 하기로 하고, 그 금액을 매년 변경하는 것으로서 임금 설정의 기준에 불과하므로 별다른 사정이 없는 한, 연봉계약서상 계약기간 만료를 이유로 근로관계를 종료할 수 없다.

넷째, 연봉계약서에는 연봉계약 기간, 연봉의 구성(연봉액, 포함되는 수당 등), 연봉의 지급 시기 및 지급 방법 등을 반드시 기재해야 한다.

다섯째, 연봉제를 시행하는 회사의 경우 최초 입사일에 근로계약서를 작성하고, 이후 연봉이 갱신되면 근로계약서 자체를 갱신할 필요 없이 연봉계약서만 갱신하는 방식으로 운영하면 된다.

여섯째, 연봉 계약기간은 통상 1년 단위이기 때문에 매년 연봉계약 갱신 시점에 변경된 금액을 기재하여 연봉계약서를 다시 작성한 후 서면 교부를 한다. 다만 근로계약서에 연봉액에 관한 내용이 기재되어 있다면, 변경된 연봉액으로 근로계약서를 다시 작성해야 한다.

일곱째, 연봉계약서에 근로계약서에 들어갈 내용이 모두 들어가 있으면 명칭에 상관없이 연봉계약서가 연봉 근로계약서가 돼, 근로계약서를 별도로 작성할 필요가 없다.

⬈ 연봉삭감이 가능한가?

연봉삭감은 근로자로서는 불이익한 변경에 해당하므로, 근로자의 개별동의를 받으면 가능하다. 만일 개별동의가 없이 회사가 일방적으로 임금 삭감을 하는 때는 임금체불에 해당할 수 있다.

⬈ 연봉협상 과정에서 합의가 안 되는 때

연봉협상 과정에서 연봉협상이 결렬되는 경우 기존의 연봉이 유지되는 것이며, 이로 인해 근로자가 자진 퇴사를 하는 경우는 실업급여를 못 받을 수 있다. 반면 연봉협상 결렬로 인해 회사가 해당 근로자를 해고하는 경우는 부당해고에 해당할 수 있다.

따라서 노사 간 원만한 협상이 꼭 필요하다고 할 것이다.

⬈ 퇴직금을 포함한 연봉계약

매월 지급하는 급여 3백만 원에 퇴직금이 포함되어 있으므로 퇴직 시 퇴직금은 없다는 내용의 연봉계약을 하거나, 매년 13분의 1의 금액을 퇴직금으로 지급하는 경우는 위법이다. 이는 법에서 특별한 사정이 없는 때는 퇴직금의 중간 정산을 금지하고 있기 때문이다.

이 경우 퇴직금의 지급효력이 없으므로, 잘못하면 퇴직금을 다시 지급해야 하는 문제가 생길 수 있다.

구 분	퇴직금	민법상 부당이득반환청구
급여 300만 원에 퇴직금이 포함된 것으로 근로계약을 한 경우	퇴직금으로 인정받지 못하며, 근로자가 노동청에 진정 시 퇴직금을 다시 지급해야 한다.	추가 지급한 퇴직금에 대해서 부당이득반환을 받을 수 없다. : 퇴직금을 지급하지 않기 위한 사업주의 꼼수로 보기 때문이다.
급여 275만 원, 퇴직금 25만 원으로 매월 300만 원을 지급하기로 근로계약을 한 경우	퇴직금으로 인정받지 못하며, 근로자가 노동청에 진정 시 퇴직금을 지급해야 한다.	추가 지급한 퇴직금 25만 원에 대해서 부당이득반환을 청구할 수 있다.

반면, 연봉 중 일정액을 적립한 후 퇴직할 때 지급하겠다는 형식의 연봉계약은 가능하다. 이 경우 퇴직금은 연봉의 13분의 1이 해당하는 금액이다.

결론은 연봉계약서상 연봉에 퇴직금을 포함해 중간 정산을 하는 경우라면 퇴직금은 퇴직 시 지급하거나 DC형 퇴직연금으로 전환해 지급하는 것으로 수정해야 깔끔한 처리가 된다.

구 분	내 용
기존	연봉은 ( )원으로 하되, 연봉의 12/13를 월급으로 매월 1일에 기산해 말일에 마감한 월 ( )원을 익월 10일에 지급하고, 퇴직금으로 연봉금액의 1/13에 해당하는 ( )원을 1년이 경과한 달의 다음 달에 퇴직금중간정산 신청에 의거 지급한다.
변경	연봉은 ( )원으로 하되, 연봉의 12/13를 월급으로 매월 1일에 기산해 말일에 마감한 월 ( )원을 익월 10일에 지급하고, 퇴직금으로 연봉액의 1/13에 해당하는 ( )원은 퇴직 시에 지급하거나 퇴직연금으로 전환해 지급한다.

표준 근로계약서

사용자 ○○주식회사(이하 "갑"이라 한다)과 근로자 ○○○(이하 "을"이라 한다)은 다음과 같이 근로계약을 체결하고 이를 성실히 준수할 것을 서약한다.

제 1 조 | 【"을"의 담당업무】

"을"의 담당업무는 ○○○로 한다.

단, 업무상 필요한 경우에는 "을"의 직종을 변경하거나 이동시킬 수 있다.

제 2 조 | 【근로시간】

1. "을"의 근로시간 및 휴게시간은 다음과 같다.

  1) 시업시간 09:00   2) 종업시간 18:00   3) 점심시간 12:00 ~ 13:00

2. 전 항의 근로시간은 합의 후 업무형편상 변경할 수 있다.

제 3 조 | 【임 금】

1. "갑"는 "을"에게 전조에서 정한 근로의 대가로 기본급 ○○○원과 법정제수당을 포함한 월 지급총액 ○○○원을 월 1회 통화로 지급한다.

2. 상기 법정제수당은 연장/휴일/야간근로수당 및 연/월차수당을 말한다.

3. "을"는 퇴직금 중간정산에 동의하고, 1년 근속에 따른 퇴직금을 1년 만료 시 정산하여 지급한다.

제 4 조 | 【계약 기간】

1. "을"의 계약기간은 계약체결일로부터 1년간으로 한다.

2. 계약의 갱신은 계약만료일 1개월 이전에 하며, 어느 일방의 계약 해지의 의사표시가 없는 경우에는 1년 간 자동 연장되는 것으로 한다.

제 5 조 | 【연차유급휴가】

연차유급휴가는 근로기준법에서 정하는 바에 따라 부여함

제 6 조 | 【사회보험 적용여부(해당란에 체크)】

□ 고용보험 □ 산재보험 □ 국민연금 □ 건강보험

제 7 조 | 【비밀준수의무】

업무상 획득한 업무 관련 정보는 재직 중 혹은 퇴직 후에도 누설하여서는 아니 되며, "갑"의 허가없이 문서나 물품 등을 반출하거나 타인에게 열람 또는 인도하여서는 아니 된다.

제 8 조 | 【기타 사항】

1. 수습기간은 3개월간으로 정하며 수습기간 중의 임금은 기본급의 80%로 정한다.

2. 기타 근로조건은 "갑" 회사의 취업규칙 및 통상관례에 따른다.

위와 같이 계약을 체결하고 계약서 2통을 작성, 서명 날인 후 "갑"와 "을"가 각각 1통씩 보관한다.

20 년 월 일

갑	대표이사 _____ (인)	**을**	_____ (인)
회 사 명		**주민번호**	
소 재 지		**주 소**	
연 락 처	00-0000-0000	**연 락 처**	010-0000-0000

연봉계약서

주식회사○○와 근로자 홍길동은 연봉제 규정에 따라 아래와 같이 연봉계약을 체결하고, 본 계약에 정함이 없는 사항은 당사 취업규칙 및 제 규정에 따른다.

인적사항 및 근무정보

성 명	홍길동	생년월일	년 월 일	사 번	12345
소 속	영업부서	현재직급	대리	계약직급	과장
취업장소		○○지점			
근무시간		월~금 00:00 ~ 00:00 (주 5일 / 0시간)			
직 종		영업 / 서비스			

연봉산정 및 지급내용

기본연봉	일금	원정 (\ )
제 수 당	일금	원정 (\ )
지급방법	12개월 균등 지급을 함.	
지급일자	매달 0일 지급	

※ 미사용한 연/월차수당, 자격수당, 현장수당, 가족수당, 중식대는 회사가 별도로 정한 기준에 따라 지급한다.

특이사항

연봉과 관련된 사항을 회사 직원이나 업무적으로 관련 있는 사람에게 절대로 공개하지 않으며, 이를 어겼을 때는 회사 인사 규정에 의거 처벌한다.

위 내용을 증명하기 위하여 본 계약서 2부를 작성하여 상호 서명 후 각각 1부씩 보관한다.

20 년 월 일

근로자   (인)

대표자   (인)

수습근로자의 근로기준법 적용

수 습은 근로자를 정식으로 채용 후 기업의 필요에 따라 기업의 문화를 익히고 업무수행에 필요한 실무현장 교육이나 훈련을 받게 하는 제도이다. 시용기간이 정식 채용을 전제로 직업능력과 기업 내의 적응성을 판단하기 위한 기간임에 비해, 수습기간은 정식 채용 후에 근로자의 직업능력 양성·교육을 목적으로 설정된다는 점에서 서로 구별된다.

수습기간 중에는 계약의 성격을 고려해서 다음과 같이 노동관계법상 일정부분 예외가 인정된다.

❶ 수습근로자로서 3개월 이내인 자에 대해서는 근로기준법상 해고예고를 하지 않아도 된다(근로기준법 제35조 제5호, 영 제16조).

❷ 근로계약 기간이 1년 이상인 근로자는 수습사용 한 날부터 3개월간 시간급 최저임금의 10%를 감한 금액인 시간급의 90%를 지급할 수 있다. 단, 1년 미만 근로자 및 1~2주의 직무훈련만으로 업무수행이 가능한 단순노무자는 감액할 수 없다.

❸ 수습기간 중에 업무능력 저하, 직원들의 불화, 불성실 등 사회통념상 정식으로 배치하는 것이 불가능한 경우에는 해고의 정당한 사유가 될 수 있고 (서울행판 2004구합30122, 2005.3.22).

❹ 수습사용 한 날로부터 3월 이내의 기간은 평균임금 산정 기간에 포함되지 않는다(근로기준법 시행령 제2조 제1항 제1호).

나아가 수습기간 중에는 직무능력 배양을 위해 근무 수칙을 더욱 엄격히 정해서 해고의 기준으로 삼는다고 하더라도 사회통념을 크게 벗어나지 않는 한 인정될 수 있다.

1 수습기간 중 해고

수습기간 중 근로자를 해고하려면 정당한 사유가 있어야 한다.

그러나 수습기간은 정식으로 채용한 근로자의 자질·성격·능력 등 직무에 대한 적격성 여부를 결정하는 단계이므로 해고의 정당한 이유는 통상의 해고보다 광범위하게 인정되어야 한다. 따라서 그 적격성 평가가 객관적으로 공정성을 유지하며, 합리적이고 사회통념 상 상당히 타당하면 인정된다.

수습 중인 근로자도 취업규칙의 적용을 받는다. 그러므로 당사자 사이에 수습에 관한 분명한 합의가 근로계약서에 명확하게 표시되어 있어야 한다.

취업규칙이나 근로계약서에 아무런 약정도 없이 오직 처음 입사했다는 이유만으로 동일한 노동을 하면서 임금을 차별적으로 받거나 불이익한 처우를 적용하는 것은 합리적이지 않다.

② 퇴직금, 휴가 산정 등

수습근로자가 하자 없이 수습기간을 경과해서 정규근로자가 된 경우 퇴직금이나 연차유급휴가 일수 등을 산정할 때의 기간 계산은 처음 입사한 기간부터 근로기간을 산정해야 한다.

 수습근로자 채용 시 유의 사항

- 수습에 관한 사항은 근로계약서에 명시한다.
- 수습근로자의 수습기간은 반드시 3개월 이내로 한다.
- 수습기간도 퇴직금과 연차휴가 등의 산정을 위한 근속연수에 포함한다.
- 근로계약 기간이 1년 이상인 근로자는 수습사용 한 날부터 3개월간 시간급 최저임금의 10%를 감한 금액인 시간급의 90%를 지급할 수 있다. 단, 단순노무자는 감액할 수 없다.
- 수습근로자도 정당한 사유 없이 해고하는 경우 불법 해고에 해당한다.
- ➜ 직원으로서 부적합하다고 인정되는 경우는 가능한 권고사직방식으로 근로관계를 해지하는 것이 효과적이다.
- 수습근로자의 해고 시에는 30일 전 예고해고 규정을 적용하지 않는다. 즉, 해고예고를 하지 않아도 된다.

감시 · 단속적 근로자의 근로기준법 적용

감시적 근로에 종사하는 자란 감시업무를 주된 업무로 해서 정신적 · 육체적 피로가 적은 업무에 종사하는 자를 말하며(예 : 경비원, 수위, 청원경찰 등), 단속적 근로에 종사하는 자는 업무수행이 간헐적 · 단속적으로 이루어져 휴게시간 또는 대기시간이 많은 업무에 종사하는 자를 말한다(예 : 보일러공, 전기실 직원 등).

1 근로기준법 적용 특례의 대상

사업이나 업무의 특수성 때문에 일반 근로자에게 적용되는 근로시간, 휴일, 휴게에 관한 규제를 그대로 적용하는 것이 어려운 근로자들에 대해서는 근로시간, 휴일, 휴게에 관한 적용이 배제되는데, 그 대표적인 예가 감시 · 단속적 근로자이다(근로기준법 제61조).

❶ 토지의 경작 · 개간, 식물의 재식 · 재배 · 채취 사업 기타의 농림사업

❷ 동물의 사육, 수산동식물의 채포 · 양식 사업, 기타의 축산, 양잠, 수산사업

❸ 감시 또는 단속적으로 근로에 종사하는 자로서 사용자가 고용노동부 장관의 승인을 얻은 자

❹ 관리 · 감독업무 또는 기밀을 취급하는 업무

② 감시 · 단속적 근로자와 법 적용

↗ 적용이 배제되는 내용

법정 기준 근로시간(1일 8시간, 1주 40시간)에 대한 제한이 없으며, 휴계시간과 주 1회 유급 주휴일을 별도로 줄 필요가 없다. 또한, 법정근로시간과 관계없이 근로자와 사용자 간에 정한 근로시간을 소정근로시간으로 간주하며, 연장근로와 휴일근로에 대한 할증 임금을 지급할 필요가 없다. 다만, 감시 단속적 근로자의 경우, 야간근로시간(오후 10시~오전 6시)의 경우 가산임금(50%)이 적용되므로 소정근로시간 계산 시 야간근로수당 환산분(50%)을 지급해야 한다. 결론은 연장근로와 휴일근로 가산수당은 지급대상이 아니지만, 야간근로 가산수당은 지급해야 한다.

↗ 적용되는 내용

야간근로수당은 지급해야 한다. 감시 · 단속적 근로자라고 하더라도 야간근로(오후 10시~오후 6시까지의 근로)에 대해서는 통상임금의 50%를 가산한 야간근로수당을 지급해야 한다. 또한, 연소자와 여성 근로자에 대한 야간 및 휴일근로에 대한 제한은 그대로 유지된다.

근로자의 날, 연차휴가, 생리휴가, 출산휴가는 부여해야 한다.

근로자의 날은 근로기준법상 휴일이 아니라 "근로자의 날 제정에 관한 법률"에 의한 유급휴일이므로 근로자의 날은 유급휴일로 지정해야 한다.

법정 휴가(연차휴가, 생리휴가, 출산휴가)는 일반 근로자와 동일하게 부여된다.

↗ 최저임금제의 적용

감시·단속적 근로자로 승인된 근로자에게는 일반근로자의 최저임금과 동일한 임금을 지급해야 한다.

↗ 감시·단속적 근로자에 대한 고용노동부의 승인

고용노동부 승인의 중요성

경비원 등 업무의 성격상 분명히 감시·단속적 근로자라고 하더라도, 별도로 고용노동부의 승인을 받지 못했다면 일반 근로자와 마찬가지로 법정기준근로시간, 연장근로 및 휴일근로수당 지급 등 근로기준법이 모두 적용되므로 유의해야 한다.

고용노동부의 승인기준

[감시적 근로자 승인기준]

근로시간에 관한 근로기준법의 규제를 적용하지 않을 수 있는 감시적 근로자로 승인받으려면 다음과 같은 요건을 모두 갖추어야 한다.

❶ 수위, 경비원, 물품 감시원, 계수기 감시원 등과 같이 심신의 피로가 적은 일에 종사할 것(다만, 잠시도 감시를 소홀히 할 수 없는 고도의 정신적 긴장이 요구되는 경우는 제외)

❷ 감시적인 업무가 본래의 업무나 불규칙적으로 단시간 동안 타 업무를 수행하는 경우(다만, 감시적 업무라도 타 업무를 반복해서 수행하거나 겸직하는 경우는 제외)

❸ 1개월 또는 1주를 평균해서 1일 근로시간이 12시간 이내인 경우이거나, 다음 각목의 1에 해당하는 격일제(24시간 맞교대) 근무일 것

가. 수면시간 또는 근로자가 자유로이 이용할 수 있는 휴게시간이 8시간 이상 확보되어 있을 것

나. 가목의 요건이 확보되지 아니한 공동주택 경비원에 있어서는 당사자 간의 합의가 있고, 다음날 24시간의 휴무가 보장되어 있을 것

[단속적 근로자 승인기준]

근로시간에 관한 근로기준법 규제를 적용하지 않을 수 있는 단속적 근로자로 승인받으려면 다음과 같은 요건을 모두 갖추어야 한다.

❶ 평소의 업무는 한가하지만, 기계 고장 수리 등 돌발적인 사고 발생에 대비해서 대기하는 시간이 많은 업무일 것

❷ 실근로시간이 대기시간의 반 정도 이하인 업무로서 8시간 이내일 것(다만, 격일제 근무인 경우는 당사자 간의 합의가 있고, 다음날 24시간 휴무가 보장되어야 함)

❸ 대기시간에 근로자가 자유로이 이용할 수 있는 수면 또는 휴게 시설이 확보되어 있을 것

적용 제외 승인 신청 절차

감시·단속적 근로자에 대해서 적용 제외 승인을 받으려면 승인신청서 이외에

❶ 승인 대상 근로자들의 근로계약서 및 자술서

❷ 직종별 최근 근무일지(약 10일분 정도)

❸ 전월 분 임금(급여)대장

❹ 단체협약 또는 취업규칙 등과 같은 서류들을 구비해서 지방 노동사무소 근로감독과에 제출해야 한다.

감시 · 단속적 근로자로 승인된 사례

감시적 근로자	단속적 근로자
계수기 감시원, 수위, 아파트 등 건물의 경비원, 경비원을 관리·감독하는 것이 주 업무인 경비계장, 고속도로 정기순찰·제한 차량호송 등의 업무를 수행하는 보안직 사원, 미군기지 내 초소 경비원 등	건물시설관리를 위해 휴일 및 야간에 대기하는 자, 생산업체의 고압보일러실에 근무하는 자, 보일러공·공기정화기 가동근무자, 주한미군 부대의 소방원, 아파트 관리소 내의 전기실·관리실 직원, 승용차 운전기사 등

감시 · 단속적 근로자 근로계약서

주식회사 ○○○(이하 "갑" 이라 한다)과 근로자 (이하 "을" 이라 한다)는 아래 근로조건을 성실히 이행할 것을 약정하고 다음과 같이 근로계약을 체결한다.
〈을의 인적 사항〉

성 명	성 별	연 령	학력	생년월일	현 주 소	
전화번호 (핸드폰)	연 락 처		최초계약일 (재계약일)		근무부서	근무형태
			· · (. .)			

제1조(근로계약기간)
근로계약기간은 20　년　월　일부터 20　년　월　일까지로 한다.
제2조(근무장소 및 업무내용)
① 근무장소(부서) :

② 업무내용 :

③ 갑은 필요하다고 인정할 경우는 을의 의견을 들어 근무장소 또는 업무를 변경할 수 있다.

제3조(근로시간 및 휴게)

① 근로시간은 (:)시부터 다음날 (:)시까지로 한다.

② 휴게시간은 식사시간 (: ~ :), (: ~ :) 및 야간(22 : 00 ~ 06 : 00) 휴게시간(: ~ :)로 한다.

③ 휴게시간 "갑" 은 "을" 에게 지휘·감독권을 행사하지 않으며, "을" 은 사업장을 이탈하지 않는 범위에서 "갑" 의 지휘·감독을 벗어나 자유로이 휴식을 취할 수 있다. 만약, "갑" 이 휴게시간에 지휘·감독권을 행사할 경우 휴게시간은 근로시간에 포함하여 임금을 재산출하여야 한다.

④ "갑" 은 임금을 동결 및 하향조정 하기 위하여 야간 휴게시간을 늘릴 수 없다.

⑤ "갑" 은 사정에 의해 특별히 필요한 때에는 "을" 의 동의를 얻어 근무시간을 변경할 수 있다.

④ "을" 은 붙임의 '서약서' 를 준수하여 성실히 업무를 수행하여야 한다.

제4조(근무일 및 휴일)

① 근무일은 연중 계속해서 (   )교대로 격일제 근무를 한다.

② 주휴일은 근로기준법에 의거 적용되지 않는다.

③ 근로자의 날은 유급휴일로 한다.

제5조(휴가)

① 근로자가 매월 소정근로일수를 개근한 경우 연차유급휴가를 사용할 수 있다.

② 연간 소정근로일의 80% 이상 근무한 근로자의 연차휴가 일수는 익년도 15일을 부여하며, 입사 최초연도에는 1달 개근시 월 1일(총11일)의 연차휴가를 부여한다.

③ 격일제 근로자의 경우 휴가를 사용하여 근무일 1일과 비번일인 다음 날에 휴무를 한 경우에는 2일의 휴가를 사용한 것으로 본다. 단, 비번일인 다음날에 근무일의 근로시간의 절반에 해당하는 근로(반일 근무)를 하는 경우는 1일의 휴가를 사용한 것으로 본다.

제6조(보수)

① (임금) "갑" 은 "을" 에게 월보수로   원을 지급하며, 세부산출 내역은 다음과

같다.

1. 기본급(월간) : 통상임금(시급) × 월 소정근로시간 =   원

- 월 소정근로시간 : (근로시간 - 휴게시간) × 365일 ÷ 12월 ÷ 2교대 =   시간

2. 야간근로 가산수당(월간)

통상임금(시급) × 0.5(가산율) × 월 야간근로시간 =   원

- 월 야간근로시간 : (야간근로시간 - 야간휴게시간) × 365일 ÷ 12월 ÷ 2교대 =   시간

예시) 통상임금(시급 9,860원), 18시~익일 09시까지, 휴게시간(식사시간 2시간, 야간휴게시간 2시간), 2교대 격일제 근무자의 월보수액?

- 월 소정근로시간 : (15 - 4)시간 × 365일 ÷ 12월 ÷ 2교대 = 167.3 ≒ 168시간
- 월 야간근로시간 : (8 - 2)시간 × 365일 ÷ 12월 ÷ 2교대 = 91.3 ≒ 92시간
- 기본급(월간) : 9,860원 × 168시간 = 1,656,480원
- 야간근로수당(월간) : 9,860원 × 0.5 × 92시간 = 453,560원
∴ 월보수액은 1,656,480원 + 453,560원 = 2,110,140원

3. 연차휴가근로수당을 임금에 포함하여 산정할 수 있으나, 수당 지급을 이유로 휴가사용을 억제할 수 없다.

② (연장근로수당) "갑" 은 "을" 이 근로자의 날(5월 1일)에 근무하거나 야간근로(22:00~익일 06:00)를 한 경우 경우에는 반드시 다음 산식에 의하여 가산임금을 지급하여야 한다.

1. 야간근로 가산수당 : 통상임금(시급)의 100분의 50 할증 지급
○ 산출식 : 통상임금(시급)× 0.5(가산율) × 야간근로시간
2. 휴일근무수당 : 통상임금(시급) × (총 근로시간 - 총 휴게시간) ÷ 2교대

③ (지급시기 및 방법) "갑" 은 "을" 에게 매월 1일에 근로자가 지정한 예금계좌로 보수를 지급한다. 단, 지급일이 휴일인 경우 그 전일에 지급한다.

④ (정산) 보수지급 후 "을" 의 퇴직 등 보수변동 사유가 발생할 경우 "갑" 은 "을" 이 기지급받은 급여 중 근무하지 않은 날에 해당하는 급여를 "을" 에게 지급하여야 할 퇴직금 등 금품에서 정산하고 지급하며 정산금액이 없는 경우에는 "을" 이 이를 반납하여야 한다.

⑤ (감액지급) "을" 이 "갑" 의 승인을 받지 않고 무단으로 결근을 하였을 때 또는 질

병, 부상으로 인한 휴가일수가 법정휴가일수를 초과한 경우 휴가일수를 제외한 결근일수에 해당하는 급여를 제하고 지급하기로 한다. 단, 업무수행으로 인한 경우는 예외로 한다.

⑥ (적용일) 본 근로계약서 상의 보수 적용일은 년 월 일부터 차기 등급 변동일 및 차기 임금책정 기준 시행에 따른 임금 변동 전까지 적용한다.

제7조(비밀유지의무)

① "을" 은 업무상 알게 된 비밀을 외부에 누설하여서는 안 된다.

② "을" 이 제1항의 규정을 위반하였을 때는 관계 법령의 규정에 의한 민·형사상의 책임을 진다

제8조(청렴의무)

① "을" 은 「회사 규정」을 준용하여 청렴하게 직무를 수행하여야 한다.

제9조(손해배상)

"을" 은 고의 또는 과실로 회사에 손해를 끼쳤을 때는 이를 변상하여야 한다.

제10조(계약의 해지)

① "을" 이 다음 각호의 1에 해당될 때에는 "갑" 은 이 계약을 해지할 수 있다

1. 신체 또는 정신상의 이상으로 업무를 수행할 수 없을 때

2. "갑" 의 정당한 지시에 따르지 않거나 업무를 태만히 하였을 때

3. 예산 등의 사유로 "갑" 이 이 계약을 이행할 수 없을 때

4. 기타 "을" 이 이 계약을 이행할 수 없다고 인정될 때

② 이 계약을 해지하려 할 때는 "갑" 은 해지 예정일 30일전까지 해고예고를 하여야 하며, "을" 은 10일 전까지 채용권자에게 서면으로 통지하여야 한다.

③ 근로자에게 해고예고를 하지 않았을 경우 법에 의거 30일분의 평균임금을 지급한다.

제11조(해석)

기타 이 계약서에 정하지 않은 사항은 『취업규칙』 및 『근로기준법』에 의한다.

제12조(계약서)

"갑" 과 "을" 은 상호 대등한 입장에서 이 계약을 체결하고 신의에 따라 계약상의 의무를 성실히 이행할 것을 확약하며, 이 계약의 증거로서 계약서를 작성하여 당사자가 기명하고 서명 또는 날인 후 1부는 "갑" 이 보관하고, 1부는 반드시 "을" 에게 교

부해야 한다.

20 년 월 일

갑	대표이사 _____ (인)	**을**	_____ (인)
회 사 명		**주민번호**	
소 재 지		**주 소**	
연 락 처	00-0000-0000	**연 락 처**	`010-0000-0000

격일제 근로자의 근로기준법 적용

1 격일제 직원 소정근로시간

휴게시간 : 주간 2시간, 야간 6시간(야간근무 2시간) 일 경우

1. 월 소정근로시간 계산법

(24시간(하루) − 8시간(휴게시간))/2 × 365(일)/12(월) = 243.333시간

격일제 근무자는 하루 일하고 하루 쉬니까 2교대로써 나누기 2

2. 일 근무시간 계산법

(24시간(하루) − 8시간(휴게시간))/2

시간외수당 구하는 공식

(기본급 + 제 수당)/월 소정근로시간 × 초과 근무시간 × 1

☠ 감단직 근로자의 경우 연장근로 및 휴일근로는 별도로 지급하지 않으며, 야간근로 가산수당은 지급해야 한다.

3. 야간근무수당

(통상시급 × 야간근로시간) + (통상시급 × 야간근로시간 × 0.5)

(통상시급 × 2시간) + (통상시급 × 2시간 × 0.5)

② 격일제 근로자의 주휴시간

격일제로 근로하는 경우에도 소정근로일을 개근하였다면 유급 주휴일을 부여해야 한다(대법원 1991.08.13. 선고 91다3642).

이때 유급분은 일 소정근로시간에 대한 통상임금을 말하는데, 고용노동부 지침은 격일제 근무자에게 지급해야 할 통상 하루의 소정 임금에 대해 근무일의 절반에 해당하는 근로시간의 소정 임금으로 하고 있다(임금근로시간정책팀 -3356, 2007.11.13. '근로자의 날 관련 「근로기준법」 적용지침').

예를 들어 가령 1일 소정근로시간이 8시간인 경우, 격일제 근로(통상 2개조로 나누어 1개 조가 24시간 연속근무를 2역 일에 걸쳐 반복하여 근무하고 전일의 근무를 전제로 다음 날에 휴무일이 주어지는 형태)에 해당하는 경우라면 유급 주휴시간은 1 근무일의 소정근로시간 8시간의 절반에 해당하는 4시간이다.

③ 격일제에서 근무일에 결근하는 경우

하루 근무(근무일)하고 익일에 휴무(비번일)하는 격일제 근무의 경우, 비번일은 전날의 근무일에 정상적인 근무가 이루어지는 경우 인정되는 휴무일로, 전날의 정상적인 근무 여부와 관계없이 인정되는 휴일과는 그 성격이 다르다. 따라서 근무일에 결근한 경우 익일의 비번일을 포함하여, 1일의 결근이 아닌 2일의 결근으로 처리한다. 즉 2일이 세트라고 보면 된다.

4 격일제 근로자의 연차휴가와 연차수당

통상적인 격일제 근로형태(통상 2개 조로 나누어 1개 조가 24시간 연속근무를 2역일에 걸쳐 반복하여 근무하고 전일의 근무를 전제로 다음 날에 휴무일이 주어지는 형태)에 종사하는 근로자라면, 근로일의 근무를 전제로 다음 날(비번일)에 휴무하는 것이므로 연차유급휴가를 사용하여 근무일과 다음날을 함께 휴무하였다면 2일의 휴가를 사용한 것으로 볼 수 있다(같은 취지 근기 68207-313, '99.2.5., 근로개선정책과-4504, '12.9.7. 등 다수). 만약 근로자가 1일의 휴가를 사용한 것으로 처리해 달라고 요구할 때는 사용자는 비번일인 다음날에 근무일의 근로시간의 절반에 해당하는 근로(반일 근무)를 시킬 수 있다.

예를 들어 '휴무 + 근로 + 휴무' 상태에서 근로일 1일을 연차휴가로 쓰게 되면, 휴무 + 근로의 1:1의 짝이 어그러지게 된다. 격일제 근무의 경우 원래 연차휴가나 주휴일이 소정근로일의 절반의 시간에 해당하는 유급 시간만 주어지기 때문에 휴무 1일에 대해서는 절반의 근로일만큼만 연차나 주휴로 유급처리할 수 있으며, 휴무 + 절반 근로의 짝이 되어버리게 된다.

이런 이유로 교대제의 연차휴가는 1일을 통째로 사용하게 되면, 절반 근로를 채우기 위해 다음날의 휴무는 1일의 절반을 일해야 한다.

같은 이유로 격일제 근무자가 근무일과 바로 다음 날(비번일) 휴가를 사용한다면 연차휴가는 2일 사용한 것으로 보고, 만약 근무일만 휴가를 사용하고 그다음 날(비번일)에 반일 근무를 하면 1일의 휴가를 사용한 것으로 보게 된다(근기 68207-3288, 2001. 9. 26).

격일제 근로자가 근로기준법 제63조에 따른 '근로시간 등의 적용 제외 승인'을 얻은 경우 연차유급휴가 미사용수당 지급을 위한 통상 하루의 소정임금은 근무일의 절반에 해당하는 근로시간 분의 임금을 지급함이 타당하다. 예를 들어 24시간 격일제 근무자는 근무일의 절반에 해당하는 12시간분(휴게시간 없음)의 임금이 일 통상임금이다. 12시간분의 임금(휴게시간 없음)에서 연차휴가 미사용 일수를 곱해서 지급한다.

예를 들어 휴게시간이 8시간이며, 감단 승인을 받은 24시간 격일제 근로자의 경우 (24시간 - 8시간) ÷2 = 8시간으로 1일 연차시간은 8시간으로 산정된다. 즉, 발생한 연차 일수가 15개일 경우 시간급 통상임금 × 15일 × 8시간의 연차수당이 발생한다.

그리고 휴게시간이 6시간인 경우는 (24시간 - 6시간) ÷2 = 9시간으로 간급 통상임금 × 15일 × 9시간의 연차수당이 발생한다.

5 격일제 근로자의 근로자의 날 수당

감시 · 단속적 근로자로서 고용노동부 장관의 승인을 얻은 경우 근로시간 · 휴게 · 휴일 규정은 적용되지 않으나 "근로자의 날"은 별개의 법률인 근로자의 날 제정에 관한 법률에 의한 유급휴일로 근로기준법 제4장 및 제5장에서 정하는 휴일 규정에 포함되지 않으므로 감시 · 단속적 근로자에 대하여도 근로자의 날 유급휴일은 적용된다.

따라서 감시 · 단속적 근로자의 경우 근로자의 날에 근로 제공을 하지 않고 쉬더라도 통상 하루에 지급하는 임금을 추가로 지급해야 한다(근기 68207-930, 1994-06-09). 다만, 감시 · 단속적 근로자에 대해서는 근로기준법 제56조에서 정하는 휴일근로 가산수당 지급 의무가 없으므로, 근로자의 날에 근로하더라도 일하지 않아도 지급하는 1일분의 소정 임금 외에 근로자의 날 근로에 대한 시간당 임금을 지급하면 되며, 별도로 50%의 할증임금(가산 수당)을 지급할 의무는 없다.

아울러, 격일제 근무자는 근무일 다음의 휴무일(비번일)이 전일의 근무를 전제로 주어지는 것이므로, 격일제 근무자에게 지급하여야 할 통상 하루의 소정임금은 근무일의 절반에 해당하는 근로시간의 소정 임금으로 한다는 것이 행정해석의 입장이다. 따라서 24시간 격일제 근로자가 근로자의 날에 근로하는 경우 24시간 중 실근로시간의 1/2에 해당하는 시간에 대한 임금을 추가로 지급하면 된다.

근로기준법 제63조(근로시간, 휴게와 휴일에 관한 규정)의 적용 제외 근로자가 근로자의 날에 근로 제공을 하지 않고 쉬더라도 통상 하루에 지급하는 소정 임금을 추가로 지급해야 한다.

[예시] 1일 2교대 10시간(휴게 2시간 제외) 근무자 : 10시간분의 임금 지급

단, 격일제 근무자는 근무일 다음의 휴무일(비번일)은 전일의 근무를 전제로 주어지는 것이므로, 격일제 근무자에게 지급해야 할 통상 하루의 소정 임금은 근무일의 절반에 해당하는 근로시간의 소정 임금으로 한다(임금근로시간정책팀-3961, 2006.12.27.).

[예시] 24시간 격일제 근무자(휴게시간 없음) : 근무일의 절반에 해당하는 12시간분의 임금 지급

만약, 제63조 적용 제외 근로자가 격일제 근무 등을 이유로 근로자의 날 당일을 쉬지 못하고 근로를 제공한 경우라도 휴무자(비번자)와 동일하게 통상 하루의 소정 임금을 추가로 지급하면 된다.

단시간근로자(알바생)의 근로기준법 적용

1 근로계약의 체결

사용자는 단시간근로자를 고용할 경우 임금, 근로시간, 그 밖의 근로조건을 명확히 적은 근로계약서를 작성해서 근로자에게 내주어야 한다.

단시간근로자의 근로계약서에는 계약기간, 근로일, 근로시간의 시작과 종료 시각, 시간급 임금, 그 밖에 고용노동부 장관이 정하는 사항이 명시되어야 한다.

2 취업규칙의 작성 및 변경

① 사용자는 단시간 근로자에게 적용되는 취업규칙을 통상근로자에게 적용되는 취업규칙과 별도로 작성할 수 있다.

② ①에 따라 취업규칙을 작성하거나 변경하고자 할 경우는 적용 대상이 되는 단시간근로자 과반수의 의견을 들어야 한다. 다만, 취업규칙을 단시간 근

로자에게 불이익하게 변경하는 경우는 그 동의를 받아야 한다.

③ 단시간근로자에게 적용될 별도의 취업규칙이 작성되지 아니한 경우에는 통상근로자에게 적용되는 취업규칙이 적용된다. 다만, 취업규칙에서 단시간근로자에 대한 적용을 배제하는 규정을 두거나 다르게 적용한다는 규정을 둔 경우에는 그에 따른다.

④ ① 및 ③에 따라 단시간근로자에게 적용되는 취업규칙을 작성 또는 변경하는 경우는 단시간근로자의 근로조건에 어긋나는 내용이 포함되어서는 안 된다.

단시간근로자 근로계약서

주식회사 ○○○○ (이하 "갑" 이라 한다)과 근로자 (이하 "을" 이라 한다)는 아래 근로조건을 성실히 이행할 것을 약정하고 다음과 같이 근로계약을 체결한다.

〈을의 인적 사항〉

성 명	성 별	연 령	학 력	생년월일	현 주 소	
전화번호 (핸드폰)	연 락 처		최초계약일 (재계약일)	근무부서	근무형태	
			. . (. .)			

제1조(근로계약기간)

근로계약기간은 20 년 월 일부터 20 년 월 일까지로 한다.

제2조(근무장소 및 업무내용)

① 근무장소(부서) :

② 업무내용 :

③ 갑은 필요하다고 인정할 경우는 을의 의견을 들어 근무장소 또는 업무를 변경할 수 있다.

제3조(근로시간)

근로시간은(:   )시부터 (:   )시까지 (휴게시간 : 12:00 ~ 13:00)

제4조(근무일 및 휴일)

① 근무일은 매주 (   )요일~(   ) 요일까지 1일 ○시간 주 ○일을 근무한다.

② 주휴일은 매주 (   )요일로 하며, 토요일은 (유급 / 무급)휴일로 한다.

③ 근로자의 날, 「관공서 공휴일에 관한 규정」에 의한 공휴일(일요일 제외)은 유급휴일로 한다.

제5조(휴가)

① 근로자가 매월 소정근로일수를 개근한 경우 연차유급휴가를 사용할 수 있다.

② 연간 소정근로일의 80%이상 근무한 근로자의 연차휴가일수 산출은 다음과 같다.

- 연차유급휴가 산출식 = 통상근로의 연차일수 × (단시간근로자 소정근로시간 ÷ 통상근로자의 소정근로시간) × 8시간

예시) 주5일, 1일 7시간 근로자

15일 × (35시간 ÷ 40시간) × 8시간 = 105시간 / 7시간 = 15일

- 단시간근로자 월 소정근로시간 : (주 근로시간 + 주휴시간) ÷ 7일 × 365일 ÷ 12월

예시) 주 35시간 근로자 : (35시간 + 7시간) ÷ 7일 × 365일 ÷ 12월 = 182.5 ≒ 183시간

제6조(보수)

① (임금) "갑" 은 "을" 에게 기본급은 시간당 (9,860원〈2024년 최저임금〉)과, 주휴수당은 (   )원을 지급한다.

예시) 주5일, 1일 시간, 기본급 시간당 최저임금 9,860원을 지급받는 근로자의 경우

- 기본급 : 9,860원 × 35시간 × 4.345주 = 1,499,460원

- 1달 주휴수당 : 기본 시간급 × 주휴시간(주 근로시간 ÷ 통상근로자 근무일)

= 9,860원 × (35시간 ÷ 5일) × 4.345주 = 299,892원

② (초과근무수당) "갑" 은 "을" 이 공휴일에 근무하거나 제3조 및 제4조의 규정된 시간을 초과하여 근무한 경우 총근로시간이 1주 또는 1일의 법정한도를 초과하는 경우는 반드시 통상임금의 100분의 50을 가산하여 지급한다.

- 소정근로시간(1일 7시간, 주 35시간) 내의 초과근로는 50%의 할증 가산임금을 지급하지 않음

③ (지급시기 및 방법) "갑"은 "을"에게 매월 1일에 근로자가 지정한 예금계좌로 보수를 지급한다. 단, 지급일이 휴일인 경우 그 전일에 지급한다.

④ (정산) 보수지급 후 "을"의 퇴직 등 보수변동사유가 발생할 경우에 "갑"은 "을"이 기지급받은 급여 중 근무하지 않은 날에 해당하는 급여를 "을"에게 지급하여야 할 퇴직금 등 금품에서 정산하고 지급하며 정산금액이 없는 경우에는 "을"이 이를 반납하여야 한다.

⑤ (감액지급) "을"이 "갑"의 승인을 받지 않고 무단으로 결근을 하였을 때 또는 질병, 부상으로 인한 휴가일수가 법정휴가일수를 초과한 경우 휴가일수를 제외한 결근일수에 해당하는 급여를 제하고 지급하기로 한다. 단, 업무수행으로 인한 경우는 예외로 한다.

⑥ (적용일) 본 근로계약서상의 보수 적용일은   년 월 일부터 차기 등급 변동일 및 차기 임금책정 기준 시행에 따른 임금 변동 전까지 적용한다.

제7조(비밀유지의무)

① "을"은 업무상 알게 된 비밀을 외부에 누설하여서는 안 된다.

② "을"이 제1항의 규정을 위반하였을 때는 관계 법령의 규정에 의한 민·형사상의 책임을 진다

제8조(청렴의무)

① "을"은 「회사 규정」을 준용하여 청렴하게 직무를 수행하여야 한다.

제9조(손해배상)

"을"은 고의 또는 과실로 회사에 손해를 끼쳤을 때는 이를 변상하여야 한다.

제10조(계약의 해지)

① "을"이 다음 각호의 1에 해당될 때에는 "갑"은 이 계약을 해지할 수 있다

1. 신체 또는 정신상의 이상으로 업무를 수행할 수 없을 때

2. "갑"의 정당한 지시에 따르지 않거나 업무를 태만히 하였을 때

3. 예산 등의 사유로 "갑"이 이 계약을 이행할 수 없을 때

4. 기타 "을"이 이 계약을 이행할 수 없다고 인정될 때

② 이 계약을 해지하려 할 때는 "갑"은 해지 예정일 30일전까지 해고예고를 하여야 하며, "을"은 10일전까지 채용권자에게 서면으로 통지하여야 한다.

③ 근로자에게 해고예고를 하지 않았을 경우 법에 의거 30일분의 평균임금을 지급한

다.

제11조(해석)

기타 이 계약서에 정하지 않은 사항은 『취업규칙』 및 『근로기준법』에 의한다.

제12조(계약서)

"갑"과 "을"은 상호 대등한 입장에서 이 계약을 체결하고 신의에 따라 계약상의 의무를 성실히 이행할 것을 확약하며, 이 계약의 증거로서 계약서를 작성하여 당사자가 기명하고 서명 또는 날인 후 1부는 "갑"이 보관하고, 1부는 반드시 "을"에게 교부해야 한다.

20 년 월 일

갑	대표이사 _____ (인)	**을**	_____ (인)
회 사 명		주민번호	
소 재 지		주 소	
연 락 처	00-0000-0000	연 락 처	010-0000-0000

※ 근로계약 구비서류

ㅇ 이력서 1통, 주민등록 등초본 1부, 가족관계증명서 1부, 기본증명서 1부, 자격증 및 경력증명서(해당자) 각 1부, 최종학력 증명서, 채용신체검사서(해당자), 신원진술서(약식) 3부, 사진(반명함판) 3장

ㅇ 장애인, 국가유공자, 의료수급 대상자의 경우 관련 자격증 사본 1부.

---

③ 임금의 계산

단시간근로자의 소정근로시간은 근로계약서에 의하되, 1주 40시간 이내로 약정한다. 연장근로는 소정근로시간 외에 1주 12시간 이내로 약정할 수 있다.

☑ 단시간근로자의 임금 산정 단위

단시간근로자의 임금 산정 단위는 시간급을 원칙으로 하며, 시간급 임금을 일급 통상임금으로 산정할 경우는 1일 소정근로시간 수에 시간급 임금을 곱하여 산정한다.

단시간근로자의 1일 소정근로시간 수는 4주 동안의 소정근로시간을 그 기간의 통상근로자의 총소정근로일수로 나눈 시간 수로 한다.

☑ 단시간근로자의 시간외근로

사용자는 단시간근로자를 소정근로일이 아닌 날에, 근로시키거나 소정근로시간을 초과해서 근로시키고자 할 경우는 근로계약서나 취업규칙 등에 그 내용 및 정도를 명시해야 하며, 사용자는 근로자와 합의한 경우에만 초과근로를 시킬 수 있다. 즉 통상 근로자는 1일 8시간 초과근무 또는 주 40시간 초과근무 시 연장근로수당이 발생하는 반면, 단시간근로자는 소정근로시간을 초과하는 경우 연장근로수당이 발생한다.

예를 들어 시급 10,000원으로 월요일부터 수요일까지 1일 8시간, 목요일 1일 10시간 근무한 경우 : 총 34시간 근무(연장 2시간 포함)

- 기본급 = 소정근로일수에 대한 임금 + 주휴수당(4일간의 총 소정근로시간 ÷ 총 소정근로시간) = (10,000원 × 8시간 × 4일) + (10,000원 × (8시간 × 32시간 ÷ 40시간)) = 320,000원 + 64,000원 = 384,000원
- 연장수당 = 10,000원 × 2시간 × 1.5 = 30,000원
- 야간근로수당은 연장근로수당과 별도로 지급해야 한다.

4 휴일·휴가의 적용

사용자는 단시간 근로자에게 1주 소정근로일수 개근 시 1일의 유급 주휴일을 줘야 한다.

사용자는 단시간 근로자에게 1달 개근 시 1일의 휴가 및 1년 80% 이상 출근 시 15일의 연차유급휴가를 주어야 한다. 이 경우 연차유급휴가는 다음의 방식으로 계산한 시간 단위로 하며, 1시간 미만은 1시간으로 본다.

$$통상\ 근로자의\ 연차휴가일수\ \times\ \frac{단시간근로자의\ 소정근로시간}{통상근로자의\ 소정근로시간}\ \times\ 8시간$$

예를 들어 시급 10,000원으로 월요일부터 수요일까지 1일 8시간, 목요일 1일 10시간 근무한 경우 : 총 34시간 근무(연장 2시간 포함)

- 연차유급휴가 일수 = 15일 × (1주 소정근로시간 32시간 ÷ 통상근로자의 소정근로시간 40시간) = 96시간

1주 소정근로시간 32시간 ÷ 5일 = 1일 6.4시간

96시간 ÷ 1일 6.4시간 = 15일(8시간 기준 12일)

- 연차유급휴가 수당 = 10,000원 × 96시간 = 96만원

4주 평균 1주 소정근로시간이 15시간 미만인 단시간근로자는 주휴일, 연차유급휴가, 법정 퇴직금을 지급하지 않는다.

근로관계의 종료 사유

근로관계의 종료 사유에는 퇴직(사직, 합의 해지), 해고, 자동 소멸이
있다.

1 퇴직

↗ 퇴직(사직)

퇴직(사직)이란 근로자의 일방적 의사표시에 의해 장래에 근로관계를 종료시
키는 것을 말한다.

퇴직(사직)의 대표적인 예는 근로자가 일방적으로 사표(사직원)를 제출하고 회
사에 출근하지 않는 경우가 있다.

↗ 퇴직(합의 해지)

합의해지란 근로자가 사직원의 제출로 근로계약 관계의 합의 해지를 청약하

고 이에 대해서 사용자가 승낙함으로써 해당 근로관계를 종료시키는 경우를 말한다.

합의 해지의 대표적인 예는 사용자가 근로자에게 퇴직할 것을 권유하고 근로자가 자유의사에 따라 사표를 제출한 후 퇴직하는 "권고사직", 근로자가 자의에 따라 사표를 낸 다음 사용자가 이를 수리해서 퇴직하는 "의원면직", 근로자가 명예퇴직을 신청(청약)하면 사용자가 요건을 심사한 후 이를 승인(승낙)함으로써 합의에 의해서 근로관계를 종료시키는 "명예퇴직" 등이 있다.

2 해고

해고란 사업장에서 실제로 불리는 명칭이나 절차와 관계없이 근로자의 의사와는 무관하게 사용자가 일방적으로 근로관계를 종료시키는 것을 말한다.

해고는 통상적으로 해고의 이유가 근로자 측에 있는 일반적 해고와 해고의 이유가 사용자 측에 있는 경영상의 이유에 의한 해고로 구분하며, 일반적인 해고는 근로자의 일신상 사유에 의한 해고를 통상해고, 근로자의 행태상 사유에 의한 해고를 징계해고로 구분한다.

3 자동 소멸

근로관계가 자동 소멸되는 경우는 근로계약 기간이 만료된 경우, 정년퇴직하는 경우, 근로자가 사망한 경우가 있다.

❶ 근로계약 기간을 정한 경우에 근로계약 당사자 사이의 근로관계는 특별한 사정이 없으면 그 기간이 만료함에 따라 사용자의 해고 등 별도의 조치를 기다릴 것 없이 근로자로서의 신분 관계는 당연히 종료된다.

❷ "정년퇴직" 이란 근로자가 취업규칙이나 단체협약에서 정한 일정한 나이에 달하면 근로자의 의사나 능력과 관계없이 근로계약을 종료되는 것을 말하는데, 정년에 도달하면 근로자로서의 신분 관계가 당연히 종료된다.

❸ 근로자가 사망한 경우 근로계약에 따른 권리·의무관계 즉 근로관계는 전속성을 가지므로 근로관계는 상속되지 않고 자동 소멸한다.

해고와 관련해 유의할 사항

- 보직 대기발령에 이은 직권면직은 대기발령이 인사 규정에 의해서 정당하게 이루어진 것이어야 하고 대기발령 후 일정기간 동안 그 대기발령의 사유도 소멸되지 않아야 효력이 인정된다(서울행법 2010구합47404, 2011.06.24).

- 징계 혐의가 발생한 경우는 먼저 육하원칙에 의한 소명서를 받고, 이를 기초로 징계 절차를 거쳐 각서나 시말서 등의 징계처분을 한다. 징계 통지는 반드시 서면으로 하도록 한다. 징계사유는 단체협약이나 취업규칙에서 징계의 원인으로 들고 있는 사유를 말한다(대판 93다52525, 1994.12.27).

- 업무인수인계를 거부하는 등 정당한 업무지시 거부를 이유로 한 견책(경고)의 징계처분은 정당하다(중노위 2010부해701, 2010.11.08).

- 사용자의 허가를 받지 않은 장기간의 무단결근은 징계해고의 정당한 사유가 된다(중노위 2010부해606, 2010.10.11).

- 승진과 관련 상사에게 압력을 행사하고, 책상 서랍을 던져 신체적 위협을 가했으며, 동료 사원과의 대화 내용을 몰래 녹음해서 복무 질서를 문란하게 한 자에 대한 해고는 정당하다(대법 2010다21692, 2011.03.24).

- 학력이나 경력 등에 대한 허위사실을 기재한 이력서의 제출은 정당한 징계해고 사유에 해당한다(중노위 2000부해32, 2000.07.18).

- 한 달에 여러 차례씩 지각과 조퇴를 하는 경우는 해고 사유에 해당한다(서울행법 2003구합20777, 2004.01.27).

- 사용자의 사직서 수리 의사표시가 근로자에게 도달하기 전에 철회의 의사를 통고했다면 사정이 없는 한 애초의 사직서는 철회된다(임금정책과 1574, 2004.05.01).

해고와 해고예고

해고는 정당한 사유가 있더라도 적법한 절차를 거치지 않으면 무효가 된다. 따라서 취업규칙 등에 징계위원회 등을 구성해서 징계 절차를 밟게 되어있는 경우 이러한 절차를 거치지 않고 해고하는 것은 무효가 되므로, 먼저 징계위원회 개최를 징계대상자에게 통보하고, 이후 징계위원회를 개최해서 징계대상자에게 소명의 기회를 준 후 징계를 결정한다. 물론 재심 절차가 있는 경우에는 재심 절차도 거쳐야 한다.

또한, 사용자는 근로자를 해고하려면 적어도 30일 전에 예고해야 하고, 30일 전에 예고하지 않았을 때는 30일분의 통상임금을 지급해야 한다. 다만, 천재사변 그밖에 부득이한 사유로 사업을 계속하는 것이 불가능한 경우 또는 근로자가 고의로 사업에 막대한 지장을 초래하거나 재산상 손해를 끼친 경우로서 고용노동부령으로 정하는 사유에 해당하는 경우는 그러하지 아니하다 (근로기준법 제26조).

따라서 근로자를 해고하려 하는 경우 예외 사유에 해당하지 않는 한 적어도 30일 전에 해고예고를 해야 한다. 해고예고를 하지 않은 경우는 해고예고 수당을 지급해야 한다.

① 정당한 해고 사유

일반적으로 정당한 해고 사유는 사회 통념상 근로계약을 계속할 수 없을 정도로 근로자에게 책임이 있는 경우 또는 부득이한 경영상의 필요가 있는 경우 등 크게 두 가지로 나눌 수가 있다. 즉, 근로자 측의 사유에 의한 일반해고 및 징계해고가 있으며, 사용자 측의 사유에 의한 정리해고가 있다.

구 분	해고 사유
일반해고	일반(통상)해고는 근로자의 일신상 사유에 의한 해고를 말한다. ❶ 부상, 질병, 장해 등으로 근로 능력이 상실되거나 장기간 요양이 필요한 경우를 말한다. 단, 업무상 사고, 질병, 장애의 경우 산재 요양 기간 및 그 후 30일간 해고가 금지된다. 즉, 산재인 경우는 해고가 안 된다고 보면 된다. ❷ 업무에 필요한 자격을 상실한 경우 ❸ 취업규칙, 근로계약서상 당연퇴직 사유에 해당하는 경우
징계해고	징계해고는 근로자가 직장의 질서 및 계약 의무를 위반한 것이 중대한 경우에 그에 대해 제재로써 하는 해고를 말한다. ❶ 근로자가 고의 또는 중과실로 사업에 손해를 입힌 경우 ❷ 무단결근을 반복하는 등 불성실한 근무태도 ❸ 업무상 지시위반 ❹ 동료 근로자에 대한 폭행 등 **구체적인 예시** • 무단결근을 한 경우 • 불성실한 근무를 한 경우

구 분	해고사유
징계해고	• 인사명령, 업무명령을 위반한 경우 • 이력서를 거짓으로 기재한 경우 • 횡령, 배임 등 회사에 손해를 끼친 경우 • 유죄판결을 받은 경우 • 폭언, 폭행 등을 한 경우 • 위법한 조합 활동을 한 경우 • 회사 및 상사에 대한 비방을 한 경우 • 위법한 쟁의행위를 한 경우 • 사생활에 비행이 있는 경우 근무평정 결과 근무성적이 저조해서 해고하거나 근로계약 갱신을 하지 않은 것 자체가 부당하다고 할 수는 없다(서울 고판 2006.7.28., 2005 누 29947). 다만, 근무성적이 나빠도 나쁜 정당한 사유가 있거나 일시적이면 징계해고의 정당성을 인정받기는 어렵다(대판 1991. 11. 26. 90다4914).
정리해고	정리해고란 기업의 긴급한 경영상 필요에 의해서 근로자를 해고하는 것을 말한다. 이러한 정리해고는 통상의 해고와 달리 근로자에게 아무런 잘못이 없음에도 사용자 측의 경영 사정으로 인해서 행해진다는 측면에서 다소 엄격한 상황에서 허용되게 된다. 정당한 정리해고가 되기 위해서는 계속되는 경영의 악화, 생산성 향상을 위한 구조조정과 기술혁신 또는 업종의 전환 등 긴박한 경영상의 필요성이 인정되어야 한다. 긴박한 경영상의 필요성이란 기업이 당면한 경영상의 어려움을 타개하기 위해서 실현 가능한 경영상의 조치를 생각하였으나 그러한 노력만으로는 경영상의 곤란을 극복할 수 없었거나, 해고 이외의 다른 경영상의 조치를 하는 것이 기대하기 곤란한 사정이 있어 부득이 정리해고할 수밖에 없는 경우를 말한다.

업무능력 부족에 의안 애고에 대안 대법원 입장

대법원은 업무능력 부족과 관련해서 보험모집 인의 거수실적(보험계약을 체결해서 보험료를 입금시킨 실적) 부족, 대학교수의 허위 연구 업적 제출을 이유로 한 해고를 정당한 해고라고 판단하였다.

그러나 일반적인 경우 근로자의 능력이나 실적이 미흡할 경우 교육훈련, 배치전환, 대기발령 등 인사처분을 통해 능력을 개발하는 것이 더 타당하다고 보고 있기 때문에 업무능력 부족 등을 이유로 한 해고의 정당성 판단기준은 엄격한 편이다(대법원 2002. 5. 28. 선고 2000두9380 판결).

 폭언, 폭앵 등을 이유로 안 애고

1. 폭언 · 폭행 등을 이유로 한 정당한 해고 사례

- 회사 내에서 다른 종업원이 지켜보는 가운데 대표이사와 상무에게 욕설, 폭행을 한 것은 회사의 경영 질서 및 위계질서를 크게 해친 것으로서, 이는 사용자와 근로자 사이의 고용관계를 계속 지킬 수 없을 정도의 중대한 사유에 해당한다.

- 택시회사의 사납금을 납입하지 않아 승무 정지 조치를 받은 후 징계에 회부 되자 상사에게 협박, 폭언, 업무방해 등을 한 운전사에 대한 징계해고는 정당하다.

- 회사 구내에서 16세 연상의 선배 사원을 폭행한 근로자에 대해서 한 해고처분은 그 비행의 동기나 경위 등에 비추어 볼 때 정당하다.

2. 폭언 · 폭행 등을 이유로 한 부당한 해고 사례

회사 직원들과 술집에서 단합대회를 하던 중 술기운에 상사의 멱살을 잡아당기다가 옷이 찢어지게 하는 등의 폭행을 한 근로자에 대해 회사가 징계 면직처분을 한 경우 이는 징계권의 범위를 일탈한 처분으로써 무효이다.

상사가 먼저 근로자를 폭행함으로써 싸움이 유발된 점과 그로 인하여 해당 근로자는 약 4주간, 상사는 약 10일간의 각 상해를 입은 점 및 그 후의 수습과정 등에 비추어 볼 때 상사를 폭행한 것을 사유로 한 근로자에 대한 징계해고는 징계권을 남용한 것이다.(대법원 1996. 5. 31. 선고 95누2487 판결, 대법원 1992. 3. 13. 선고 91다39559 판결, 대법원 1992. 5. 22. 선고 91누5884 판결, 대법원 1992. 2. 11. 선고 91다25109 판결, 대법원 1994. 8. 12. 선고 94누1890 판결)

2 해고 절차

사용자가 근로자를 해고하려면 ❶ 적어도 30일 전에 해고예고를 해야 하고 ❷ 해고 사유와 시기를 서면으로 통지해야 한다. ❸ 또한, 단체협약과 취업규칙 등에 징계나 해고절차가 규정되어 있는 경우 그 절차를 거쳐야 하며, 이와 같은 절차를 거치지 않은 해고는 원칙적으로 무효이다.

단체협약이나 취업규칙에 사전 통보, 소명 기회 부여 등의 해고 절차 규정을 두고 있는 경우 동 절차를 따라야 적법한 해고가 되나, 대법원은 단체협약이나 취업규칙에 사전 통보, 소명기회 부여 등의 해고 절차 규정을 두지 않은 경우는 사용자가 근로자에게 사전 통보를 하지 않거나, 소명 절차를 주지 않고 해고를 해도 해당 해고는 유효하다고 판단하고 있다. 따라서 단체협약이나 취업규칙에 해고 절차에 관한 규정이 없는 경우 근로자에게 사전 통보와 소명기회를 주지 않고 한 해고는 유효하다.

 근로자를 해고하려면 해고사유와 해고시기를 서면(書面)으로 통지해야 한다(구두(말), e-메일, 휴대폰 문자메시지 등으로 하는 경우)(근로기준법 제27조, 해고의 서면 통지 관련 업무처리 지침)

- 노동위원회에서는 해고 사유를 서면이 아닌 구두로 통보한 해고는 무효이다.
- 근로자에 대한 해고는 해고 사유와 시기를 서면(書面)으로 통지해야 효력이 있다.
- 구두(말), e-메일, 휴대폰 문자메시지 등으로 해고 사유와 시기를 통지한 해고는 서면 통지가 아니므로 효력이 없다.
- 해고 사유를 구두, e-메일, 휴대폰 문자메시지 등으로 통지받은 근로자가 부당해고 구제신청 기간(해고통지가 있었던 날부터 3개월) 내에 노동위원회에 부당해고 구제신청을 하지 않으면 더는 노동위원회의 구제를 받을 수 없게 된다(근로기준법 제28조).

↗ 징계해고 절차

해고 절차의 제한

해고의 정당한 사유에 해당하더라도 적법한 해고 절차를 거치지 않는 해고는 무효이다. 그렇다면 적법한 해고 절차란 무엇일까?

해고는 근로자가 직장을 상실하게 하는 사인인 만큼 근로자의 생존권을 엄격하게 보호하자는 취지에서 징계의 사유가 정당하다 해도 절차상의 하자가 있는 경우 그 해고를 무효로 간주한다. 취업규칙 등에 징계위원회 등을 구성해서 징계 절차를 밟게 되어 있는 경우 이러한 절차를 거치지 않으면 그 해고는 무효가 된다. 대개 징계절차는 먼저 징계위원회의 개최를 징계대상자에게 사전 통보한다.

징계 절차의 진행을 알리는 사전통지는 특별한 사정이 없으면 징계해고 대상 근로자 본인에게 직접 해야 한다.

징계해고 대상 근로자가 행방불명되어 해당 근로자에게 통지하는 것이 불가능한 경우가 아닌 한 징계해고 대상 근로자 본인에게 하지 않은 사전통지는 효력이 없다.

징계위원회 개최

징계위원회를 개최하여 징계대상자에게 소명의 기회를 준 후 징계를 결정한다. 물론 재심 절차가 있는 경우에는 재심 절차를 거쳐야 한다. 이때 징계위원회 개최를 통보하는 것은 꼭 서면이어야 하는 것은 아니다. 실제 징계대상자가 징계위원회에서 소명의 기회를 얻도록 하는 것은 그 목적인 이상 전화 내지 구두 통보도 가능하다. 징계위원회의 구성은 단체협약 등에 별도의 규정이 있는 경우 그에 따라야 하며, 그 외의 규정이 없는 경우는 관례나 상식적으로 이루어진다. 부당한 해고를 방지하기 위해서 단체협약에 노사 동수의 징계위원회 조항을 설치하는 예도 많다.

해고예고

● 해고일로부터 30일 이전에 해야 한다.

● 문서 또는 구두로써 해고될 날과 해고 대상을 특정해야 한다.

● 해고예고 대신 30일분의 통상임금을 해고예고 수당으로 지급도 가능하다.

↗ 경영상 정리해고절차

첫째, 정리해고는 긴박한 경영상의 필요성이 있어야 한다(근로기준법 제24조). 경영악화 방지를 위해 사업을 양도 · 인수 · 합병하게 된 경우는 물론, 객관적으로 보아 경영합리화 조치로서 합리성이 있거나 감원하지 않으면 장래 기업재정이 악화될 우려가 있을 경우도 긴박한 경영상의 필요성이 있다고 본다.

둘째, 사용자는 사전에 정리해고를 피하기 위한 노력을 다했어야 한다.

즉 일부 부서를 폐쇄한 경우는 그 소속 근로자를 다른 부서로 전직시킬 수 없는 사정이 있고, 신규 채용 중지, 희망 퇴직자 우선 퇴직, 임원수당 삭감, 기간이 정해진 계약직의 경우에는 계약갱신 중단, 잔업 규제, 휴직제실시, 교대제 근로 전환 등 가능한 모든 조치를 다 했음에도 경영상 감원이 여전히 필요할 때 비로소 최후의 수단으로서 정리해고가 정당했다고 보는 것이다.

셋째, 해고대상자의 선정 기준은 합리적이고 공정해야 한다. 일반적인 기준은 없지만, 판례에 따르면 사용자 측 사정과 근로자 측 사정을 모두 고려해야 한다.

넷째, 해고 회피 방법과 해고 기준 등에 관해서 사용자는 근로자 대표에게 정리해고하려는 날의 50일 전까지 통보한 후 성실하게 협의해야 한다.

여기서 근로자대표란 그 사업장의 근로자 과반수로 조직된 노동조합을 말하고, 없다면 근로자의 과반수를 대표하는 자를 말한다.

정리해고하려는 날 50일 전에 근로자 대표에게 사전 통보를 하지 않은 정리해고는 효력이 없나요?

대법원은 정리해고 50일 전의 사전 통보는 정리해고의 효력요건이 아니라고 보기 때문에, 사용자가 사전 통보 기간을 지키지 않고 정리해고 40일 전에 사전 통보를 하였더라도 사용자가 근로자대표와 성실하게 협의한 경우는 해당 정리해고는 유효한 것으로 본다.

다섯째, 1개월 이내에 일정 규모 이상을 해고할 경우는 고용노동부 장관에게 신고해야 한다.

100인 미만 사업장에서는 10인 이상을 해고할 때, 100인 이상 1,000인 이하 사업장에서는 10% 이상을 해고할 때, 1,000인 이상 사업장에서는 100인 이상을 해고할 때는 해고 사유와 해고 예정 인원, 근로자대표와의 협의내용, 해고 일정을 신고해야 한다.

고용노동부 장관에 대한 신고 여부는 해고의 정당성 여부에 영향을 미치지 않지만, 나머지 요건들은 모두 갖추어져야 해고의 정당성이 인정된다. 다만, 판례는 각 요건을 다른 요건의 충족 정도에 따라 유동적으로 판단하기 때문에 모든 사정들을 종합해서 판단해야 할 것이다.

또한, 사전 통보 기간 준수 여부도 협의하는데 시간이 부족하지 않았다면 해고의 정당성 여부에 영향을 주지 않는다. 이와 별도로 단체협약에 정리해고를 노동조합과 합의해서 시행해야 한다는 일명 고용안정협약을 맺은 경우,

협약 체결 당시 예상치 못했던 급격한 경영악화가 있었던 경우가 아닌 한 이를 위반하면 부당해고가 된다.

정리해고 대상자가 확정된 이후에는 30일의 해고예고기간도 지켜야 한다.

사용자는 해고한 날부터 해고된 근로자가 해고 당시 담당했던 업무와 동일한 업무에 2년이 지나기 전까지는 파견 근로자를 사용해서도 안 되고, 3년 이내에 근로자를 채용하고자 할 때는 당해 해고된 근로자가 원한다면 그를 우선하여 고용해야 한다(근로기준법 제25조).

 ## 사용자가 근로자를 해고할 수 없는 시기

사용자는 근로자가 업무상 부상 또는 업무상 질병의 요양을 위해 휴업한 기간과 그 후 30일 동안은 해고하지 못하고, 산전(産前)·산후(産後) 휴가기간과 그 후 30일 동안은 여성 근로자를 해고하지 못한다(근로기준법 제23조). 또한, 사업주는 육아휴직을 이유로 해고나 그 밖의 불리한 처우를 해서는 안 되며, 육아휴직 기간에는 해당 근로자를 해고하지 못한다.

1. 업무상 부상, 업무상 질병 요양 기간

사용자는 근로자가 업무상 부상 또는 질병의 요양을 위해서 휴업한 기간과 그 후 30일 동안은 해고하지 못한다. 다만, 사용자가 한 번에 전부 보상하였거나 사업을 계속할 수 없게 된 경우에는 업무상 부상, 업무상 질병 요양 기간에도 근로자를 해고할 수 있다. 이를 위반한 자는 5년 이하의 징역 또는 3천만 원 이하의 벌금에 처해진다.

2. 출산 전·후 휴가기간

사용자는 **출산 전(産前)·후(後) 휴가기간**과 그 후 30일 동안은 여성 근로자를 해고하지 못한다. 다만, 사업을 계속할 수 없게 된 경우에는 출산 전·후 휴가 기간에도 근로자를 해고할 수 있다(근로기준법 제23조).

이를 위반한 자는 5년 이하의 징역 또는 3천만 원 이하의 벌금에 처해진다.

3. 육아휴직기간

사업주는 육아휴직을 이유로 해고나 그 밖의 불리한 처우를 해서는 안 되며, 육아휴직 중인 근로자는 해고하지 못한다. 다만, 사업을 계속할 수 없는 경우에는 육아휴직 중인 근로자를 해고할 수 있다.

이를 위반한 자는 3년 이하의 징역 또는 2천만 원 이하의 벌금에 처해 진다.

③ 해고예고란?

사용자가 근로자를 해고(경영상 이유에 의한 해고를 포함한다)하려면 적어도 30일 전에 예고해야 하고(근로기준법 제26조), 30일 전에 예고하지 않았을 때는 30일분 이상의 통상임금을 지급해야 한다고 규정하고 있으며, 이를 위반시 벌칙이 적용된다(근로기준법 제110조 : 2년 이하의 징역 또는 1천만 원 이하의 벌금).

즉, 해고예고 제도는 예고 없는 해고 자체를 금지하는 제도가 아니라, 해고할 경우는 일정한 유예기간을 두거나 예고수당을 지급할 것을 내용으로 하는 제도이므로, 해고예고 의무를 위반한 해고도 유효하다.

결과적으로 사용자는 해고예고와 해고예고 수당 지급 중에서 어느 하나를 선택해서 이행할 수 있다.

해고하기 전 30일 전에 해고예고를 하지 않고 통상임금을 지급하지 않은 사용자는 2년 이하의 징역 또는 1천만 원 이하의 벌금에 처한다.

↗ 해고예고 적용 제외 사유

천재사변 등 부득이한 사유로 사업을 계속하는 것이 불가능한 경우 또는 근로자가 고의로 사업에 막대한 지장을 초래하거나 재산상 손해를 끼친 경우는 해고예고를 하지 않아도 30일분의 통상임금을 지급하지 않는다(근로기준법 제26조 단서).

↗ 해고예고 적용 제외 근로자

다음의 어느 하나에 해당하는 근로자에게는 해고예고를 하지 않아도 된다.

❶ 근로자가 계속 근로한 기간이 3개월 미만인 경우

❷ 천재·사변, 그 밖의 부득이한 사유로 사업을 계속하는 것이 불가능한 경우

❸ 근로자가 고의로 사업에 막대한 지장을 초래하거나 재산상 손해를 끼친 경우로서 근로기준법 시행규칙 별표에 해당하는 경우

4 해고예고를 하는 경우

해고예고의 경우 적어도 30일 전에 해야 한다. 해고예고를 30일 전에 해야 하는 것은 근로자 보호를 위해 최하 한을 규정한 것이므로 그 입법 취지를 고려해 볼 때 당사자 간 합의 등을 통해 이 기간을 연장할 수는 있지만 단축할 수는 없다.

사용자는 근로자를 해고하려면 해고 사유와 시기를 서면으로 통지해야만 효력이 발생한다(근로기준법 제27조).

해고예고기간은 통지가 상대방에게 도달한 다음 날부터 역일(曆日)로 계산해 30일 만에 만료되며, 휴일·휴무일이 있더라도 연장되지 않는다.

사용자는 근로자에게 정당한 이유 없이 해고하지 못한다(근로기준법 제23조 제1항). 정당한 이유가 없는 해고의 경우는 해고예고를 했는지? 여부와 관계없이 그 효력은 무효이다.

반면 정당한 이유가 있는 해고의 경우 적법한 해고예고를 하지 않은 경우에도 해고는 유효하다는 것이 판례의 태도이다.

5 해고예고를 하지 않은 경우

↗ 해고하기 30일 전에 해고예고 통지를 하지 않은 경우

정당한 이유가 있는 해고의 경우 적법한 해고예고를 하지 않은 경우에도 해고는 유효하다.

해고예고 수당과 관련해서는 해고하기 30일 전에 해고예고 통지를 하지 않은 경우에도 그 모자란 일수에 비례해서 해고예고 수당을 지급하는 것이 아니라, 해고예고 수당으로 30일분 이상의 통상임금 전부를 지급해야 한다는 것이 행정해석의 태도이다.

↗ 사용자가 해고예고 의무를 위반한 경우

벌칙(근로기준법 제110조)을 적용받고 해고예고 수당을 지급해야 하는 채무를 부담하게 되나, 해고예고를 하지 않았다고 하더라도 해고의 정당한 이유를 갖추고 있는 이상 해고의 효력에는 영향이 없게 된다(대법원 1994. 6. 14. 선고 93누20115 판결 참조).

 이메일 또는 문자메시지를 이용한 해고통지의 효력

1. 이메일 또는 문자메시지를 이용한 해고통지는 유효할까요?

전통적으로 해고사유와 시기를 기재한 문서를 대상 직원에게 직접 혹은 우편으로 교부하거나 송달하고 직원이 이를 직접 수령하는 경우에만 해고의 통지가 유효하다고 보았다.

그러나 IT 기술의 발달로 인한 경영환경의 변화로 현재에는 정보통신 등의 발달에 따라 전통적인 의미에서의 문서와 통지의 개념이 더는 유효하지 않게 되었다.

그렇다면 이메일, 휴대전화 문자메시지를 이용한 해고통지는 유효한가요?

2. 법원과 고용노동부의 판단

법원의 판단 : 최근 법원에서는 서면의 의미에 대해 기업의 현실을 반영한 판결이 나오고 있다. 즉, 서울중앙지방법원 2012.11.22. 선고 2011가합94948판결에서는 "회사가 전자결재 시스템을 완비해 전자문서로 모든 업무의 기안, 결재, 시행과정을 관리하고 있고, 징계에 관해서도 전자결재 시스템을 통해 실무자, 관리자, 인사부장 등의 순서로 결재를 받은 다음 이메일 형태로 징계대상자에게 징계처분에 관한 통지가 이루어지는 시스템을 구축했으며, 이 사건(해고통지) 이메일이 전자적인 정보형태로 회사 내부전산망의 기록 저장장치에 저장되고 원고로서도 언제든지 위 이메일을 출력해 보관할 수 있는 점을 고려할 때 회사 내부전산망을 통해 이메일의 형태로 징계면직의 통지를 한 것은 근로기준법이 정한 서면에 의한 해고통지에 해당한다."고 판시해 진일보한 입장을 취하고 있다(서울중앙지방법원 2009.9.11. 선고 2008가합42794, 서울행정법원 2010.6.18.선고 2010구합11269).

고용노동부의 판단 : 고용노동부는 과거 "e-mail, 휴대폰 문자 등을 이용해 해고를 통지한 경우는 근로기준법 제27조에 따른 서면 해고통보로 보기 어렵다." 는 입장을 취해 왔는데, 고용노동부 또한 위와 같은 법원의 입장에 따라 근로기준법 제27조 제2항의 서면이란 종이로 된 문서를 의미하고, 전자문서는 회사가 전자 결재체계를 완비해 전자문서로 모든 업무의 기안, 결재, 시행과정을 관리하는 경우 예외적으로 가능하다는 입장으로 이를 변경했다(근로개선정책과 - 1128, 2012.2.7).

- 이메일

이메일을 통해 근로기준법이 정하고 있는 해고사유와 시기가 특정되고 해당 이메일이 직원에게 전달되어 본인이 이를 확인했음이 인정되는 경우는 전자결재 시스템 여부와 관계없이 서면에 의한 통보로서 유효하다고 보는 것이 타당할 것이다.

- 문자메시지

휴대전화 문자메시지의 경우 단순히 구두 통화를 대신하는 형태의 것이라고 할 것이므로 서면에 의한 통지로서의 유효성을 인정하기 어려울 것이다.

법원도 서울행정법원 2010.4.16. 선고 2009구합31878판결에서 "서면 통지 규정은 사용자의 부당한 해고로부터 근로자의 권익을 보호하기 위한 것이라는 점에서 엄격하게 해석해야 하는 점, 휴대전화 문자메시지는 해고자의 서명날인 등이 존재하지 않아 진정한 의사를 확인하기 어려운 점, 원고가 보낸 휴대전화 문자메시지에 해고

시기 및 해고 사유가 특정되어 있지 않는 점 등에 비추어 보면, 원고가 보낸 휴대전화 문자메시지를 서면과 동일하게 취급할 수 없다"고 판시했다.

6 해고근로자 지원(실업급여)

실업급여란 근로의 의사와 능력이 있음에도 불구하고 취업하지 못한 상태에 있는 피보험자의 생활에 필요한 급여를 지급해서 근로자의 생활안정과 구직 활동을 촉진하기 위한 제도를 말한다.

실업급여는 구직급여와 취업 촉진 수당으로 구분되며, 취업 촉진 수당의 종류는 조기재취업수당, 직업능력개발수당, 광역 구직활동비, 이주비가 있다.

이 중 일상에서 말하는 실업급여는 구직급여를 말하는 것으로 구직급여는 ❶ 이직일 이전 18개월간 피보험 단위 기간이 180일 이상일 것, ❷ 근로의 의사와 능력이 있음에도 불구하고 취업하지 못한 상태일 것, ❸ 이직 사유에 따른 수급제한 사유에 해당하지 않을 것, ❹ 재취업을 위한 적극적인 노력을 할 것 등의 요건을 모두 갖춘 피보험자가 실업 신고를 해서 수급 자격의 인정을 받고 적극적인 재취업 활동을 해서 실업을 인정받은 날에 대해 지급한다.

↗ 구직급여의 수급 요건

구직급여는 이직(이직 사유가 수급 자격의 제한 사유에 해당하지 않은 경우만 해당)한 피보험자가 이직일 이전 18개월간 피보험 단위 기간을 통산해서 180일 이상인 경우로서 근로의 의사와 능력이 있음에도 불구하고 취업(영리를 목적으로 하는 사업을 영위하는 경우 포함) 하지 못한 경우에 재취업을 위한 노력을 적극적으로 할 것을 요건으로 해서 지급된다(고용보험법 제40조). 여기서 피보험 단위기간은 피보험기간 중 보수지급의 기초가 된 날을 합해서 계산한다. 이에 따라 피보험 단위기간을 계산할 때는 최후로 피보험자격을 취득한 날 이전에 구직급여를 받은 사실이 있는 경우에는 그 구직급여와 관련된 이직일 이전의 보수지급의 기초가 된 날은 피보험 단위기간에 넣지 않는다(고용보험법 제41조).

↗ 이직 사유에 따른 수급 자격의 제한

피보험자가 다음의 어느 하나에 해당한다고 직업안정기관의 장이 인정하는 경우는 수급 자격이 없는 것으로 본다(고용보험법 제58조, 별표 1의 2, 별표 2).

❶ 중대한 귀책사유(歸責事由)로 해고된 피보험자로서 다음의 어느 하나에 해당 하는 경우

• 형법 또는 직무와 관련된 법률을 위반해서 금고 이상의 형을 선고받은 경우

• 사업에 막대한 지장을 초래하거나 재산상 손해를 끼친 경우로서 고용보험법 시행규칙 별표 1의 2에서 정하는 기준에 해당하는 경우

• 정당한 사유 없이 근로계약 또는 취업규칙 등을 위반하여 장기간 무단결근한 경우

❷ 자기 사정으로 이직한 피보험자로서 다음의 어느 하나에 해당하는 경우

• 전직 또는 자영업을 하기 위해 이직한 경우

• 위의 중대한 귀책 사유가 있는 자가 해고되지 않고 사업주의 권고로 이직한 경우

• 그 밖에 고용보험법 시행규칙 별표 2에서 정당한 사유에 해당하지 않는 사유로 이직한 경우

취업규칙의 작성

취 업규칙(= 사규, 규정)이란 근로계약관계에 적용되는 근로조건이나 복무규율 등에 대해서 사용자가 일방적으로 작성해서 소속 근로자에게 공통으로 적용하는 규칙으로서 복무규정, 인사규정 등 그 명칭에 상관없이 복무규율과 임금 등 근로조건에 관한 준칙의 내용을 담고 있는 것은 취업규칙에 해당한다.

1 취업규칙의 기재 사항

취업규칙에는 사용자가 반드시 기재해야 할 필요적 기재 사항과 그 밖에 사용자가 임의로 기재할 수 있는 임의적 기재 사항이 있다. 사용자는 법령이나 단체협약에 위배 되지 않는 한 어떠한 사항도 취업규칙에 기재할 수 있으나, 다음 사항은 반드시 기재해야 한다.

❶ 업무의 시작과 종료시각, 휴게시각, 휴일, 휴가 및 교대근로에 관한 사항

❷ 임금의 결정 · 계산 · 지급 방법, 임금의 산정기간 · 지급시기 및 승급에 관

한 사항

❸ 가족수당의 계산 · 지급 방법에 관한 사항

❹ 퇴직에 관한 사항

❺ 근로자퇴직급여보장법 제8조에 따른 퇴직금, 상여 및 최저임금에 관한 사항

❻ 근로자의 식비, 작업 용품 등의 부담에 관한 사항

❼ 근로자를 위한 교육시설에 관한 사항

❽ 출산휴가 · 육아휴직 등 여성 근로자의 모성보호 및 일 · 가정양립지원에 관한 사항

❾ 안전과 보건에 관한 사항

❿ 성별 · 연령 · 사회적 신분 등의 특성에 따른 사업장 환경개선에 관한 사항

⓫ 업무 상과 업무 외의 재해 부조에 관한 사항

⓬ 표창과 제재에 관한 사항

⓭ 그 밖에 해당 사업 또는 사업장의 근로자 전체에 적용될 사항

2 취업규칙의 구성

취업규칙은 법에 의한 필요적 기재 사항과 규정 체계 등을 고려해서 다음과 같은 장으로 구성되는 것이 일반적이다.

구 분	내 용
제1장 총칙	취업규칙의 목적, 용어의 정의, 적용범위 등 취업규칙 체계상 필요한 사항을 규정한다.

구 분	내 용
제2장 채용 및 근로계약	채용원칙, 전형방법, 채용제한 사유, 채용 시 제출서류, 근로계약 체결방법, 수습 및 시용기간 등 고용과 관련된 제반사항을 규정한다.
제3장 복무	복무의무, 출근·결근, 지각·조퇴·외출, 근로시간 중 공민권 행사 시간·태아 검진시간·육아시간 부여, 출장, 비상시 출근, 신상 변동 신고의무 등 근로제공과 관련된 복무규율을 규정한다.
제4장 인사	인사위원회의 구성·기능 및 운영 방법, 배치·전직·승진·대기 발령 등 인사이동의 원칙, 휴직 사유 및 기간, 휴직기간의 처우, 복직, 육아휴직 및 육아기 근로시간단축 등 회사 인사권과 관련된 사항을 규정한다.
제5장 근로조건	근무 형태, 근로시간 및 휴게시간, 각종 근로시간 유연화 제도, 연장·야간·휴일근로 제한 및 보상, 휴일, 연차휴가·출산휴가·배우자출산휴가·생리휴가·병가·경조휴가 등 근로자에게 공통적으로 적용될 근로시간 및 휴일·휴가 등의 근로조건에 관한 사항을 규정한다.
제6장 임금	임금 결정의 원칙, 구성항목, 계산 및 지급방법, 비상시 지급 및 휴업수당 등 근로조건 중 가장 중요한 임금에 관한 사항을 규정한다.
제7장 퇴직·해고 등	퇴직사유 및 시기, 사직의 절차, 정년 및 재고용, 해고사유 및 시기 제한, 해고예고 및 서면통지 등 퇴직에 관련된 사항을 규정한다.
제8장 퇴직급여	퇴직급여제도의 설정, 퇴직금 및 퇴직연금제도의 운영 등 퇴직 시 지급되는 퇴직급여에 관한 사항을 규정한다.
제9장 표창 및 징계	표창대상, 징계사유, 징계종류, 징계절차 등 근로자의 사기진작을 위한 표창 및 사업장 질서유지를 위한 징계에 관한 사항을 규정한다.
제10장 교육 및 성희롱 예방	직무교육, 사외 위탁교육, 성희롱 예방 교육 및 성희롱 발생 시 조치사항 등 직무능력 향상과 안전한 근무환경 조성을 위해 실시하는 각종 교육훈련에 관한 사항을 규정한다.

구 분	내 용
제11장 안전보건	사업주의 안전보건 상의 의무, 산업안전보건 법령의 요지 게시 및 안전보건표지 부착, 관리감독자의 의무, 안전보건교육, 건강진단, 질병자의 취업제한 등 사업장 내에서 발생할 수 있는 위험 및 건강장해를 예방하기 위한 안전보건에 관한 사항을 규정한다.
제12장 재해보상	산업재해에 대한 보상, 업무 외 재해에 대한 사업주 책임 등 재해보상에 관한 사항을 규정한다.
제13장 복리후생	복리후생시설 운영, 체육문예활동 지원, 경조금 지급, 식사제공, 재해부조 등 근로자의 사기진작을 위해 행해지는 각종 복리후생제도에 관한 사항을 규정한다.
부칙	취업규칙의 비치, 변경 절차, 시행일 등에 관한 사항을 규정한다.

3 취업규칙의 작성 · 신고

↗ 작성·신고 의무

상시 10인 이상의 근로자를 사용하는 사용자는 법 소정의 필요적 기재 사항을 기재한 취업규칙을 작성해서 고용노동부 장관에게 신고해야 하며, 이를 위반하는 경우 500만 원 이하의 과태료에 처해진다.

여기서 '상시 10인 이상의 근로자를 사용한다.' 라고 함은 근로기준법의 전부 또는 일부를 적용받는 근로자가 상태적으로 보아 10인 이상인 경우를 의미하는 것으로 해당 사업 또는 사업장에서 법 적용 사유 발생일 전 1개월(사업이 성립한 날부터 1개월 미만의 경우는 그 사업이 성립한 날 이후의 기간을 말한다) 동안 사용한 근로자의 연인원을 같은 기간 중의 가동 일수로 나누어 산정한다. 다만, 그 결과가 상시 10인 미만인 경우에도 산정 기간에 속하는 일별로 근로자 수를 파악하였을 때 법 적용 기준에 미달한 일수가 2분의 1 미만인 경우에는 취업규칙 작성의무가 있는 반면, 상시 10인 이상인 경우라 하더라도 산정 기간에 속하는 일별로 근로자 수를 파악하였을 때 법 적용기준에 미달한 일수가 2분의 1 미만의 경우는 취업규칙 작성 의무가 없다.

취업규칙 작성의 장소적 기준은 사업장 단위로 보아야 하지만 사업의 종류에 따라 몇 개의 사업장이 동질성을 가지고 있는 경우에는 두 개 이상의 사업장에서 사용하는 근로자가 10인 이상인 경우에도 작성의무를 갖는다.

하나의 사업장이라고 하더라도 「근로기준법」 제5조(균등처우) 및 「기간제및단시간근로자보호등에관한법률」 제8조(차별적 처우의 금지)에 저촉되지 않는다면 직종, 고용 형태별 등에 따라 별도의 취업규칙을 작성할 수도 있고, 하나의 사업에 수 개의 사업장이 있는 경우 모든 사업장에 적용할 통일된 취업규칙을 작성할 수도 있다.

↗ 작성·신고의 절차

취업규칙의 작성·변경에 관한 권한은 원칙적으로 사용자에게 있으므로 단체협약 또는 노사협의회에서 다른 정함이 없는 한 사용자 단독으로 작성하고 변경할 수 있다. 다만, 취업규칙이 근로자의 근로조건에 직접 영향을 미치는 규범이기 때문에 근로기준법에서는 그 작성 또는 변경에 있어 근로자 대표의 의견 청취 또는 동의를 요구(위반 시 500만 원 이하의 벌금)하고 있다.

따라서 사용자가 취업규칙을 작성·신고하고자 한다면 우선 사용자가 취업규칙을 작성해서 노동조합 또는 근로자에게 제시하고 근로자 과반수로 조직된 노동조합이 있는 경우에는 그 노동조합, 근로자 과반수로 조직된 노동조합이 없는 경우에는 근로자 과반수의 의견을 들은 후 그 의견을 적은 서면을 첨부해서 고용노동부 장관에게 신고해야 한다.

4 취업규칙의 효력

↗ 효력 발생 시기와 범위

취업규칙을 작성·변경할 권한은 기본적으로 사용자에게 있으나, 사용자는 각 사업장에 취업규칙을 게시 또는 비치해서 근로자에게 주지시킬 의무가 있으므로 취업규칙은 이러한 주지 상태가 되면 그 효력이 발생한다. 이 경우 취업규칙에 효력 발생 시기에 대한 명문 규정이 별도로 있으면, 그에 따른다. 물론, 사용자는 취업규칙을 작성할 때 근로자대표의 의견 청취 또는 동의 등의 절차를 거쳐야 하나, 이러한 절차를 거치지 않았다고 해서 취업규칙의 효력이 없다고 할 수는 없다. 따라서 사용자가 일방적으로 취업규칙을 작성 또는 변경하면서 근로자대표의 의견 청취 또는 동의 등의 절차를 거치지 않았다고 하더라도 법규적 효력을 가진 취업규칙은 사용자에 의해 작성 또는 변경된 취업규칙이다. 다만, 불이익 변경의 경우 변경 후의 취업근로자와 달리 그 변경으로 기득 이익이 침해되는 기존 근로자에 대해서는 종전 취업규칙이 적용되며, 불이익 변경이라 해도 사회통념상 합리성이 있다고 인정되는 경우는 기존 근로자에 대해서도 변경된 취업규칙이 적용된다.

취업규칙은 원칙적으로 사업 또는 사업장 단위의 모든 근로자에게 적용되며, 취업규칙 시행 당시에 근무하고 있는 근로자에게만 적용되는 것이지 이미 퇴직한 근로자에게까지 소급 적용되지 않는다.

일부 근로자에 대해 특별대우를 하고자 할 때는 취업규칙에서 특별규정을 두거나, 그들에게 적용되는 다른 취업규칙을 작성해야 한다.

☑ 취업규칙과 법령·단체협약 및 근로계약과의 관계

취업규칙은 법령 또는 당해 사업 또는 사업장에 대해서 적용되는 단체협약에 반할 수 없으며, 취업규칙이 법령 또는 단체협약에 저촉되는 경우 고용노동부 장관은 이의 변경을 명할 수 있다.

취업규칙에 정한 기준에 미달하는 근로조건을 정한 근로계약은 그 부분에 관해서는 무효로 하며, 이 경우 무효로 된 부분은 취업규칙에 정한 기준에 의한다.

근로조건의 기준을 정하는 사항은 법령, 단체협약, 취업규칙, 근로계약이 있으며, 일반적인 우선순위는 법령, 단체협약, 취업규칙, 근로계약 순으로 되어 있으나, 이러한 우선순위와 관계없이 근로자에게 유리한 조건이 우선해서 적용된다.

취업규칙의 변경

1 취업규칙의 변경 절차

취업규칙의 작성·변경에 관한 권한이 원칙적으로 사용자에 있으므로, 취업규칙의 변경은 사용자에 의해 일방적으로 이루어질 수 있다. 다만, 그 변경은 근로자의 근로조건 변동, 특히 불이익 변경은 근로조건의 저하를 초래하므로, 근로자대표의 의견 청취 또는 동의를 받아 고용노동부 장관에게 신고해야 한다.

따라서 사용자가 취업규칙을 변경하고자 하는 경우 취업규칙 변경안을 노동조합 또는 근로자에게 제시해서 불이익하지 않은 변경에는 근로자대표의 의견을 듣고, 불이익한 변경에는 근로자대표의 동의를 받아 그 의견 또는 동의 여부를 적은 서면을 첨부해서 고용노동부 장관에게 신고해야 한다.

② 불이익 변경과 근로자 동의

통상근무를 해온 특정 직종 근로자를 교대제 근무자로 변경할 경우, 인사고과에 따라 임금이 삭감될 수도 있는 형태의 연봉제를 도입할 경우 등은 불이익 변경에 해당하며, 일부 근로자에게 유리하고 일부 근로자에게 불이익한 경우에도 전체적으로 보아 불이익 변경으로 본다. 이러한 불이익 여부의 판단 시점은 취업규칙의 변경이 이루어진 시점이다. 불이익 변경 시의 근로자 대표의 동의는 당해 사업장에 근로자의 과반수로 조직된 노동조합이 있는 경우에는 그 노동조합, 근로자의 과반수로 조직된 노동조합이 없는 경우에는 근로자들의 집단적 의사결정 방법(회의 기타 이에 준하는 방법 등)에 의한 근로자의 과반수의 동의를 얻어야 한다. 회람형식의 동의서에 개별적으로 동의의 내용을 기재하거나 노사협의회에서 근로자위원의 동의가 있다고 해서 근로자 과반수의 동의가 있었다고 할 수는 없다.

일부 직종 또는 고용 형태에게만 적용되는 취업규칙 변경이 불이익할 경우 그 적용을 받는 근로자 과반수의 동의를 얻는 외에 그 외의 근로자 과반수나 노동조합의 의견도 청취해야 한다.

취업규칙과 관련해 유의할 사항

- 취업규칙은 원칙적으로 근로자에게 적용되며, 근로자가 아닌 자는 별도의 약정이나 정함에 의한다. 따라서 근로 형태나 근속기간 등이 다른 비정규직 직원은 별도의 정함으로 정규직 직원과 다른 근로조건을 정할 수 있다. 다만, 합리적인 사유가 없는 차별적 근로조건은 인정될 수 없다.
- 취업규칙에 정한 근로조건 등의 내용은 단체협약의 동일한 내용에 위배될 수 없다(근기 68207-685).

- 정규직과 비정규직에 적용되는 각각의 취업규칙이 있더라도 그 전체를 합한 것을 하나의 취업규칙으로 볼 수 있다(근기 68207-1276, 2003.10.27).
- 별도의 정함이 없는 비정규직의 근로조건은 일반 취업규칙의 기준에 따라 처우해야 한다.
- 취업규칙의 변경이 법령 또는 단체협약에 위배될 경우 고용노동부 장관은 그 변경을 명할 수 있다(근기 01254-1484, 1989.02.01).

 ## 취업규칙과 사규와의 관계

첫째, 취업규칙이란 근로 계약관계에 적용되는 근로조건이나 복무규율 등에 대해서 사용자가 일방적으로 작성해서 소속 근로자에게 공통으로 적용하는 회사 규칙이다.

둘째, 취업규칙은 일반적으로 사규, 규정이라고 부른다. 즉 인사규정, 복리후생규정, 복무규정과 같이 실무에서 규정이라고 부르는 것이 취업규칙이라고 보면 된다.

셋째, 상시 10인 이상의 근로자를 사용하는 사용자는 법 소정의 필요적 기재 사항을 기재한 취업규칙을 작성해서 고용노동부 장관에게 신고해야 한다. 이를 위반하는 경우 500만 원 이하의 과태료를 부담한다.

하지만 실무에서는 상시근로자수 10인 이상인 사업장에서도 안 만드는 경우가 많으며, 만들어도 직원들에게 보여주지 않는 경우도 많다.

참고로 10인 미만 사업장은 취업규칙이 없을 가능성이 크다.

넷째, 취업규칙을 작성·변경할 권한은 기본적으로 사용자에게 있다.

사용자는 각 사업장에 취업규칙을 게시 또는 비치한 후 근로자가 열람할 수 있도록 해야 한다.

다섯째, 취업규칙에는 법에서 정한 규정을 그대로 옮겨 놓은 것도 있고, 회사 자체적으로 규정한 것도 있다. 회사 자체적으로 규정한 내용을 근로자는 파악해두어야 한다.

여섯째, 앞서 설명한 바와 같이 취업규칙 규정과 근로기준법 규정이 서로 다른 경우는 근로자에게 유리한 원칙을 적용한다.

취업규칙을 신고하지 않은 경우 효력은?

사용자가 취업규칙을 신고하지 않았다고 하더라도 그로 인하여 바로 취업규칙의 작성 또는 변경이 무효로 되는 것은 아니다. 다만 시정지시 7일 이내에 미이행 시 500만 원 이하 과태료가 부과된다.

그러나 취업규칙은 사용자가 정하는 기업 내의 규범이기 때문에 사용자가 취업규칙을 신설 또는 변경해도 바로 효력이 생기는 것이라고는 할 수 없고, 신설 또는 변경된 취업규칙의 효력이 생기기 위해서는 반드시 근로기준법에서 정한 방법에 의할 필요는 없지만, 적어도 법령의 공포에 준하는 절차로서 그것이 새로운 기업 내 규범인 것을 근로자가 알게 하는 절차가 필요하다.

이와 관련하여 사무실에 비치된 컴퓨터를 통해 회사의 취업규칙을 쉽게 접근할 수 있을 정도였다면 취업규칙 열람신청에 대해 별도의 조치를 취하지 않았다고 해도 사용자가 취업규칙의 게시, 비치 의무를 위반하였다고 단정할 수는 없다는 것이 판례의 입장이기도 하다(대법 2000두 10151).

결론은 상시 10인 이상 근로자를 사용하는 기업의 경우 취업규칙을 고용노동부에 신고해야 하며, 위반 시 과태료 부과 처분이 내려질 수 있다.

그러나 취업규칙을 신고하지 않아도 적법하게 제·개정된 경우 그 효력은 인정된다.

제3장
근로기준법상 근로시간과 휴식

근로시간

1 근로시간의 개념

↗ 근로시간의 범위

근로시간이란 근로자가 사용자의 지휘·감독하에 근로계약상의 근로를 제공하는 시간으로서 작업의 개시로부터 종료까지의 시간에서 휴게시간을 제외한 실제 근로시간을 말한다. 판례(대법원 2006.11.23, 2006다41990)는 "근로기준법상의 근로시간이란 근로자가 사용자의 지휘·감독 아래 근로계약상의 근로를 제공하는 시간" 으로 정의한다.

근로기준법에서 규제의 대상으로 삼는 근로시간은 '사용자의 지휘·명령하에 있는 시간' 을 말하며, 실제의 작업시간은 물론 노동력을 경제적 목적에 사용했느냐와 관계없이 사용자의 처분 즉, 지휘·감독(묵시적인 것도 포함) 아래에 둔 시간을 의미한다. 작업의 개시로부터 종료까지의 시간에서 휴게시간을 제외한 시간으로 계산한다. 소정근로시간이나 시업·종업시각 외에 시간외근로를 시키려면 근로자의 개별적인 동의가 필요하다.

↗ 근로시간의 기산점과 종료점

특별한 사정이 없다면 근로시간의 기산점과 종료점은 단체협약, 취업규칙 등에 정해진 출근 시간과 퇴근 시간이 되는 것이다. 업무의 시작과 종료시각은 취업규칙의 필수적 기재 사항이다(근로기준법 제93조). 기산점은 근로자가 자기의 노동력을 사용자의 처분 하에 두는 시점이며, 종료점은 사용자의 지휘ㆍ명령에서 해방되는 시점이므로 근로자가 실제로 구속되는 시간을 기준으로 판단하게 된다.

② 법정근로시간

법정근로시간은 휴게시간을 제외하고 1일 8시간, 1주 40시간이 원칙이다. 연소자(15세 이상 18세 이하)의 법정근로시간은 1일 7시간, 1주일에 35시간(당사자와의 합의에 의해 1일 1시간, 1주일 5시간 한도로 연장 가능)을 초과하지 못한다. 잠함ㆍ잠수작업 등 고기압 하에서 행하는 작업에 종사하는 근로자는 1일 6시간, 1주 34시간을 초과해서 근로시킬 수 없다(산안보법 제46조, 산안보령 제38조의2).

③ 소정근로시간

소정근로시간이란 법정근로시간의 범위 안에서 근로자와 사용자간에 정한 시간을 말한다. 일반근로자는 1일 8시간, 1주 40시간의 범위 내에서 정해진 시간이며, 연소자의 경우에는 1일 5시간, 1주 35시간의 범위 내에서 정해진 시간이 된다.

1주 소정근로시간은 월요일부터 기산하며, 1월 소정근로시간은 매월 초일부터 기산한다. 예를 들어 화요일 입사한 직원의 첫 주휴일은 1주 개근이 아니므로 무급으로 부여할 수 있다.

소정근로시간은 일반적으로 약정으로 정하게 되며, 이는 근로계약서나 연봉계약서 등에 명시해야 한다.

1일 근로시간이 불규칙한 경우 1주 또는 월 소정근로시간수를 계산, 이를 평균한 시간 수를 소정근로시간으로 한다(근기 68207-865, 1994.05.27.).

4 통상임금 산정 기준시간

소정근로시간에 근무하지는 않지만, 임금은 지급하는 유급시간과 소정근로시간의 합을 통상임금 산정 기준시간이라고 한다.

월 소정근로시간 = 주 40시간 × (365일 ÷ 7일) ÷ 12개월 = 약 174시간
통상임금 산정 기준시간 = (주 40시간 + 유급 주휴시간 8시간) × (365일/7일) / 12개월 = 약 209시간

즉 통상시급이나 일급 등 급여를 계산할 때, 흔히 사용하는 209시간은 소정근로시간에 근무하지 않아도 받는 유급 시간(주휴시간)을 더해, 1달간 유급으로 받을 수 있은 시간을 의미한다. 또한 이는 최저임금 계산의 기준이 되는 시간이다.

1일 소정근로시간 = 8시간
1주일 근로시간 = 소정근로시간 주 40시간 + 유급 주휴시간 8시간 = 48시간

```
1년 = 365일 ÷ 7주 = 52.142주
1달 = 52.142주 ÷ 12월 = 4.345주
1월 근로시간 = 48시간 × 4.345주 = 209시간
```

통상임금은 보통 시급제 근로자에 대한 기준이 되는데, 월급제나 연봉제의 근로자인 경우는 유급으로 처리된 임금(주휴수당)이 월급과 연봉에 포함되어 있다. 즉 통상임금 산정 기준시간(209시간 기준임금)만큼이 매월 받는 통상 임금이다. 따라서 월 급여를 시급으로 환산할 때는 209시간으로 나누면 통상시급이 된다.

5 연장근로시간

↗ 연장근로시간의 의의

연장근로시간이란 법정근로시간을 넘는 시간을 말한다. 1일 8시간 또는 1주 40시간을 초과하는 시간이 연장근로시간이다. 즉 주 40시간을 초과하지 않았지만 1일 8시간을 초과하는 근로시간이 있는 경우 초과하는 근로시간의 합이 연장근로시간이 될 수도 있고, 비록 1일 8시간을 초과하지는 않았지만 주 40시간을 초과할 경우 주 40시간 초과분이 연장근로시간이 된다.

반면 단시간근로자의 경우는 소정근로시간을 초과한 근로시간이 연장근로시간이다.

근로자와 합의가 있는 경우 1주일에 12시간을 한도로 연장근로가 가능하며, 이러한 연장근로시간에 대해서는 50%의 가산임금을 추가로 지급해야 한다.

취업규칙, 단체협약 등에서 근로제공의무가 없는 휴일로 정해진 날에 근무한

시간은 법정근로시간의 초과 여부(연장근로시간)를 따질 때는 합산하지 않지만, 휴일에 근로한 시간이 8시간을 초과한 때에는 초과한 근로시간을 연장근로 시간에 합산한다.

따라서 휴일근로 시 8시간까지는 통상임금 100%에 휴일근로 가산임금 50% 를 더해 150%의 임금을 지급하지만, 8시간 초과분에 대해서는 연장근로 가 산임금 50%가 더 붙어 200%(통상임금 100% + 휴일근로 가산임금 50% + 휴일 연장 가산임금 50%)의 임금을 지급한다.

↗ 연장근로시간의 제한

연장근로는 근로자의 성격에 따라 법적인 제한을 규정하고 있다. 임신 중인 여성 근로자와 연소근로자는 야간근로와 휴일근로가 전면적으로 금지된다. 다만 임신 중의 여성이 명시적으로 청구하는 경우로서 고용노동부 장관의 인가를 받으면 가능하고, 연소근로자의 동의와 고용노동부 장관의 인가가 있 으면 야간근로와 휴일근로를 시키는 것이 허용된다(근로기준법 제70조 제2항). 산후 1년 미만 여성은 단체협약이 있는 경우라도 1일 2시간, 1주 6시간, 1 년 150시간을 초과할 수 없다(근로기준법 제71조). 18세 미만 연소근로자는 1 일 1시간, 1주 5시간을 초과할 수 없다(근로기준법 제69조). 고기압 하에서 하 는 잠수·잠함작업은 연장근로가 전면 금지된다(산업안전보장법 제46조).

6 법정근로시간 적용의 원칙

↗ 1일 및 1주의 의미

법정근로시간은 1일과 1주의 이중적인 제한이 있다. 즉, 1일 8시간을 초과할 수 없고, 1일 8시간을 초과하지 않더라도 1주에 40시간을 초과하지 못한다.

1일의 의미

1일은 통상 0시부터 24시까지를 의미하지만, 교대제 등으로 24시를 지나 달력상 이틀에 걸쳐 계속 근로하더라도 이는 업무를 시작 날의 근로로서 하나의 근무로 취급한다(근기 01254-1433, 1991.10.5).

그러나 다음날의 소정근로시간 대까지 계속 이어지는 경우는 근로계약·취업규칙 등에 의해서 당초 근로 제공 의무가 있는 소정근로이므로 이를 전일 근로의 연장으로는 볼 수 없으며 새로이 근로시간이 계산된다(근기 68207-402, 2003.3.31).

즉 근로가 다음 날까지 계속 이어지는 경우 다음 날 시업시간 전까지는 전일 근로의 계속으로 본다. 따라서 전일 시업시간부터 다음 날 시업시간까지의 근로시간이 8시간을 초과하는 경우 연장근로로 봐 연장근로수당을 지급해야 한다.

다음 날 시업시간 이후의 근로는 근로계약, 취업규칙 등에 의하여 당초 근로 제공의무가 있는 소정근로시간으로 봐 다음 날의 정상적인 근무로 본다.

구 분	근로시간과 수당
시업시간부터 다음날 시업시간까지 근로를 제공한 경우	전일근로의 연속으로 봐 8시간을 초과하는 경우 8시간 초과분에 대해서는 연장근로수당을 지급해야 한다. 반면 일요일부터 시작해 월요일 시업까지는 근로를 제공한 경우는 8시간까지는 휴일근로수당을 8시간을 초과한 시간에 대해서는 휴일 연장근로수당을 지급해야 한다.
다음날 시업시간 이후 근로제공	시업 시간부터 다음날 시업 시간까지 근로와 별도로 다음 날 정상 근무가 시작된 것으로 본다.

1주의 의미

1주는 원칙적으로 일요일부터 토요일까지를 의미이지만 취업규칙 등에서 별도의 규정을 하면 특정일로부터 시작하는 7일간에 40시간을 초과하지 않으면 된다(근기 68207-2855, 2000.9.19).

↗ 휴게시간·휴일근로의 근로시간 포함 여부

휴게시간은 근로시간이 아니므로 법정근로시간에 포함되지 않는다(근로기준법 제50조). 또한, 휴일은 근로의무가 없는 날이므로 휴일에 근로하더라도 이는 연장근로시간이 아니라 휴일근로로서 휴일근로수당만 지급하면 된다. 다만, 휴일근로 중 1일 8시간을 넘는 부분은 연장근로시간이 된다(근기 68207-3125, 2002.10.28).

↗ 40시간제와 주5일 근무제, 주6일 근무제

주6일 근무제 가능

주 40시간제가 확대되면서 주5일 근무제가 보편화되었다. 그런데 법정근로시간이 40시간으로 단축된 것일 뿐 주 5일 근무를 강제하는 것은 아니므로 사업장 실정에 따라 주6일 근무제, 주5일 근무제를 선택할 수 있다. 5일은 7시간씩 근무하고 나머지 1일은 5시간을 근무하는 형태도 가능하며, 때에 따라서는 1일 6시간 30분씩 39시간을 근무하는 형태도 가능하다.

주5일 근무제에서 무급휴무일의 처우

1일 8시간씩 5일을 근무하는 형태로 주5일 근무제를 선택할 수도 있다. 이 경우 나머지 2일 가운데 1일은 '유급 주휴일' 이지만 1일은 단순한 '무급휴무일' 이다. 무급휴무일에 8시간의 근로를 하는 경우 이미 5일간 주 40시간을 했다면 8시간은 연장근로가 되어 50%의 가산임금을 지급해야 한다(근로기준과-2325, 2004.5.10). 만약 주중에 휴일이 끼어있어 무급휴무일에 8시간 근로한 것을 포함하더라도 실 근무시간이 40시간을 넘지 않으면 이는 법내 연장근로로서 가산임금의 지급대상이 아니다(근기 68207-2990, 2000.9.28).

주5일 근무제에서 주휴일이 아닌 휴일의 처우

주 40시간제를 실시하면서 1일은 유급 주휴일, 나머지 1일은 무급휴일이나 유급휴일로 약정하는 것도 가능하다. 휴일로 약정하는 경우 이날 8시간 근무하는 것은 연장근로가 아니고 휴일근로이므로 연장근로시간에는 포함되지 않으며 휴일근로에 대한 가산임금만 지급하면 된다.

↗ 연소자와 유해·위험작업근로자의 법정근로시간

첫째, 연소자(15세 이상 18세 이하)의 근로시간은 1일 7시간, 1주일에 35시간을 초과하지 못한다. 다만, 당사자 간 합의로 1일 1시간, 1주일에 5시간을 한도로 연장할 수 있다(근로기준법 제69조).

둘째, 유해·위험작업으로서 잠함·잠수작업 등 고기압 하에서 행하는 작업에 종사하는 근로자에 대해서는 1일 6시간, 1주 34시간을 초과해서 근로하게 할 수 없다(산안보법 제46조).

7 탄력적 근로시간제

↗ 2주 단위 탄력적 근로시간제

사용자는 취업규칙(취업규칙에 준하는 것을 포함한다)에서 정하는 바에 의해서 2주간 이내의 일정한 단위기간을 평균해서 1주 40시간의 근로시간을 초과하지 않는 범위 안에서 특정주에 40시간의 근로시간을, 특정일에 8시간의 근로시간을 초과해서 근로하게 할 수 있다. 다만, 특정주의 근로시간은 48시간을 초과할 수 없다(근로기준법 제51조).

- 양 당사자의 합의로 가능하며, 통상 근로계약서, 연봉계약서, 취업규칙에 명시한다.
- 연장근로시간에도 적용되며, 특정주의 최대 근로시간은 48 + 12(60시간)이 가능하다.
- 특정주에 연장근로가 많았다 하더라도 2주 단위 평균해서 12시간 이내의 경우 약정 연장근로시간 내 포함된 것으로 본다.

↗ 3개월 단위 탄력적 근로시간제

사용자는 근로자대표와의 서면합의에 의해서 다음의 사항을 정한 때에는 3개월 이내의 단위 기간을 평균해서 1주간의 근로시간은 휴게시간을 제하고 40시간의 근로시간을 초과하지 않는 범위 안에서 특정주에 40시간의 근로시간을, 특정일에 8시간의 근로시간을 초과해서 근로하게 할 수 있다. 다만, 특정주의 근로시간은 52시간을, 특정일의 근로시간은 12시간을 초과할 수 없다.

❶ 대상 근로자의 범위

❷ 단위 기간(3개월을 초과하고 6개월 이내의 일정한 기간으로 정하여야 한다)

❸ 단위 기간에 있어서 근로일 및 당해 근로일별 근로시간

❹ 서면합의의 유효기간

근로일 종료 후 다음 근로일 개시 전까지 근로자에게 연속하여 11시간 이상의 휴식 시간을 주어야 한다.

⬈ 6개월 단위 탄력적 근로시간제

6개월 단위 탄력적 근로시간제는 최장 6개월 동안 주 52시간을 초과해 근로하게 할 수 있다. 6개월 단위 탄력적 근로시간제에서는 1주 52시간을 초과해 최대 64시간까지 근로하게 할 수 있다. 특정한 날에는 12시간을 초과할 수 없다. 또 특정한 날 소정 근로를 초과해 근로한 경우는 다음 날까지 연속해 11시간 이상의 휴식 시간을 보장해 줘야 한다. 단 천재지변 등 대통령령으로 정하는 불가피한 사유가 있는 경우에는 근로자대표와 서면합의를 통해 휴식 시간을 단축할 수 있다.

3개월 단위 탄력적 근로시간제와 가장 큰 차이점은 임금 보전 방안을 강구해야 한다는 것이다. 탄력 근로시간제에서는 초과된 근로에 대해 가산수당을 지급하지 않기 때문이다. 가산수당 대신에 대체휴일을 부여하는 방식이기에 자칫 급여 수준이 낮아질 수 있다. 그렇기 때문에 임금 보전 방안을 강구해 고용노동부에 신고해야 한다. 단 근로자대표와 서면합의로 임금 보전 방안을 마련한 경우는 신고하지 않아도 된다.

6개월 단위 탄력적 근로시간제가 시행되면 기존 소정 근로 주 40시간에 휴일근로 포함한 연장근로 주 12시간을 근로시키고 그 외에 12시간을 추가로 시킬 수 있다. 그럼 총 64시간을 1주에 시킬 수 있는 것이다. 급여는 52시간까지는 시급의 1배수만 지급하면 되지만, 나머지 12시간에 대해서는 1.5배를 가산 지급해야 한다.

50인 이상 기업은 2021년 4월부터, 50인 미만 기업은 7월부터 적용된다.

위의 규정은 15세 이상 18세 미만의 근로자와 임신 중인 여성 근로자는 적용하지 않으며, 탄력적 근로시간제 규정에 의해서 당해 근로자를 근로시킬 경우는 기존의 임금수준이 저하되지 않도록 임금 보전방안을 강구해야 한다.

- 특정 일이나 특정 주의 근로시간이 소정근로시간을 초과하더라도 평균해서 소정근로시간 이내인 경우는 특정일 또는 특정 주의 초과한 근로시간에 대해 별도로 가산수당을 지급하지 않는다.
- 포괄연봉제 등에 의해 약정 연장근로시간이 설정되어 있는 경우에는 평균해서 약정 연장근로시간 범위 내인 경우 별도로 연장근로시간에 대한 수당을 지급하지 않는다.
- 2주 단위의 탄력적 근로시간제를 도입하는 경우 소정근로시간이 40시간인 주에는 40시간을, 48시간인 주에는 48시간을 초과한 근로에 대해서 연장근로수당을 지급하면 된다(근기 68207-1542, 2003.11.26).

  탄력적 근로시간제를 도입했다는 이유로 시간외 근로수당을 지급하지 않아도 된다는 판단은 잘못이다(서울행법 2002구합1038, 2002.05.21.).
- 6개월 단위 탄력적 근로시간제는 52시간을 초과하는 나머지 12시간에 대해서는 1.5배의 가산임금을 지급해야 한다.

8 선택적 근로시간제

사용자는 취업규칙(취업규칙에 준하는 것을 포함한다)에 의해서 시업 및 종업시각을 근로자의 결정에 맡기기로 한 근로자에 대해서 근로자대표와의 서면합의에 의해서 다음의 사항을 정한 때에는 1월(신상품 또는 신기술의 연구개발 업무의 경우에는 3개월로 한다. 근로일 종료 후 다음 근로일 시작 전까지 근로자에게 연속하여 11시간 이상의 휴식시간 부여, 초과시간 가산임금 지급) 이내의 정산 기간을 평균해서 1주간의 근로시간이 40시간의 근로시간을 초과하지 않은 범위 안에서 1주간에 40시간의 근로시간을, 1일에 8시간의 근로시간을 초과해서 근로하게할 수 있다(근로기준법 제52조).

❶ 대상 근로자의 범위(15세 이상 18세 미만의 근로자를 제외한다)

❷ 정산기간

❸ 정산기간에 있어서의 총근로시간

❹ 반드시 근로해야 할 시간대를 정하는 경우는 그 시작 및 종료 시각

❺ 근로자가 그의 결정에 의해서 근로할 수 있는 시간대를 정하는 경우는
그 시작 및 종료 시각

❻ 표준근로시간(유급휴가 등의 계산 기준으로 사용자와 근로자대표가 합의해서 정한
1일의 근로시간)

- 근로자대표와의 합의는 반드시 서면으로 해야 하며, 서면 합의서에는 의무적으로
  기재 사항을 반드시 기재해야 한다.
- 정산 기간은 1월 이내의 기간으로 정해야 하며, 정산 기간동안의 총근로시간은 정
  산기간을 평균해서 1주간의 근로시간이 40시간을 초과하지 않도록 정해야 한다.
- 선택적 근로시간 대에 야간근로시간이 포함되어 있는 경우에는 야간근로수당을
  지급해야 하나, 야간근로시간이 포함되어 있지 않은 경우는 사용자가 사전에 요
  청하거나, 근로자가 사전에 이를 통지하고 사용자의 승인을 받은 경우는 야간근
  로수당을 지급해야 하지만 근로자가 사용자에 대한 통지나 사전 승인 없이 자발
  적으로 한 경우에는 야간근로수당의 지급의무가 없다.
- 선택적 근로시간제 도입 시 대상 근로자 전체에 일률적으로 적용되는 특정의 근로
  시간을 표준근로시간으로 정하는 것이 타당하다(근로개선정책과-703, 2011.04.08).

---

9 재량 근로시간제

근로자가 출장 기타의 사유로 근로시간의 전부 또는 일부를 사업장 밖에서
근로해서 근로시간을 산정하기 어려울 때는 소정근로시간을 근로한 것으로
본다. 다만, 당해 업무를 수행하기 위해서 통상적으로 소정근로시간(1일 8시간

1주 40시간 등)을 초과해서 근로할 필요가 있는 경우에는 그 업무의 수행에 통상 필요한 시간을 근로한 것으로 본다. 단서의 규정에 불구하고 당해 업무에 관해서 근로자대표와의 서면합의가 있는 때에는 그 합의에서 정하는 시간을 그 업무의 수행에 통상 필요한 시간으로 본다(근로기준법 제58조).

업무의 성질에 비추어 업무수행 방법을 근로자의 재량에 위임할 필요가 있는 업무로서 다음의 업무는 사용자가 근로자대표와 서면합의로 정한 시간을 근로한 것으로 본다.

↗ 도입 대상 업무

❶ 신상품, 신기술의 연구개발, 인문사회과학 또는 자연과학 분야 연구 업무

❷ 정보처리시스템의 설계, 분석업무

❸ 신문, 방송 출판사업에 있어서 기사 취재, 편성 편집업무

❹ 의복, 실내장식, 공업제품, 디자인 고안업무

❺ 방송프로, 영화 등 제작사업에 있어서 PD · 감독업무

❻ 기타 고용노동부 장관이 정하는 업무로서 회계 · 법률사건, 납세 · 법무 · 노무관리, 특허 · 감정평가 등의 사무에 있어 타인의 위임 · 위촉을 받아 상담, 조언, 감정 또는 대행하는 업무(고시 2011-44.2011.9.23.)

↗ 서면합의 시 명시 사항

❶ 대상업무

❷ 사용자가 업무수행 수단, 시간 배분 등에 관해 근로자에게 구체적인 지시를 하지 않는다는 내용

❸ 근로시간 산정은 그 서면합의에 정한 바에 따른다는 내용

⤢ 근로시간 산정

재량 근로시간제를 도입한 경우 사용자가 업무 시작과 종료시간을 정할 수는 없지만, 업무수행의 방침을 정하거나 진행 과정에서 보고받는 등 기본적인 것은 할 수 있다.

노사가 합의한 후 전체 업무 가운데서 일부분만 재량 근로시간제를 도입한 후 그 시간에 대해서만 업무수행 방법, 시간 배분 등에 대해 구속하지 않는다고 해도 법 위반은 아니다.

서면합의에는 1주일에 몇 시간 혹은 1일에 몇 시간 등으로 근로시간 수를 정해놓아야 하는데 그 기준은 기준시간을 초과해서 실제 업무수행에 드는 근로시간을 평균적으로 산정해서 정할 수도 있고, 기준시간 범위 내에서 당사자가 정한 시간으로 할 수도 있다.

⤢ 완전·부분적인 재량 근로시간제

재량 근로시간제는 출퇴근 시간을 따로 정하지 않고 근로자의 재량으로 하는 완전 재량 근로시간제와 출근과 퇴근 시간 중 하나만을 정해놓고 그 외 시간을 재량근로의 대상으로 하거나 전체 업무 수행시간 중 일부 시간대는 당초 소정근로시간대로 운영하고 나머지는 재량으로 근로하는 부분적 재량 근로 형태로 나눌 수 있다. 따라서 노사가 합의해서 부분적 재량 근로시간제를 도입한 후 그 대상 시간에 대해서만 업무수행 수단과 시간 배분 등을 구속하지 않는다고 정하더라도 법 위반은 아니다. 다만, 사용자가 구속하는 시간대를 둘 이상으로 정해놓고 그 중간의 시간을 재량근로시간대로 정해놓으면 사실상 재량근로시간도 실제 구속 근로시간이 될 것이다.

↗ 연장·휴일근로 등

가산임금

재량 근로시간제를 적용하는 업무에 대해서는 근로자대표와 서면합의로 정한 근로시간을 근로한 것으로 보는데, 그 시간은 1주에 근로하는 통상근로시간의 평균치를 기준으로 정할 수도 있고, 기준시간 범위 내에서 정할 수도 있을 것이다.

그러므로 서면합의로 정한 근로시간이 기준시간 이내라면 실제로 근로해보니, 특정한 주나 특정한 날에 1일 8시간 주 40시간을 초과해서 근로했다고 하더라도 초과근로 한 시간에 대해서 연장근로수당의 지급을 청구할 수는 없다. 다만, 서면합의로 정한 시간 자체가 기준시간을 초과한 시간으로 정해두었다면 초과시간에 대해서는 그 시간만큼 실제 근로에 종사했는지에도 불구하고 가산임금을 지급해야 한다.

휴일근로 등

재량근로제를 채택하더라도 휴일과 야간근로, 휴가 등의 규정은 그대로 적용되므로 주휴, 연차유급휴가 등을 부여해야 한다. 비록 업무수행 방법과 근로시간의 배분에 관해 근로자의 재량에 일임했더라도 사용자는 출퇴근 등 기본적인 복무 관리에 대한 점검은 할 수 있다. 만약, 서면합의로 출퇴근까지 근로자 자율 판단에 일임한 완전한 재량 근로시간제를 채택하였다면 출근율 계산 시 소정근로일 전체를 출근한 것으로 보아야 한다. 또한, 근로자가 주휴일에 근로하였더라도 그에 관해 사용자의 일방적인 지시나 근로자의 신청에 대해 사용자의 동의가 있었던 경우가 아니라면 휴일근로 임금이나 가산수당을 지급할 필요는 없다.

그러나 업무수행 방법과 시간 배분을 고려할 때, 원활한 업무수행을 위해서는 휴일근로가 불가피하다고 판단해서 사전에 휴일근로를 예정한 재량근로시간제를 적용하기로 서면합의를 했거나, 그러한 약정은 없었지만, 시행 도중에 불가피한 휴일근로가 있어서 사용자의 동의나 지시가 있었다면, 그에 대한 가산수당을 지급하는 것이 원칙이다.

업무수행 방법과 근로시간의 배분과 산정이 서면합의로 정해진다고 하지만, 근로자는 어떤 근로조건에서든 실제로 근로한 시간에 상응하는 임금을 수령할 수 있어야 한다. 만약 근로 현장에서 취업규칙 등으로 임금제도를 설계할 때, 비록 근로자가 수행하는 업무가 대통령령이 정하는 업무에 해당하고 서면합의로 재량 근로시간제를 적용했다고 하더라도, 실제 작업수행에 드는 근로시간보다 훨씬 적은 시간을 임금 등의 산정기준으로 정하고 그로 인해 근로자가 불이익을 받는다면 그 적용 자체가 무효라고 보아야 할 것이다.

연장근로 한도 · 기타

이 제도는 정보화, 기술혁신 등의 새로운 업무수행방식으로 인해 근로자의 재량이 커지고 보수가 질과 성과에 의해 결정되는 등 종래의 통상적인 방법으로 근로시간을 산정하는 것이 부적합한 전문직 등의 업무에 대응하기 위한 것이다. 즉, 고도의 전문직 종사자에 대해서는 실제 근로시간과 관계없이 일정한 근로시간을 근로한 것으로 간주하고 근로의 질과 성과에 의해 보수가 결정되도록 한 것이다.

그러나 이 경우에도 근로기준법 제53조에 정한 연장근로의 일반적인 한도로서 주당 12시간 이내는 준수되어야 할 것이다. 따라서 근로시간 배분에 대해 근로자의 재량에 일임한다고 해도 서면합의로 정하는 근로시간은 논리상 주 52시간을 초과해서는 안 될 것이다.

휴게(쉬는 시간)와 휴일(쉬는 날) 및 휴가

1 휴게(= 쉬는 시간)

휴게시간은 근로시간이 4시간인 경우에는 30분, 8시간인 경우에는 1시간 이상 부여해야 한다(근기법 제54조 제1항).

휴게시간은 근로자가 자유롭게 이용할 수 있다(근기법 제54조 제2항). 따라서 법률상으로는 1일의 실근로시간이 4시간을 초과하지 않는 한 휴게시간을 부여할 의무는 없으며, 8시간을 초과할 때도 12시간을 넘지 않으면 1시간만 주어도 된다. 즉 4시간을 채우면 4시간 단위로 30분을 부여하면 된다.

2 휴일(= 쉬는 날)

↗ 법정휴일에 임금을 지급해야 합니까?

법정휴일(주휴일)

근로기준법 등 노동관계법은 최소한의 휴일을 규정하고 있는바, 이를 '법정휴일' 이라고 한다.

법정휴일에는 근로기준법에 의한 주휴일과 근로자의 날 제정에 관한 법률에 의한 근로자의 날(5월 1일)이 해당한다. 다만, 관공서의 공휴일에 관한 규정에 규정된 날인 명절, 국경일 등 빨간 날은 공무원들만 쉬는 법정공휴일이었으나, 근로기준법의 개정으로 사기업(5인 이상 사업장)도 쉬는 법정휴일화 되었다.

사용자는 근로자에 대해서 1주일(1주간의 소정근로일수를 개근한 경우)에 평균 1회 이상의 주휴일을 유급휴일로 주도록 하고 있다(일용직, 임시직, 파트타이머 모두 포함됨)(근기법 제55조). 다만, 주휴일은 반드시 일요일일 필요는 없으며, 원칙적으로 특정일은 매주 같은 요일로 하고, 주휴일의 간격은 7일 이내가 바람직하지만, 예외는 있다.

구 분	내 용
법정휴일과 약정휴일	• 휴일이란 일을 하지 않아도 근로자에게 임금을 지급하도록 지정한 날이다. • 휴일에는 법률로 정해진 법정휴일과 사업주와 근로자가 자율적으로 쉬기로 약속한 약정휴일이 있다. 관공서의 공휴일인 법정공휴일도 있으나 2022년부터 5인 이상 민간사업장도 법정공휴일에 쉴 수 있으므로 법정공휴일이 법정휴일로 변경됨 {표: 법정휴일 / 약정휴일}

법정휴일	약정휴일
• 주휴일 • 근로자의 날(5월 1일) • 공휴일(설날, 추석 등)	• 노동조합/회사 창립일

구 분	내 용
대체공휴일	• 공휴일이 주말과 겹치는 경우, 평일 하루를 공휴일로 지정하여 쉴 수 있는 대체공휴일제도 시행
휴일대체	• 원래 쉬기로 한 날(휴일)을 다른 근로일과 바꾸는 것을 휴일대체 라고 한다.

구 분	요 건
근로자의 날	대체 불가능
주휴일	휴일 24시간 이전 근로자 동의나 취업규칙 규정
공휴일 (빨간 날)	근로자대표와 서면합의

구 분	내 용
주휴일	• 1주일에 평균 1회 이상의 주휴일을 부여, 단 1주 동안 소정근로시 간이 15시간 이상 근로와 소정근로일을 개근해야 한다는 2가지 요건을 충족해야 한다. • 4주 평균 1주간 소정근로시간이 15시간 이상이면서, 1주 동안 소 정근로일을 개근한 근로자에게는 유급으로 주휴일을 부여 • 4주 평균 1주간 소정근로시간이 15시간 미만인 근로자에게는 주 휴일 규정이 적용되지 않는다. • 주휴일은 반드시 일요일이 아니라도 무방 • 주휴수당 = 1주일 소정근로시간 ÷ 5 × 시급

 ## 근로자의 날에 대안 수당계산 등 업무처리

근로자의 날은 법으로 정한 유급휴일이다. 따라서 근로를 제공하지 않더라도 임금을 지급해야 하며(근로개선정책과-1113, 2011.05.04), 근로자의 날에 근로를 제공하는 경 우 임금에 휴일근로 가산임금(150%)을 가산한 임금을 지급해야 한다(대법 2007다 73277, 2009.12.24.). 가산임금 지급에는 일급제 또는 시급제 근로자도 포함한다(근로기 준과-848, 2004.04.29.).

"근로자의 날 제정에 관한 법률"에 따르면 5월 1일 근로자의 날은 근로기준법에 따른 유급휴일이다. 즉, 임금을 100% 수령하면서 쉬는 날(유급휴일)이며, 불가피하게 근무할 경우는 근로기준법 제56조에 따라 휴일근로수당을 지급해야 한다. 즉, 근로자의 날 근무할 경우 수당계산 방법을 정리하면,

❶ 8시간까지는 통상시급의 1.5배
❷ 8시간 초과한 시간은 통상시급의 2배이다.

이때, 월급제와 시급제/일급제의 경우 근로자의 날 근무 수당 계산이 헷갈릴 수 있어 유의해야 한다.

[근로자의 날 9시간 근무한 경우 휴일근로수당 계산]

월급제	시급제/일급제
① 근로하지 않아도 받는 임금(8시간)은 이미 월급에 포함. 따라서 별도로 추가 임금을 주지 않아도 된다.	① 근로하지 않아도 받는 임금(8시간) 100%
② 8시간 이내의 근로 150% ③ 8시간 초과의 근로 200% (8시간 × 1.5) + (1시간 × 2) = 14시간분의 수당	② 8시간 이내의 근로 150% ③ 8시간 초과의 근로 200% (8시간 × 1) + (8시간 × 1.5) + (1시간 × 2) = 22시간분의 수당

약정휴일

법정휴일 이외에 사용자와 근로자의 합의로 휴일을 정할 수 있으며, 이를 약정휴일이라고 한다. 약정휴일을 유급으로 할 것인가, 무급으로 할 것인가의 문제는 사용자와 근로자의 합의로 정할 수 있다. 무급인 경우는 논란을 피하기 위해서는 취업규칙에 명시한다.

약정휴일에 근로하는 경우 휴일근로가 되므로 휴일근로에 따른 가산임금을 지급해야 한다. 또한, 약정휴일을 줄이는 것으로 변경하고자 하는 경우는 불이익한 변경이므로 근로자 과반수 이상의 동의가 필요하다.

토요일은 유급 또는 무급? 휴일 또는 휴무?

토요일은 회사 성격에 따라 유급 또는 무급으로 할 것인지, 휴일 또는 휴무로 할 것인지 결정한다. 무급으로 할 경우 통상임금 산정을 위한 기준근로시간에는 포함되지 않는다. 휴무로 정한 경우 토요일에 근로하면 연장근로수당이, 휴일로 정한 경우 휴일근로수당이 발생한다.

구 분		토요일 유급 시간 수	통상임금 산정 기준근로시간
계산식 = (1주 소정근로시간 + 유급 근로시간 + 주휴시간) × 4.345주			
1. 주 40시간이 소정근로시간인 통상 근로자 = (40시간 + 0시간 + 8시간[주]) × 4.345주 = 209시간			
2. 주 16시간이 소정근로시간인 단시간근로자 = (16시간 + 0시간 + 3.2시간) × 4.345주 = 83.42시간			
[주] 주휴시간 = 주 소정근로시간 ÷ 5			
휴 무	유급	4	226 (40시간 + 4시간 + 8시간) × 4.345주
		8	243 (40시간 + 8시간 + 8시간) × 4.345주
	무급	-	209 (40시간 + 0시간 + 8시간) × 4.345주
휴 일	유급	4	226 (40시간 + 4시간 + 8시간) × 4.345주
		8	243 (40시간 + 8시간 + 8시간) × 4.345주
	무급	-	209 (40시간 + 0시간 + 8시간) × 4.345주

⤴ 주휴일은 반드시 일요일에 부여해야 하나요?

휴일은 원칙적으로 0시부터 24시까지의 시간을 의미하나 계속해서 24시간이 보장되면 휴일을 부여한 것으로 본다.

그리고 주휴일은 1주일에 1일 이상을 반드시 부여해야 한다. 일요일에 주휴일을 부여해야 하는가에 대한 고용노동부의 행정해석은 휴일은 반드시 일요일이어야 하는 것은 아니나, 매주 특정요일로 정하는 것이 바람직할 것이다. 라고 규정하고 있다.

따라서 일요일이 아닌 특정일에 주휴일을 부여할 수 있으며, 사업 또는 사업장의 실정에 맞는 주휴일 제도를 설정해서 시행할 수 있다.

예를 들어 음식점의 경우 화요일을 주휴일로 부여하는 경우 화요일이 일반 회사의 일요일(주휴일)이 되는 것이며, 일요일은 일반 회사의 평일이 된다. 따라서 화요일에 쉬지 않고 근로를 제공했으면 휴일근로수당을 지급해야 한다.

참고로 입사자 또는 퇴사자가 주중에 발생하면, 주휴수당을 지급하지 않는데, 엄격히 계산하면 입사일과 퇴사일 사이의 기간이 1주일 이상이면 1일의 주휴수당을 지급해야 한다. 예를 들어 수요일 입사해 다음 주 목요일 퇴사하는 경우 실무자는 입사 주와 퇴사 주 모두 주휴수당을 지급하지 않지만, 법적으로는 수요일과 다음 주 목요일 사이에 소정근로일이 5일 이상이고, 5일을 모두 개근했다면 1일의 주휴수당을 지급하는 것이 맞다.

 주휴일과 관련해 유의할 사항

- 일용근로자도 유급 주휴일을 부여해야 한다(근기 68207-1854, 1993.08.24).
- 교대제 근로자도 유급 주휴일을 부여해야 하며, 반드시 일요일이어야 하는 것은 아니다(근기 68207-761, 1994.05.09).

- 특별한 사정이 없으면, 통상임금에는 유급휴일에 대한 임금도 포함된 것으로 볼 수 있다(근기 68207-1876, 2002.05.09). 따라서 월 기본급에 법정주휴수당을 포함한 경우 주휴수당의 지급의무는 발생하지 않는다(임금 32240-14036, 1990.10.24).
- 주휴일과 유급휴일의 중복 시 하나의 휴일로 인정한다(해지 01254-6845, 1989.05.10). 따라서 주휴일과 약정휴일이 중복된 날에 근로 시 주휴일 근로와 약정 휴일근로를 모두 실시한 것으로 볼 수 있으나 그 대가를 각각 지급해야 하는 것은 아니다(근기 68207- 1423, 2003.11.01.). 즉 1일의 휴일근로수당만 지급한다.
- 24시간 격일제 근로자의 경우 특별한 사정이 없는 한, 1주간의 비번일 중 1일을 유급 처리하는 경우 주휴일을 부여한 것으로 볼 수 있다(근기 68207-2663, 2002.08.08.). 또한, 1일 근무 1일 휴무, 2일 근무 1일 휴무 등의 교대근무에도 유급휴일이 적용된다(대법90 다카21633, 1992.01.08).

☑ 휴일이 중복되는 경우 휴일 계산

휴일이 중복되는 경우 근로계약, 취업규칙, 단체협약 등에 특별한 규정이 없는 한, 1일의 휴일로 본다. 즉 같은 날이 휴일(일요일) + 휴일(국경일)인 경우 2일의 휴일이 아닌 1일의 휴일이 된다. 반면 같은 날이 휴일(국경일) + 무급휴무일(토요일)인 경우에도 1일의 휴일을 적용한다.

또한, 교대제 근무로 인해서 주휴일로 정해진 날에 근로하고, 대신 대휴를 주는 것이 사전 근로자의 동의하에 규칙적으로 실시되고, 단체협약이나 취업규칙에 정해지는 등 주휴일이 보장되고 있다면 일요일에 2교대 또는 3교대 근무제가 근로기준법에 위반된다고 볼 수 없을 것이다.

구 분	가산임금
휴가	×
휴무	×

구 분		가산임금
휴 일	유급휴일	○
	휴일(일요일) + 휴일(국경일)인 경우	1일의 휴일 인정(가산임금 1일분)
	휴일(국경일) + 무급휴무일(토요일)	1일의 휴일 인정(가산임금 1일분)

3 휴가

구 분	내 용
연차휴가 와 연차수당	• 상시근로자 5인 이상 사업장이라면 1주 15시간 이상 근무하는 근로 자에게 연차휴가를 부여한다. • 계속 근로 1년 미만인 기간 1개월 개근 시 1일의 유급휴가를 부여한다. 2018년 5월 29일부터 계속근로 1년 미만의 근로자는 입사 후 1년 미만까지 최대 11일의 연차를 사용할 수 있고, 입사 1년이 경과하는 시점(366일까지 근무 시, 365일 근무 시는 미발생)에서 새로이 15일의 연차가 발생한다. 즉, 입사 2년까지 최대 26일의 연차를 부여해야 한다. • 계속 근로 1년 이상부터 1년간 80% 이상 출근한 근로자에게 15일의 유급휴가를 부여한다. 이 때 출근일 수 판단기준은 근로기준법, 취업규칙, 단체협약 등에서 정한 근로 제공 의무가 있는 날이다. 즉, 근로 제공 의무가 없는 휴무일, 근로자의 날 등은 출근 일수에서 제외된다. 계속근로연수 매 2년에 대해 1일을 가산한 유급휴가를 25일까지 부여할 수 있다. 예를 들어 2021년 1월 2일 입사자의 경우(해당일까지 근무) 2022년 1월 2일, 2023년 1월 2일 : 15일 2024년 1월 2일, 2025년 1월 2일 : 16일

구 분	내 용
	2026년 1월 2일, 2027년 1월 2일 : 17일.... 총 25일 한도
	• 연차미사용 수당 지급의무를 면하고 싶다면 연차휴가 사용촉진 조치를 꼭 취해야 한다.
	• 연차수당은 발생 시점의 통상임금을 기준으로 지급한다.
생리휴가	• 상시근로자 5인 이상 사업장에서 여성 근로자가 청구하는 경우는 월 1일의 생리휴가를 주어야 한다.
	• 생리휴가는 무급이므로 여성 근로자가 생리휴가를 사용한 경우 해당일에 대해서는 급여를 지급하지 않아도 된다. 즉 월급제의 경우 1일분의 통상임금을 차감한다.
	• 생리휴가 사용일을 결근으로 처리할 수는 없다.
출산휴가	사용자는 근로기준법에 의해 임신 중인 여성 근로자에게 출산전후를 통해서 90일의 유급휴가(통상임금 기준)를 주어야 한다. 90일(다태아 120일)은 역월 상의 기간이므로 주휴일 등 각종 휴일이 포함된 일수이다. 휴가기간의 배치는 산후에는 반드시 45일 이상이 되어야 한다. 최초 60일에 대해서는 사업주가 출산휴가급여를 지급해야 하고, 이후 30일분에 대해서는 상한액을 넘지 않는 범위 내에서 고용보험에서 출산휴가급여가 지급된다.
가족 돌봄휴가	• 근로자를 사용하는 모든 사업장은 근로자가 가족(조부모, 부모, 배우자, 배우자의 부모, 자녀 또는 손자녀)의 질병, 사고, 노령 또는 자녀의 양육으로 인해 휴가 신청
	• 연 최대 10일의 휴가를 부여한다.
	• 무급이므로 해당 기간에는 급여를 지급하지 않아도 된다.

연차휴가의 계산에서
퇴직정산까지

1 연차휴가 적용 사업장

❶ 또는 ❷조건 중 하나에 해당하면 연차휴가가 발생한다. 또한, 연차휴가가 없으면 연차수당도 당연히 발생하지 않는다.

❶ 상시근로자 수(정규직, 비정규직, 임시직, 아르바이트 모두 포함, 프리랜서, 파견직, 대표이사 제외)가 5인 이상인 사업장의 1주 소정근로시간 15시간 이상 근로하는 근로자. 따라서 5인 미만 사업장은 적용 대상이 아니다.

❷ ❶의 조건에는 해당하지 않지만, 회사 규정이나 근로계약서에 연차휴가를 주는 조건으로 근로계약을 체결한 경우

2 연차휴가 적용 제외 대상

다음의 근로자는 적용 대상에서 제외된다.

⊙ 상시근로자 5인 미만 사업장 소속 근로자

⊙ 소정근로시간이 1주 15시간 미만인 이른바 초단시간 근로자
⊙ 임원은 근로기준법상 사용인으로 근로기준법이 적용되지 않으므로 회사에 별도의 규정이 없으면 근로기준법상 연차휴가를 적용하지 않는다.

③ 연차휴가의 구분

연차휴가의 계산은 입사 후 1년까지만 적용되는 월 단위 연차휴가와 입사 후 1년 이상 경과한 시점부터 적용되는 연 단위 연차휴가가 있다.

입사 후 1년까지는 연차휴가를 받기 위해서는 1달을 개근해야 한다. 1달을 개근한 경우 다음 달에 1일의 연차휴가가 발생하며, 1년 개근시 총 11일의 월 단위 연차휴가(월차)가 발생한다.

그리고 입사일을 기준으로 1년 80% 이상 개근 시, 1년이 되는 시점에 15일의 연 단위 연차휴가가 발생한다. 이는 15일부터 시작해 2년 단위로 1일씩 증가해 총 25일 한도로 연 단위 연차휴가가 발생한다.

예를 들어 1월 2일 입사자의 경우 1달 개근 시마다 1일의 월 단위 연차휴가(월차)가 발생해 2월 2일, 3월 2일......12월 2일까지 11일의 연차휴가가 발생하고, 1년 80% 이상 개근 시 1년이 되는 시점인 다음 연도 1월 2일에 15일의 연 단위 연차휴가가 발생한다.

이중 월 단위 연차휴가(월차)는 11일로 끝나고 앞으로는 연 단위 연차휴가만 계속 발생한다. 연차휴가 발생과 관련해 가장 중요한 것은 입사일과 같은 날까지 근무해야 연차휴가가 발생한다는 점이다.

예를 들어 1월 2일 입사자의 경우 2월 2일, 3월 2일....12월 2일까지 근무해야 월 단위 연차휴가가 발생하고, 다음 해 1월 2일까지 근무해야 15일의 연 단위 연차휴가가 발생한다. 2월 1일까지 근무 또는 다음 해 1월 1일까지 근

무하고 퇴사하는 경우는 연차휴가가 발생하지 않는다.

⏱ 개근의 의미

실무에서는 개근 대신 만근이라는 용어도 많이 사용하지만, 정확한 법률 용어는 개근이다.

개근이란 근로 제공 의무가 있는 날 즉, 근로계약서상 소정근로일에 결근하지 않은 것을 의미한다고 볼 수 있다(근로기준과 : 5560, 2009.12.23). 따라서 지각이나 조퇴가 있었다고 하더라도 소정근로일에 출근하였다면 결근으로 볼 수 없고(근기 1451-21279, 1984.10.20.), 개근으로 보아야 한다.

⏱ 소정근로일 80% 출근율 계산 방법

소정근로일이란 회사가 근로하기로 정한 날 또는 노사가 합의하여 근로하기로 정한 날이다.

연간 소정근로일수에 대한 출근율을 산정할 때, 연간 365일 중 어떤 일수를 소정근로일수로 정의해야 하는가에 대하여 많은 문의가 있다.

365일 중 주휴일(통상적으로 일요일), 무급휴무일(통상적으로 토요일), 근로자의 날, 비번일, 약정휴일은 근로 제공 의무가 없으므로 소정근로일수에서 제외된다. 따라서 근로 제공 의무가 없는 날을 제외하고 80% 이상 개근 여부를 판단하는 것이 일반적이다.

소정근로일수에서 제외되는 날은	쉬었지만 소정근로일수에 포함되는 날
● 무급휴무일(통상 무급토요일)	● 산재요양기간
● 주휴일	● 출산휴가기간, 육아휴직기간

소정근로일수에서 제외되는 날은	쉬었지만 소정근로일수에 포함되는 날
● 근로자의 날(노동절) ● 약정휴일(노사가 약정하여 휴일로 정한 날) ● 기타 이상에 준하는 날	● 예비군, 민방위 훈련 기간 ● 공민권 행사를 위한 휴무일 ● 연차유급휴가 등 허락된 휴가기간 ● 기타 이상에 준하는 날

예를 들어 7월 1일부터 9월 5일까지(일) 개인적 병가로 회사를 쉰 경우

월	총일수	토요휴무일	주휴일	휴일	소정근로일수
7월	31	5	5		21
8월	31	4	4	1	22
9월	5	1	1	0	3
계	총결근일 = 21일 + 22일 + 3일 = 46일 1년 총 소정근로일수 250일 가정				250 (결근일 46일)

↗ 1년 미만 근로자 개근의 판단

앞서 설명한 바와 같이 개근이란 근로 제공 의무가 있는 날 즉, 근로계약서 상 소정근로일에 결근하지 않은 것을 의미하므로, 위의 표에서 9월을 기준으로 소정근로일을 결근하지 않으면 10월에 1일의 월 단위 연차휴가가 생긴다.

↗ 1년 이상 근로자 80%의 판단

연간 80% 이상 출근율을 따진다면 위의 표에서 가정한 연간 소정근로일수 250일 중 200일 이상을 출근해야 한다.

예에서 결근일이 46일이므로 출근일은 204일, 출근율은 (250일 - 46일) ÷ 250일 = 81.6%가 되어 연차휴가 15일이 발생한다.

[출근율을 계산하는 방법]

$$출근율 = \frac{출근일수}{소정근로일수}$$

소정근로일수란 당초 근무하기로 정한 날 즉, 근로자가 실제 출근을 해야 했던 날을 말하며, 법정휴일(주휴일 및 근로자의 날) 및 약정휴일(취업규칙 등에서 정한 휴일) 등은 소정근로일수에서 제외된다.

4 입사 후 1년까지는 월 단위 연차휴가 발생

연차휴가를 받기 위해서는 1달을 개근해야 한다. 1달을 개근한 경우 입사 다음 달에 1일의 연차휴가가 발생한다.

[입사 1년 미만 한 달 개근 시 발생 연차(1월 2일 입사)]

1월	2월	3월	4월	5월	6월	7월	8월	9월	10월	11월	12월	1월
입사	1일	2일	3일	4일	5일	6일	7일	8일	9일	10일	11일	

매달 2일 월 단위 연차휴가 발생

연 단위 연차휴가 발생

1년 미만 근로자 연차휴가일 수 = 개근 시(12 - 1 = 11)일

1월 1일 입사하든 연도 중에 입사하든, 입사일로부터 **딱 1년이 되는 날까지는 매달 개근 시 월차 개념의 연차 총 11일은 무조건 발생한다.**

그리고 딱 1년이 되는 날 15일의 연차가 발생하고, 1년 + 1일(366일) 근무시 부여된다(입사일과 같은 날까지 근무).

즉 입사일과 같은 날이 마지막 근무일이어야 연차휴가를 받을 수 있다.

예를 들어 2023년 4월 1일 입사자의 경우 2024년 4월 1일까지 근무해야 연차휴가 15개가 발생한다(그날이 일요일이라도 그날이다.).

물론 월 단위 연차도 5월 1일, 6월 1일...까지 근무해야 연차휴가가 발생한다.

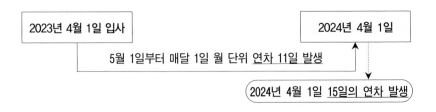

그리고 월 단위 연차휴가는 입사일로부터 1년 안에 모두 사용해야 한다.

〈2023년 4월 1일 입사자의 경우〉

발생 시점	5월 1일	6월 1일	7월 1일	8월 1일	9월 1일	10월 1일	11월 1일	12월 1일	1월 1일	2월 1일	3월 1일
사용시기	2024년 3월 31일까지 모두 사용										
수 당 지급시기	〈3개월 전 1차 촉진, 1개월 전 2차 촉진〉 연차휴가사용촉진을 안 한 경우 : 2024년 4월 1일 연차수당 지급 연차휴가사용촉진을 한 경우 : 월 단위 연차휴가 소멸										

↗ 1년 미만 월 단위 연차휴가의 발생과 부여 기준

1개월 개근 시 1일의 월 단위 연차휴가가 발생하는 것은 절대 변하지 않는다.

1년 미만 월 단위 연차휴가는 입사일 기준이든 회계연도 기준도 1달이 되는 시점에 발생하고, 다음 날 근로가 예정되어있는 경우 부여된다(1달 + 1일 또는 1년 + 1일을 근무해야 한다는 의미다.). 즉 1달이 되는 시점에 발생한 월 단위 연차는 1달 + 1일 근무 시 부여한다(퇴사일은 1개월 + 1일, 2개월 + 1일....).

구 분	내 용
발생기간	입사일로부터 1년간만 발생
발생일수	1달 개근 시 1일씩 1년간 총 11일까지만 발생
연차부여	다음날 근무가 예정되어 있어야 발생한 연차휴가를 부여한다. 즉 1달 + 1일(입사일과 같은 날)을 근무해야 발생한 연차휴가를 받을 수 있다.
회계연도 기준 적용	회계연도 기준이라고 다르지 않다. 즉 1년 미만 월 단위 연차휴가는 입사일 기준이든 회계연도 기준이든 동일하게 적용된다.
연 차 사용촉진	연차휴가 사용촉진이 가능(3개월, 1개월 전). 합법적인 연차휴가 사용 촉진 시 미사용 연차에 대해 연차수당 지급 의무가 면제된다.

↗ 1년 미만 월 단위 연차휴가의 사용기한

연차휴가 사용의 원칙은 입사일로부터 1년이다. 따라서 모든 연차휴가는 입사한 날과 같은 날 발생(계속근로가 예정되어 있지 않은 계약직은 미발생)해 다음 연도 입사일 전날까지 사용할 수 있다.

예를 들어 2024년 3월 1일 입사자의 경우 1달 개근시 4월 1일부터 1일씩 발생해 총 11일을 한도로 월 단위 연차휴가가 발생하는데, 이를 입사일로부터 1년인 2025년 2월 28일까지 모두 사용해야 한다.

물론 그 기한을 연장해 주는 것은 근로자에게 불이익이 아니므로 불법은 아니다.

입사일	월 단위 연차휴가 발생일 (해당일이 마지막 근무일이어야 한다.)	사용기한
2024년 10월 02일	2024년 11월 2일~2025년 9월 2일 (매달 1일씩 총 11일)	2025년 10월 01일

📄 연차휴가 사용의 예외(기준일 2020년 3월 31일)
- (종전) 2020년 3월 30일까지 : 발생일부터 순차적으로 1년간 사용
- (개정) 2020년 3월 31일부터 : 발생순서에 상관없이 입사일로부터 1년 안에
  모두 사용(결국 3월 1일 입사자부터 적용)

📄 발생한 연차휴가의 부여 : 다음날 근무가 예정되어 있어야 한다. 따라서 1달 +
1일(입사일 = 마지막 근무일)에 월 단위 연차휴가를 부여받는다.

5 입사 후 1년부터는 연 단위 연차휴가 발생

입사한 지 1년이 되면 매월 발생하던 월 단위 연차휴가는 더 이상 발생하지
않고, 연 단위 연차휴가가 발생하기 시작한다.

1년과 2년은 15일, 3년과 4년은 16일. 5년과 6년은 17일과 같은 방식으로
2년을 묶어 2년이 경과 할 때마다 1일씩 증가해 최대 25일까지 발생한다.

그리고 연 단위 연차휴가의 계산 방법은 입사일 기준과 회계연도 기준 2가
지 방식으로 계산할 수 있다.

근로기준법상으로는 입사일 기준이 원칙이지만, 수많은 직원의 입사일은 서
로 다르므로, 입사일 기준으로 할 경우 업무량이 급증하게 된다.

따라서 근로자에게 피해가 가지 않는다면 회계연도를 기준으로 모든 직원의
연차휴가를 맞출 수 있게 예외로 허용하고 있다.

↗ 입사일 기준 : 원칙

입사일을 기준으로 1년 80% 이상 개근 시 15일부터 시작해 2년 단위로 1일씩 증가해 총 25일 한도로 연 단위 연차휴가가 발생한다.

- 입사일과 같은 날이 마지막 근무일인 경우 1년 단위로 발생한 연차휴가를 부여한다. 예를 들어 2024년 1월 2일 입사자의 경우 다음 연도 입사일과 같은 날인 2025년 1월 2일(366일 = 365일 + 1일)까지 근무하면 부여(주고), 입사일 전날이 마지막 근무일(365일, 1월 1일)인 경우는 발생한 연차휴가를 주지 않아도 된다.
- 입사일로부터 1년이 지난 근로자는 월 단위 연차휴가가 발생하지 않는다.
- 예외인 회계연도 기준으로 연차휴가를 적용했어도 원칙은 입사일 기준이므로, 퇴사 시에는 입사일 기준으로 정산했을 때보다 회계연도 기준 연차휴가 일수가 적으면 안 된다(입사일 기준과 회계연도 기준 중 근로자에게 유리한 것 적용).

구 분		내 용
적용기준	원칙	입사일을 기준으로 적용
	예외	회계연도 기준으로 적용하는 것 인정
발생일수	1년 80% 이상 출금	15일부터 시작해 2년 단위로 1일씩 증가해 총 25일 한도로 연 단위 연차휴가 발생
	1년 80% 미만 출금	1년 동안 1달 개근한 달에만 1일의 연차유급휴가 발생. 즉 월 단위 연차휴가와 같은 방식으로 연 단위 연차휴가 발생 (연차연도 계산 시에는 포함) 예를 들어 1년간 80% 미만 출근했지만, 1월, 4월, 10월, 11월 개근 시 4일의 연 단위 연차휴가 발생
연차사용촉진		연차사용촉진이 가능(6개월, 2개월 전). 합법적인 연차사용촉진시 미사용 연차에 대해 연차수당 지급 의무 면제

입사일 기준 연차휴가 자동 계산 방법

연차휴가일수 = 15일 + (근속연수 – 1년) ÷ 2로 계산 후 나머지를 버리면 된다.

예를 들어 입사일로부터 10년이 경과 한 경우

연차휴가 일수 = 15일 + (10년 – 1년) ÷ 2 = 15일 + 4.5일 = 19일

1년	2년	3년	4년	5년	10년	15년	20년	21년
15일	15일	16일	16일	17일	19일	22일	24일	25일

2021년 3월 1일 입사자의 2024년 3월 1일 기준 연차휴가일수를 계산

연차휴가의 발생요건을 충족했으며, 연차휴가사용촉진을 안 한 것으로 간주한다.

해설

❶ 월 단위 연차휴가 : 2021년 4월 1일부터 개근시 총 11일 발생

❷ 연 단위 연차휴가 :

가. 2022년 3월 1일 : 15일(1년 경과)

연차휴가일수 = 15일 + (1년 – 1년) ÷ 2 = 15일

나. 2023년 3월 1일 : 15일(2년 경과)

연차휴가일수 = 15일 + (2년 – 1년) ÷ 2 = 15일

다. 2024년 3월 1일 : 16일(3년 경과)

연차휴가일수 = 15일 + (3년 – 1년) ÷ 2 = 16일

↗ 회계연도 기준 : 예외

근로자에게 불이익이 안 된다는 전제조건하에 회계연도 기준을 인정하고 있다.

◎ 입사연도에는 입사일을 기준으로 12월 31일까지 1년 연차를 비례해서 부여한다.

◎ 회계연도를 기준으로 80% 이상 개근 시 15일부터 시작해 2년 단위로 1일씩 증가해 총 25일 한도로 연 단위 연차휴가가 발생한다. 단 입사 연도 다음 연도부터 1년으로 계산해 연차를 부여한다.

◎ 회계연도 기준은 예외 규정이므로 퇴사할 때는 반드시 입사일 기준으로 재정산해 많으면 넘어가고 적으면, 입사일 기준으로 연차휴가일 수를 맞춰줘야 한다.

회계연도 단위의 연차휴가 일수 계산 방법

❶ 입사 연도의 연차휴가 일수(2024년 7월 1일 입사) = 입사일(7월 1일)부터 12월 31일까지 월 단위 휴가 일수 + 연 단위 비례 연차휴가 일수(15일 × 근속기간 총일수(7월 1일~12월 31일) ÷ 365)를 다음 연도에 사용한다.

❷ 입사 다음 연도(2025년)의 연차휴가 일수 = (11 - 입사 연도에 발생한 월 단위 연차휴가 일수) + 15일(연 단위 연차휴가 일수)

❸ 입사 다음다음(2026년) 연도 1월 1일 기준 연차휴가 일수 = 15일

❹ 입사 다음다음 다음(2027년) 연도 1월 1일 기준 연차휴가 일수 = 16일

2024년 7월 1일 입사자의 경우 회계연도 기준으로 연차휴가를 부여하고자 할 때 2024년과 2025년 부여해야 할 연차휴가 일수는?

해설

❶ 입사 연도의 연차휴가 일수 = 입사일부터 12월 31일까지 월 단위 휴가 일수 + 연 단위 비례 연차휴가 일수(15일 × 근속기간 총일수 ÷ 365)

구분	기간계산	연차휴가	계산식
입사연도 (2024년)	월 단위 연차 (1년 미만자 휴가)	5일	8월, 9월, 10월, 11월, 12월 1일 (2024년 사용 또는 2025년 사용)
연 차 비례휴가	2024.7.1~12.31 (연 단위 연차)	7.5일	15일 × 입사 연도 재직일 ÷ 365일 = 15일 × 184일 ÷ 365일
합계(2024년 12월 31일 기준) 계산한 연차일수		12.5일	13일 부여하면 문제없음 (월 단위 연차 + 연 단위 연차)
2025년 총 13일 + 6일(2025년 발생하는 1년 미만 연차, 11일 - 5일)의 연차를 사용할 수 있다(12일을 부여하고 0.5일분은 수당으로 지급해도 됨). 단, 1년 미만자 연차휴가는 노사 합의가 없는 경우 2025년 6월 30일까지 사용할 수 있다.			

🔁 연차휴가 일수가 소수점 이하로 발생할 경우, 잔여 소수점 이하에 대해서는 수당으로 계산 지급하는 것도 가능하나, 가급적 근로자에게 불이익이 없도록 노사합의로 1일의 휴가를 부여해야 할 것이다(근기 01254-11575, 1989.8.7.).

❷ 입사 다음 연도의 연차휴가 일수 = (11 - 입사 연도에 발생한 월 단위 연차휴가 일수) + 15일

구분	기간계산	연차휴가	계산식
입 사 다음연도 (2025년)	월 단위 연차 2025.1.1~6.1 (1년 미만자 휴가)	6일 (11일 - 5일)	11일 - 입사연도 월 단위 연차휴가 (2024년 12월 31일까지 5일). 1년 미만의 월 단위 연차는 끝
연차휴가	2025.1.1~12.31	15일	입사 2년 차 연차휴가
합계(2025년 12월 31일 기준)		21일	남은 월차 + 2025년 연차

❸ 입사 다음다음 연도의 연차휴가 일수 = 15일

연차휴가를 반차로 사용 가능한지?

근로기준법상 연차휴가는 1일 단위로 사용함이 원칙이나, 노사합의로 1일 미만 단위의 연차휴가를 사용할 수 있다.

일반적으로 '반차(반일 연차)'는 연차휴가 0.5일을 사용하는 것을 말하므로, 1일 소정근로시간이 8시간인 근로자인 경우 4시간을 연차휴가로 사용하면 된다. 단, 4시간당 30분의 휴게시간은 근로시간 도중 부여해야 한다. 반차의 기준은 다음과 같다.

1. 오전 반차는 : 09~14시(1시간 점심시간)
2. 오후 반차는 13시 30분~18시(30분 휴게시간 보장)

☑ 1년간 80% 미만 출근자의 연 단위 연차휴가

1년간 80% 미만 출근자란 근로자가 근로하기로 정한 소정근로일수에 대해서 근로자가 실제 출근한 날이 80% 미만인 경우를 말한다.

1년간 80% 미만 출근자의 경우 1개월 개근 시 1일의 유급휴가를 주어야 한다. 예를 들어 1년간 80% 미만을 출근했지만 3달을 개근한 경우 3일의 연 단위 연차휴가가 발생한다. 그리고 다음 연도에 80% 이상을 출근한 때 연차는 80% 미만 출근한 연도도 연차연도에 포함해서 연차를 계산한다.

> 예를 들어, 2022년 1월 2일 신규입사자가 2024년 개인적 사정으로 병가를 내고, 6개월 개근하여 1년에 80% 미만 출근한 경우를 가정

해설

1. 연차휴가의 계산순서

연차휴가 일수의 계산은 ❶과 ❷ 두 경우를 따로따로 생각하면 편리하다.

❶ 1년 미만 기간 근로기간의 월 단위 연차휴가 일수 계산(월차)
❷ 1년 이상 기간의 연 단위 연차휴가 일수 계산

❸ ❶ + ❷ = 총휴가일 수

2. 입사 3년 차에 80% 미만 출근 시 연차휴가 계산식

❶ 입사 연도(2022년)의 연차휴가 일수 = 이미 다 생겼고, 모두 사용되었을 것임

❷ 입사 3년 차(2024년)에 80% 미만 출근에 따라 개근한 월수에 따른 연차 6일

❸ 입사 3년 차에 발생하는 휴가(❶ + ❷) = 0일 + 6일 = 6일

2022년	2023년	2024년		2025년
1월 2일	1월 2일	6월 개근	6월 병가	1월 2일
입사	80% 이상 개근 연차 15일 발생	1개월 개근 시 1일씩 연차 발생(6일)		80% 이상 개근 연차 16일 발생

구분	연차발생일	연차휴가	산정식
2022년 1월 2일~2023년 1월 1일	2023년 1월 2일	26일	11일 + 15일
2023년 1월 2일~2024년 1월 1일	2024년 1월 2일	15일	
2024년 1월 2일~2025년 1월 1일	1월 개근 시 1일	6일	
2025년 1월 2일~2026년 1월 1일	2026년 1월 2일	16일	

단, 연차발생일 현재 계속 근무하고 있어야 발생한 연차를 부여받는다.

사례 1. 입사 1년 차에 출근율이 80%가 되지 않는 경우

··

2024년 1월 2일 입사해 7월까지 개근 후 병가 등으로 결근이 많아 1년간 출근율이 80% 미만인 경우

··

해설

1. 연차휴가의 계산순서

연차휴가 일수의 계산은 ❶과 ❷ 두 경우를 따로따로 생각하면 편리하다.

❶ 1년 미만 기간 근로기간의 연차휴가 일수 계산(월차 성격의 연차)

❷ 1년 이상 기간의 연차휴가 일수 계산

❸ ❶ + ❷ = 총휴가일 수

2. 입사 1년 차에 80% 미만 출근 시 연차휴가 계산식

❶ 입사 연도(2024년)의 연차휴가 일수 = 6개월 개근에 따라 6일

❷ 입사 1년 차(2024년)에 80% 미만 출근에 따라 개근한 월수에 따른 연차 6일

❸ 입사 2년 차 2024년 휴가(❶ + ❷) = 6일 + 6일 = 12일

사례 2. 입사 3년 차에 출근율이 80%가 되지 않는 경우

2023년 1월 2일 입사해 2025년 7월까지 개근 후 병가 등으로 결근이 많아 1년간 출근율이 80% 미만인 경우

해설

1. 연차휴가의 계산순서

연차휴가 일수의 계산은 ❶과 ❷ 두 경우를 따로따로 생각하면 편리하다.

❶ 1년 미만 기간 근로기간의 연차휴가 일수 계산(월차 성격의 연차)

❷ 1년 이상 기간의 연차휴가 일수 계산

❸ ❶ + ❷ = 총휴가일 수

2. 입사 3년 차에 80% 미만 출근 시 연차휴가 계산식

❶ 입사 연도(2023년)의 연차휴가 일수 = 이미 다 생겼고, 모두 사용되었을 것임

❷ 입사 3년 차(2025년)에 80% 미만 출근에 따라 개근한 월수에 따른 연차 6일

❸ 입사 3년 차(2025년)에 발생하는 휴가(❶ + ❷) = 0일 + 6일 = 6일

2023년	2024년	2025년		2026년
1월 2일	1월 2일	1월 2일	7월 병가	1월 2일
입사	80% 이상 개근	1개월 개근 시		80% 이상 개근
	연차 15일 발생	1일씩 연차 발생(6일)		연차 16일 발생

구분	연차발생일	연차휴가	산정식
2023년 1월 2일~2024년 1월 1일	2024년 1월 2일	26일	11일 + 15일
2024년 1월 2일~2025년 1월 1일	2025년 1월 2일	15일	2025년 사용
2025년 1월 2일~2026년 1월 1일	1월 개근 시 1일	6일	2026년 사용
2026년 1월 2일~2027년 1월 1일	2027년 1월 2일	16일	2027년 사용

[주] 1년 미만(월차 개념)의 연차휴가는 사용 촉진이 없던 것으로 가정한다. 연차휴가 사용 촉진을 한 경우는 2023년 1월 1일에 0일 + 15일이 발생한다.

연차유급휴가의 사용 촉진을 규정하고 있는 「근로기준법」 제61조는 동법 제60조 제1항·제3항 및 제4항에 따른 1년 이상 연차유급휴가뿐만 아니라 같은 법 제60조 제2항에 의한 계속근로연수가 1년 미만인 근로자 또는 1년 간 80% 미만 출근한 근로자에게 부여되는 연차유급휴가에 대해서도 연차휴 가의 사용 촉진이 적용된다.

6 퇴사자 연차휴가 정산

연차휴가는 입사일 기준이 원칙이므로 퇴직 시점에서 총 휴가일수가 근로자 의 입사일을 기준으로 산정한 휴가 일수에 미달하는 경우는 그 미달하는 일 수에 대하여 연차유급휴가 미사용 수당으로 정산하여 지급해야 한다(근로기준 과 – 5802, 2009.12.31.).

예를 들어 회사가 회계연도 기준으로 연차휴가를 산정하는 경우, 퇴직 시점에서 총 연차휴가(수당 포함) 발생일 수가 70일인데, 근로기준법에 따라 입사일 기준으로 산정한 연차휴가(수당 포함) 발생일 수가 총 75일이라면, 유리한 조건 우선 원칙에 따라 5일분(입사일 기준 75일 - 회계연도 기준 70일)의 연차휴가 미사용 수당을 지급해야 한다. 만약, 근로기준법에 따라 입사일 기준으로 산정한 연차휴가(수당 포함) 발생일 수가 총 50일인데, 회사가 회계연도 기준으로 연차휴가를 산정하여 발생한 연차휴가(수당 포함)가 총 55일이라면, 회사 규정상 무조건 입사일 기준으로 계산한다는 별도 규정이 없으면 유리한 조건 우선 원칙에 따라 5일분(회계연도 기준 55일 - 입사일 기준 50일)의 연차휴가 미사용 수당을 지급해야 한다.

---

1. 정산 대상 연차휴가 = (입사일 기준 또는 회계연도 기준)
   월 단위 연차휴가 + 연 단위 연차휴가
2. 입사일부터 퇴사일까지 사용한 연차휴가
3. 1 - 2 = (+)연차수당 지급, (-)급여에서 차감

구 분	업무처리
회계연도 기준으로 부여한 연차휴가가 입사일 기준보다 적은 경우	입사일 기준으로 정산한 후 부족한 연차휴가 일수에 대해 연차수당을 지급해야 한다.
회계연도 기준으로 부여한 연차휴가가 입사일 기준보다 많은 경우	사용자가 취업규칙 등에 연차휴가에 대한 재산정 규정 또는 재정산 후 삭감할 수 있다는 취지의 규정을 두고 있지 않다면, 근로자에게 유리한 연차휴가를 부여해야 한다. 따라서 더 부여한 연차휴가를 삭감할 수도, 그에 대한 임금을 차감할 수도 없다. 물론 규정이 있는 경우에는 급여에서 차감할 수 있다.

입사일부터 퇴사일까지 연차휴가 정산을 위한 연차휴가의 계산 방법을 살펴보면 아래 표와 같다.

구 분	발생	정산분
2017년 5월 29일 입사자까지	❶ 1년간 : 1월 개근 시 월 단위 연차 총 11일 ❷ 1년이 되는 날 : 1년 개근 시 연 단위 연차 15일 ❸ 2년이 되는 날 : 15일 ❹ 3년이 되는 날 : 16일 계산식 = 15일 + (근속연수 - 1년) ÷ 2로 계산 후 나머지를 버리면 된다.	정산 연차 일수 = [15일 + (❸ + ❹ + ... - 연 단위 연차휴가사용촉진)] - 사용한 일수
2017년 5월 30일 입사자부터	❶ 1년간 : 1월 개근시 월 단위 연차 총 11일 ❷ 1년이 되는 날 : 1년 개근 시 연 단위 연차 15일 ❸ 2년이 되는 날 : 15일 ❹ 3년이 되는 날 : 16일 계산식 = 15일 + (근속연수 - 1년) ÷ 2로 계산 후 나머지를 버리면 된다.	정산 연차 일수 = [26일 + (❸ + ❹ + ... - 연 단위 연차휴가사용촉진)] - 사용한 일수
2020년 3월 1일 입사자부터		정산 연차 일수 = [(26일 - 월 단위 연차휴가사용촉진) + (❸ + ❹ + .. - 연 단위 연차휴가사용촉진)] - 사용한 일수

↗ 입사일에 따른 퇴직정산 차이

연차휴가 퇴직정산에서 입사일이 중요한 이유가 있다. 입사일에 따라 퇴직정산의 방법이 다르다.

1. 연차는 입사 후 매월 개근시 다음 달에 1일씩 발생하는 월 단위 연차휴가

와

2. 입사 후 1년이 되는 시점에 80% 이상 개근 시 발생하는 연 단위 연차휴가가 있다.

입사일에 관련 없이 현재까지 1과 2의 연차휴가 계산 방법은 동일하다고 보면 된다.

다만, 2017년 5월 29일 입사자까지와 2017년 5월 30일 입사자부터 1차 차이가 발생한다.

차이점은 1년간 개근했고, 1년 1개월째 근무 중이라고 가정하면 현재 기준으로 계산하면, 월 단위 연차휴가 11일과 1년 후 발생하는 연 단위 연차휴가 15일을 합해서 총 26일의 연차휴가를 받을 수 있다.

그런데 2017년 5월 29일까지 입사자와 2017년 5월 30일 입사자의 차이점은 다음과 같다.

2017년 5월 29일까지 입사자는 1년이 되는 시점에 1 + 2 = 26일이 아닌, 1 + 2 = 15일의 연차휴가가 발생한다.

예를 들어 매달 발생하는 월 단위 연차휴가 11일을 모두 사용했다면 1년이 되는 시점에 발생하는 15일의 연 단위 연차휴가에서 사용한 일수 11일을 차감해 2년 차에는 4일만 연차휴가를 사용할 수 있다. 물론 1일도 사용하지 않은 경우 2년 차에는 15일을 사용할 수 있다.

따라서 퇴직정산 시에는 현재 기준인 26일이 아닌 15일로 계산한다.

반면 2017년 5월 30일 입사자부터는 현재와 동일하다. 1년이 되는 시점에 1 + 2 = 26일이 발생한다.

예를 들어 매달 발생하는 월 단위 연차휴가 11일을 모두 사용했다면, 1년이 되는 시점에 발생하는 26일의 연 단위 연차휴가에서, 사용한 일수 11일을 차감해서 2년 차에는 15일의 연차휴가를 사용할 수 있다.

따라서 퇴직정산 시에는 현재 기준인 26일로 계산한다.

↗ 연차휴가 사용촉진 제도 시행에 따른 퇴직정산 차이

입사일에 따라 또 한 번의 차이가 발생한다.

2017년 5월 30일부터 2020년 2월 28일 입사자까지는 월 단위 연차휴가에 대해서도 연차휴가 사용 촉진 제도가 도입되었다.

따라서 종전에는 연차휴가 사용촉진과 상관없이 월 단위 연차휴가는 무조건 11일로 퇴직정산을 하면 됐지만, 2020년 3월 1일 입사자부터는 월 단위 연차휴가에 대해서 연차휴가 사용 촉진을 한 경우 해당 일을 퇴직정산시 차감해야 한다.

7 연차휴가 소진과 연차수당으로 받는 방법

퇴사 시 남은 연차휴가는 남은 연차휴가를 소진하고 퇴사하는 방법과 연차수당으로 지급하는 방법이 있다.

중소기업의 경우 연차수당을 주지 않기 위해 연차휴가를 소진하고 퇴사 처리를 하는 경우가 많은데, 이에는 득실이 존재한다. 법적으로는 2가지 방법 모두 가능하다.

근로기준법 제60조(연차 유급휴가) ⑤ 사용자는 제1항부터 제4항까지의 규정에 따른 휴가를 근로자가 청구한 시기에 주어야 하고, 그 기간에 대하여는 취업규칙 등에서 정하는 통상임금 또는 평균임금을 지급하여야 한다. 다만, 근로자가 청구한 시기에 휴가를 주는 것이 사업 운영에 막대한 지장이 있는 경우에는 그 시기를 변경할 수 있다.

> 연차유급휴가의 시기지정권은 근로자에게 있으므로 남은 연차유급휴가를 모두 사용하고 퇴사할 수 있다.

↗ 연차휴가 소진의 득과 실

참고로 퇴사 전 연차휴가를 소진하는 경우 남은 연차휴가일 수 계산 시 토요일과 일요일은 제외한다. 즉 토요일과 일요일을 포함해 남은 연차를 소진하는 것이 아니다.

연차 시작일과 퇴사일 사이에 주말을 넣는 경우

예를 들어 연차가 7일 남았는데, 화요일부터 연차를 사용한다고 해보자. 연차를 소진하면, 다음 주 수요일(화, 수, 목, 금, 다음 주 월, 화, 수 총 7일)에 퇴사(퇴사일은 목요일)하게 된다. 이 경우 7일이 아닌 8일 치의 임금을 받게 된다. 중간에 주말이 들어가면서 주휴일(유급휴일)이 포함되기 때문이다.

월요일부터 연차를 사용하는 경우

연차를 월요일부터 사용해서 한 주를 전부 쉰 경우, 주휴수당을 부여할 필요가 없다. 연차휴가는 근로 제공 의무가 면제된 상태라 주휴일을 산정할 때 기준이 되는 소정근로일에 해당하지 않기 때문이다. 이 경우 주휴일을 인정받지 못해서 더 받을 수 있었던 하루치 임금(주휴수당)을 손해 볼 수 있다. 결과적으로 연차를 소진하고 퇴사하는 경우는 주중에 1일이라도 출근하는 날이 있게 설계해야 근로자에게 유리하다.

⬈ 연차수당과 퇴직금의 관계를 고려한다.

⊚ 퇴사를 사유로 지급하는 미사용 연차에 대한 수당은 퇴직금 계산 때 평균임금에 포함되지 않는다.

⊚ 연차휴가를 소진하고 퇴사하는 경우 계속 근속 일수가 늘어나 퇴직금이 증가한다.

만약 연차 소진이 아닌, 즉시 퇴사하면서 7일 치를 모두 수당으로 받는다면, 7일 치의 수당만 나온다. 반면 소진 후 퇴사하는 경우 7일 이상(주휴수당이 포함되므로)의 임금을 더 지급해야 하고 퇴직금도 증가한다.

회사가 연차 소진보다는 연차수당을 지급하려는 이유는 퇴직 시 발생하는 연차수당은 퇴직금에 포함되지 않고 연차수당 지급으로 끝난다.

반면 근로자가 잔여 연차를 사용하고 퇴사할 때는 연차를 사용한 기간만큼 근속기간이 늘어나게 되므로 연차수당은 줄지만, 퇴직금이 증가한다.

회사입장에서는 연차수당 지급이 연차 소진보다 유리하지만, 회사가 연차수당 지급보다는 연차 소진을 권장하는 이유는 급여 담당자가 해당 월 급여 계산의 편의를 위해 선호하는 경우와 득과 실을 따지지 않고 당장 나가는 연차수당을 아끼기 위해 회사가 먼저 근로자에게 연차 소진을 권장하는 경우다.

잔여 연차를 전부 소진할 경우

⊚ 연차 사용 개수는 7개지만 실제로는 주말이 포함되므로, 7일 치보다 많은 급여를 지급한다.

⊚ 근속일 수가 늘어나 퇴직금이 증가한다.

잔여 연차를 소진하지 않고 수당으로 받는 경우

⊙ 퇴직 시 급여에 연차수당으로 7일 치 급여를 추가해서 지급한다.

⊙ 잔여 연차를 전부 소진할 경우보다 근속일 수가 적어 상대적으로 퇴직금
  이 감소한다.

8 연차수당의 계산

연차수당은 미사용한 연차휴가에 대해 지급하는 수당으로, 연차수당의 계산
은 연차휴가청구권이 소멸한 달의 통상임금 수준이 되며, 그 지급일은 휴가
청구권이 소멸된 직후에 바로 지급해야 함이 마땅하다.

다만, 취업규칙이나 근로계약에 근거해서 연차유급휴가 청구권이 소멸된 날
이후 첫 임금 지급일에 지급해도 된다.

↗ 월 단위 연차휴가의 연차수당

1년 차(1년 미만 근로자) 때는 매월 1일씩 발생하는 유급휴가는 입사일로부터
1년간 사용할 수 있다(2020년 3월 30일까지 발생분은 발생일로부터 순차적으로 1년
간 사용 가능).

예를 들면 2023년 4월 1일 입사자의 경우 휴가가 발생하면 2024년 3월 31
일까지 사용할 수 있고, 사용자가 연차휴가의 사용 촉진을 안 한 경우 미사
용 시에는 2024년 4월 1일에 4월 급여로 수당을 지급해야 한다.

당사자 간 개별 합의로 지급일을 유예하지 않는 한, 지급일을 넘겨 지급하는
경우 임금체불에 해당하기 때문에 아직 사용기간이 남은 유급휴가에 대해
회계연도 말일과 같은 특정 시점에 미사용 수당으로 정산하는 것은 허용되

지 않는다. 단, 회계연도 기준으로 연차를 적용하는 회사의 경우 입사일로부터 1년간 사용하지 않고 그 사용기한을 늘려 2년 차에 해당하는 12월 31일까지 사용하게 노사 합의를 하는 것도 유효하다 하겠다.

예를 들어 2023년 4월 1일 입사자의 경우 2024년 3월 31일까지 1년 미만 연차에 대해서 사용해야 하나, 회계연도 기준을 적용하는 회사의 경우 회계연도에 맞추기 위해 노사 합의에 의해 그 사용기한을 2024년 12월 31일까지로 늘리는 것은 가능하리라 본다.

이는 근로자의 연차 사용 가능 기간을 늘려주고, 미사용에 따른 연차휴가 수당이 발생한다고 해도 통상임금이 줄어들지 않는 한 근로자에 대한 유리한 변경이기 때문이다.

↗ 연 단위 연차휴가의 연차수당

연차수당은 근로자가 전전년도 출근율에 따라 전년도에 발생한 연차유급휴가를 미사용한 때에는 연차유급휴가청구권이 소멸된 시점 이후에 그 미사용 수당을 지급하는 것이 원칙이다.

예를 들어 2023년 1월 1일~12월 31일 사이 출근율 80% 이상의 경우 2024년 1월 1일에 연차휴가 15일이 발생한다.

이를 2024년 1월 1일~12월 31일 사이 1년간 미사용 시 2025년 1월 1일에 취업규칙 등에서 정한 바에 따라 통상임금 또는 평균임금으로 지급하거나 별도의 규정이 없으면 휴가청구권이 있는 마지막 달(12월 31일)의 통상임금으로 지급해야 한다(근로개선정책과-4218, 2013.7.19.).

구 분	연차수당의 지급
원 칙	휴가청구권이 있는 마지막 달의 통상임금으로 지급해야 한다. 연차유급휴가 청구권이 소멸한 날의 다음 날에 연차유급휴가 미사용 수당을 지급하여야 함(2007.11.5., 임금근로시간정책팀-3295).
예 외 (선지급)	1. 조건 ❶ 월급에 포함해서 매달 지급한다는 근로계약의 체결 ❷ 선지급을 이유로 연차휴가 사용을 제한해서는 안 된다. 단, 사용분에 대해서는 급여에서 차감할 수 있다. 2. 주의할 점 월급에 포함해서 매달 지급하는 금액이 휴가청구권이 있는 마지막 달 기준 통상임금. 즉 원칙에 의한 통상임금보다 적어서는 안 된다. 따라서 급여가 하락한 경우는 문제가 없으나 급여가 상승한 경우는 그 상승분에 대해 연차수당을 추가 지급해야 한다. 매년 최저임금이 상승하므로 급여는 상승할 가능성이 크다.

연차수당 = 연차휴가청구권이 소멸한 달의 통상임금 ÷ 월 통상임금 산정기준 시간^주 (일반적으로 209시간) × 1일 유급 근로시간(일반적으로 8시간) × 미사용 연차일수

여기서 통상임금은 기본금, 각종 수당(가족수당, 직무수당 등), 상여금의 합계를 말한다.

월 통상임금 산정 기준시간 예시(소수점 올림)

❶ 주당 소정근로시간이 40시간이며(하루 8시간 근무), 유급 처리되는 시간이 없는 경우 : 209시간 = [(40 + 8(주휴)) ÷ 7] × [365 ÷ 12]

❷ 주당 소정근로시간이 40시간이며, 주당 4시간이 유급 처리되는 경우 : 226시간 = [(40 + 8(주휴) + 4(유급)) ÷ 7] × [365 ÷ 12]

❸ 주당 소정근로시간이 40시간이며, 주당 8시간이 유급 처리되는 경우 : 243시간 = [(40 + 8(주휴) + 8(유급)) ÷ 7] × [365 ÷ 12]

❹ 주당 소정근로시간이 35시간(하루 7시간 근무), 유급 처리되는 시간이 없는 경우 : 183시간 = [(35 + 7(주휴)) ÷ 7] × [365 ÷ 12]

월 통상임금 209만 원이 김 갑동씨가 15개의 연차 중 10개만 사용해 5개의 연차수당 지급의무가 발생한 경우

해설

209만 원 ÷ 209시간 = 10,000원(시간당 통상임금)
10,000원 × 8시간 = 80,000원(일일 통상임금)
80,000원 × 5일(15일 - 10일) = 400,000원이 연차수당이다.

2022년 : 월 통상임금 2,090,000원, 미사용 연차 2일
2023년 : 월 통상임금 2,299,000원, 미사용 연차 1일
2024년 : 월 통상임금 2,508,000원, 미사용 연차 3일
위의 미지급 연차수당을 정산해서 지급하는 경우?

해설

휴가 청구권이 있는 마지막 달의 통상임금으로 지급해야 한다.
연차유급휴가 청구권이 소멸한 날의 다음 날에 연차유급휴가 미사용수당을 지급하여야 함(2007.11.5., 임금 근로시간정책팀-3295).
[(2,090,000원 ÷ 209시간) × 8시간 × 2일] + [(2,299,000원 ÷ 209시간) × 8시간 × 1일] + [(2,508,000원 ÷ 209시간) × 8시간 × 3일] = 160,000원 + 88,000원 + 288,000원 = 536,000원

구 분		내 용
원칙	월 단위 연차휴가	1. 2020년 3월 30일까지 발생한 연차 연차휴가사용촉진의 대상이 아니므로 미사용 연차휴가에 대해 무조건 연차수당을 지급해야 한다. 2. 2020년 3월 31일부터 발생하는 연차 • 사용자가 연차휴가의 사용 촉진을 한 경우 : 연차휴가 수당 지급의무 면제 • 사용자가 연차휴가의 사용 촉진을 안 한 경우 : 연차휴가 수당 지급

구 분	내 용
연 단위 연차휴가	다음의 2가지 요건을 모두 충족해야 한다. • 연차휴가사용촉진을 안 한 경우 • 휴가일수의 전부 또는 일부를 사용하지 않은 경우 미사용 연차유급휴가 일수만큼의 미사용수당을 지급해야 한다.
예외	• 퇴직으로 인해 연차를 사용하지 못하고 퇴직하는 경우는 퇴직 당시 발생한 연차 중, 사용하지 못한 연차에 대한 수당은 지급해야 한다. • 연차휴가사용촉진을 한 경우 연차수당을 지급하지 않을 수 있다. 다만, 퇴직으로 인해 사용하지 못한 연차에 대해서는 연차휴가사용촉진을 해도 연차수당을 지급해야 한다. • 2022년 1월 1일부터 5인 이상 사업장은 빨간 날 쉬는 경우 연차휴가에서 차감할 수 없다. • 딱 1년이 되는 시점에 계속해서 근로가 예정되어 있는 경우 15일의 연단위 연차가 발생하고, 근로관계의 종료로 계속근로가 예정되지 않은 경우 15일의 연 단위 연차휴가는 발생하지 않는다는 것이 대법원의 해석(고용노동부 행정해석 동일)이다. 따라서 계약직의 경우 딱 1년 365일이 되는 시점에 근로관계가 종료되고, 다음 날 근로가 예정되어 있지 않으므로 15일의 연 단위 연차휴가는 발생하지 않는다. 결론은 365일 근무한 경우 11일, 366일 근무의 경우 26일이 발생한다는 것이다.
계산기준	연차유급휴가 미사용수당은 취업규칙에 달리 정함이 없는 한, 발생한 달의 통상임금을 기초로 하여 산정한다. 그리고 중소기업의 경우 연차수당 청구권이 발생한 달에 연차수당을 지급하지 않고 퇴사 시점에 전체 근무기간의 연차휴가를 계산해 수당을 정산하는 경우도 많다. 이 경우 수당 지급의 기준이 되는 통상임금은 퇴사 시점의 통상임금이 아니라 각 연차수당 청구권이 발생한 해당연도의 해당 월의 통상임금을 기준으로 계산한다.

구 분	내 용
	연차수당도 임금채권으로 발생일부터 3년간 지급하지 않으면 소멸한다.
	예를 들어 회계연도 기준으로 2021년 12월 31일, 2022년 12월 31일, 2023년 12월 31일까지 미사용 연차가 있어 2024년 퇴사로 인해 연차수당을 정산하는 경우 2021년 12월 31일, 2022년 12월 31일, 2023년 12월 31일 각 연도의 남은 연차를 각 연도의 12월 31일 통상임금을 기준으로 계산해야 한다. 즉 모든 남은 연차 일수를 퇴사 시점의 통상임금을 적용해서 계산하는 것이 아니다.
지급일	• 특별한 정함이 없는 한 연차휴가를 실시할 수 있는 1년의 기간이 만료된 후 최초의 임금 정기지급일에 지급해야 한다. • 퇴직자는 미사용 연차휴가에 대해서 미사용수당을 퇴직일로부터 14일 이내에 지급해야 한다.
연차수당의 과세 문제	연차수당은 비과세가 아니다. 따라서 지급하는 달의 급여 또는 퇴사 시 퇴직하는 달의 급여에 가산해 원천징수 또는 중도 퇴사자 연말정산을 해야 한다. 특히 퇴사 시 연차수당을 지급하면서 원천징수를 안 해 업무상 어려움을 겪는 실무자가 많으므로 꼭 포함해서 연말정산을 해야 한다.

연차휴가 일수의 계산 공식

연차휴가일 수 = 1년 차 15일 + (근속연수 - 1년) ÷ 2로 계산 후 나머지를 버리면 된다.

예를 들어 입사일로부터 10년이 경과한 경우

연차휴가일 수 = 1년 차 15일 + (10년 - 1년) ÷ 2 = 15일 + 4.5일 = 19일

월차 개념의 연차휴가 자동 계산 방법

월차 개념의 연차휴가 = 근무 개월 수 - 1일

예를 들어 1월 2일 입사자의 경우 12개월 연차 = 12개월 - 1일 = 11일

1 입사일 기준

월차 개념의 연차휴가(입사일로부터 1년까지) = 입사일로부터 1달 개근시 마다

예를 들어 1월 2일 입사자의 경우 12개월 개근시 연차 = 12개월 - 1일 = 11일

연차 개념의 연차휴가일 수 = 1년 차 15일 + (근속연수 - 1년) ÷ 2로 계산 후 나머지를 버리면 된다.

근속연수는 입사일과 같은 날까지 근무해야 1년이 된다.

예를 들어 2023년 7월 1일 입사자는 2024년 7월 1일(단, 2023년 7월 1일~2024년 6월 30일까지 근무는 0년)까지 근무해야 1년이 된다.

그리고 2025년 7월 1일(단, 2024년 7월 1일~2025년 6월 30일까지 근무는 1년)까지 근무해야 2년이 된다.

입사일 로부터	매년 발생하는 연차휴가 일수 계산	누적 연차휴가 일수(연차 퇴직 정산)
1년	15일 + (1년 - 1년) ÷ 2 = 15일	11일 + 15일 = 26일
2년	15일 + (2년 - 1년) ÷ 2 = 15일(나머지 버림)	26일 + 15일 = 41일
3년	15일 + (3년 - 1년) ÷ 2 = 16일	41일 + 16일 = 57일
4년	15일 + (4년 - 1년) ÷ 2 = 16일(나머지 버림)	57일 + 16일 = 73일
5년	15일 + (5년 - 1년) ÷ 2 = 17일	73일 + 17일 = 90일
6년	15일 + (6년 - 1년) ÷ 2 = 17일(나머지 버림)	90일 + 17일 = 107일
7년	15일 + (7년 - 1년) ÷ 2 = 18일	107일 + 18일 = 125일
8년	15일 + (8년 - 1년) ÷ 2 = 18일(나머지 버림)	125일 + 18일 = 143일
매년 발생하는 연차휴가 한도 25일		

② 회계연도 기준

☑ 입사연도(2023년)

입사일부터 12월 31일까지의 연차휴가 일수 = 1 + 2

1. 월차 개념의 연차휴가(입사일로부터 1년까지) = 입사일로부터 12월 31일까지 1달 개근 시마다 발생하는 연차일수

2. 비례연차휴가 = 15일 × 입사일부터 12월 31일까지의 근무일수 ÷ 365

예를 들어 2023년 7월 1일 입사자의 경우 = 5일 + 7.5일 = 12.5일

1. 5일(8, 9, 10, 11, 12월 1일)

2. 15일 × 입사일부터 12월 31일까지의 근무일수 ÷ 365

= 15일 × 184 ÷ 365 = 7.5일

☑ 입사 다음연도(2024년)

입사 다음연도 연차휴가 일수 = 1 + 2

1. 월차 개념의 연차휴가(입사일이 속하는 연도의 다음 연도) = 11일 - 입사일로부터 12월 31일까지 1달 개근 시마다 발생하는 연차일수

2. 연차 개념의 연차휴가일 수 = 1년 차 15일 + (근속연수 - 1년) ÷ 2로 계산 후 나머지를 버리면 된다. 즉 회계연도 기준에서는 입사연도의 다음연도를 1년으로 봐 위 공식을 적용한다. 따라서 근속연수는 1년

회계연도 기준 근속연수는 1월 1일부터 12월 31일까지 근무하고, 1월 1일까지 고용관계가 유지되어야 한다.

예를 들어 2023년 1월 1일~12월 31일(단, 2023년 7월 1일~2024년 6월 30일까지 근무는 0년)까지 근무하고 2024년 1월 1일에도 고용관계가 유지되어야 한다.

따라서 퇴직일이 1월 1일(마지막 근무일이 전년도 12월 31일)~12월 31일인 퇴직자는 1년이 아닌 0년이 된다.

예를 들어 2024년 1월 1일부터 = 6일 + 15일 = 21일

1. 11일 - 5일(8, 9, 10, 11, 12월 1일) = 6일

2. 1년 차 15일 + (근속연수 - 1년) ÷ 2 = 15일 + (1년 - 1년) ÷ 2 = 15일

입사 연도의 다음 연도를 1년으로 봐 위 공식을 적용한다.

연차 개념의 연차휴가일 수 = 1년 차 15일 + (근속연수 - 1년) ÷ 2로 계산 후 나머지를 버리면 된다.

회계연도 기준에서는 입사연도의 다음연도를 1년으로 봐 위 공식을 적용한다. 따라서 근속연수는 2년

입사일 로부터	매년 발생하는 연차휴가 일수 계산	누적 연차휴가 일수(연차 퇴직 정산)	
1년	입사일로부터 12월 31일까지 1달 개근 시마다 발생하는 연차일수 + 비례연차휴가(15일 × 입사일부터 12월 31일까지의 연차휴가 ÷ 365)	11일(총 월 단위 연차)	비례연차
2년	11일 - 입사일로부터 12월 31일까지 1달 개근 시마다 발생하는 연차일수 + 15일 + (1년 - 1년) ÷ 2 = 15일(나머지 버림)		15일
3년	15일 + (2년 - 1년) ÷ 2 = 15일(나머지 버림)	비례연차 + 11일 + 15일 + 15일 = 비례연차 + 41일	
4년	15일 + (3년 - 1년) ÷ 2 = 16일	비례연차 + 41일 + 16일 = 비례연차 + 57일	
5년	15일 + (4년 - 1년) ÷ 2 = 16일(나머지 버림)	비례연차 + 57일 + 16일 = 비례연차 + 73일	
6년	15일 + (5년 - 1년) ÷ 2 = 17일	비례연차 + 73일 + 17일 = 비례연차 + 90일	
7년	15일 + (6년 - 1년) ÷ 2 = 17일(나머지 버림)	비례연차 + 90일 + 17일 = 비례연차 + 107일	
8년	15일 + (7년 - 1년) ÷ 2 = 18일	비례연차 + 107일 + 18일 = 비례연차 + 125일	
매년 발생하는 연차휴가 한도 25일			

입사기준에서 회계연도 기준으로 변경하는 경우 연차휴가

기 존 입사일을 기준으로 연차휴가를 부여하다가 2024년도부터 회계 연도(1월 1일~12월 31일)를 기준으로 연차휴가를 부여하려고 하는 경우 근로자의 입사일을 기준으로 연차휴가를 부여하는 것보다 불리하지 않 도록 해야 하는 것이 기준이 된다(원칙은 입사일 기준이므로 예외인 회계일 기준이 원칙을 깨면 안 되는 것이기 때문에).

예를 들어 9월 20일 입사자로 2024년 9월 20일에 4년 차가 되는 경우 2024년 9월 20일에 발생하는 4년 차 연차휴가 16일을 부여하고 2024년 9월 20일~12월 31일 사이 기간에 대해 출근율 80% 이상인지? 여부를 따져 2025년 1월 1일에 연차휴가를 부여하되 103일에 대해 비례하여 연차휴가를 부여하면 될 것이다.

따라서 2024년 9월 20일~12월 31일 사이 103일 ÷ 365일 × 17일 = 4.79일(약 5일 2024년 1월 1일부여)을 부여하면 된다.

소수점 이하는 올림 해서 연차휴가 5일을 부여하던가, 약 0.8일만큼 시급으로 산정해 연차수당으로 지급하면 된다. 임의로 버리면 근로자에게 불리하므로 안 된다.

2024년 9월 20일에 부여하는 연차휴가 16일은 2023년 9월 20일~2024년 9월 19일 사이 4년 차 연차휴가 산정기간의 출근율에 따라 발생한 것인 만큼 별개로 16일을 온전히 부여해야 한다.

그리고 2024년 9월 20일~12월 31일 사이 기간에 대해 연차휴가를 추가로 비례하여 부여하는 것이다.

결과적으로 2024년 12월 31일 현재 9월 20일 발생한 16일의 연차휴가와 2025년 회계연도 적용을 위해 발생시킨 휴가 약 5일을 합쳐 21일의 휴가가 생기며, 이를 2025년 1월 1일~12월 31일까지 사용할 수 있다.

그리고 2025년 1월 1일부터는 회계연도 기준을 적용해 5년 차 17일부터 연차휴가를 부여하면 된다. 즉, 2025년 1월 1일~12월 31일까지 소정근로일수의 80% 이상 출근 시 2026년 1월 1일에 17일의 연차휴가가 발생한다.

연차유급휴가의 사용 촉진

근 로기준법은 연차유급휴가를 회계연도 단위로 운영하는 기업의 경우 미사용한 잔여휴가일수 및 휴가 시기 지정을 서면으로 근로자에게 통보하고, 근로자로부터 연차휴가 사용계획서를 통보받아 연차휴가의 사용을 촉진함으로써 회사는 미사용 연차휴가 일수에 대한 보상의무가 면제된다.

회사가 서면으로 휴가 시기 지정을 하지 않으면 회사는 연차휴가 미사용수당을 근로자에게 지급해야 한다. 즉, 연차휴가사용촉진은 서면으로 하는 것이 원칙이다. 다만, 예외적으로 기존의 종이로 된 문서 외에 전자문서로서 연차유급휴가사용촉진이 가능하기 위해서는 회사가 전자결제 체계를 완비하여 전자문서로 모든 업무의 기안, 결재, 시행과정이 이루어져 근로자 개인별로 명확하게 촉구 또는 통보되는 때에만 서면촉구 또는 통보가 인정될 수 있다.

1 연 단위 연차유급휴가 사용 촉진

↗ 연차휴가 사용 시기 지정 요구(7월 10일)

사용자는 7월 10일 근로자별로 아직 사용하지 않은 연차휴가 일수를 통지하고, 7월 20일까지 근로자가 미사용한 연차휴가의 사용 시기를 정하여 사용자에게 통보하도록 서면으로 촉구해야 한다.

미사용 연차휴가 일수를 통지할 때는 미사용한 연차휴가 일수, 근로자의 사용 시기 지정 방법 및 이후의 촉진제도 절차 등을 안내하는 것이 좋다.

사용자가 연차휴가 사용을 촉구할 수 있는 연차휴가는 출근율이 80% 이상일 경우 발생하는 15일의 휴가와 근속연수에 따른 가산휴가이며, 출근율이 80% 미만이거나 근속연수가 1년 미만의 경우 발생하는 휴가는 2020년 3월 31일 이후 발생분부터 촉진 대상이다.

따라서 2020년 3월 31일 이전 발생분에 대해서는 연차휴가사용촉진의 대상이 되지 않는다.

↗ 근로자의 연차휴가 사용 시기 지정 및 사용(7월 20일)

근로자는 7월 20일 미사용한 연차휴가의 전부 또는 일부의 연차휴가 사용 시기를 지정하여 사용자에게 이를 통보해야 한다. 사용자에게 사용 시기를 통보한 경우 근로자는 통보한 시기에 실제로 연차휴가를 사용해야 하지만 사용자의 동의가 있다면 사용 시기를 변경할 수 있다. 근로자가 사용 시기를 통보할 때는 구체적으로 사용 시기를 특정하여 사용자에게 통보해야 한다.

근로자가 연차휴가 사용 시기를 지정하면 촉진 제도의 절차는 마무리되는데, 그렇지 않다면 사용자가 사용 시기를 지정하는 다음 절차를 진행해야 한다.

↗ (근로자가 미지정 시) 사용자의 연차휴가 사용 시기 지정
(7월 21일~10월 31일)

근로자가 7월 20일까지 연차휴가 사용 시기를 지정하지 않는 경우, 사용자는 7월 21일부터 10월 31일 사이에 연차휴가의 전부 또는 일부에 대한 사용 시기를 지정하여 근로자에게 서면으로 통지해야 한다.

사용자가 연차휴가 사용 시기를 지정할 때는 연차휴가 사용 시기를 특정하여 통보해야 하며, 시기 변경이 불가하다는 점과 사용하지 않은 연차휴가에 대한 미사용 연차휴가 수당이 지급되지 않는다는 점을 분명히 하는 것이 좋다.

7월 1일~7월 10일	7월 10일~7월 20일	7월 21일~10월 31일
사용 시기 지정 요구	사용 시기 지정	휴가 사용 시기 통보
(회사)	(근로자)	(회사)

② 입사 1년 미만 월 단위 연차유급휴가 사용 촉진

(회계연도 기준)

구분		〈1차 사용 촉진〉 (사용자→ 근로자)	(근로자→사용자) 사용 시기 지정·통보	〈2차 사용 촉진〉 (사용자→ 근로자)
1년 미만 근무자	연차휴가 9일에 대해서	10월 1일~10월 10일 (3개월 전, 10일간)	10일 이내	11월 31일까지 (1개월 전)
	연차휴가 2일에 대해서	12월 1일~12월 5일 (1개월 전, 5일간)	10일 이내	12월 21일까지 (10일 전)
1차 사용 촉진		미사용 연차 일수 고지 및 사용 시기 지정·통보 요구		
2차 사용 촉진		근로자의 사용 시기 미통보 시 사용자가 사용시기 지정·통보		

3 모든 근로자를 대상으로 해야 하나?

연차휴가 사용 촉진 제도를 회사 내 모든 근로자를 대상으로 실시해야 하는 것은 아니며, 직무 및 근무형태 등에 따라 일부 근로자만을 대상으로 이를 실시할 수 있다.

예를 들어 요양보호사와 같은 교대 근무자에게 촉진 제도를 실시할 경우 업무수행에 차질이 발생할 수 있다면 요양보호사를 제외한 나머지 근로자들을 대상으로 연차휴가 사용 촉진 제도를 실시할 수 있다.

4 연차유급휴가 사용 촉진 방법

↗ 연차유급휴가 사용 촉진 통보를 사내 이메일(문자 발송)로 통보

단순히 회사 내 이메일(문자 발송 포함)을 활용하여 통보하거나 근로자별 미사용 휴가 일수를 게재한 공문을 사내 게시판에 게재하는 것은 그러한 방법이 근로자 개인별로 서면 촉구 또는 통보하는 것에 비하여 명확하다고 볼 수 없는 한 인정하기 어렵다(2004.07.27., 근로기준과 -3836).

↗ 사내 전자결제시스템을 통한 연차유급휴가 사용 촉진

회사 내 전자결제시스템을 운영하는 회사의 경우 서면 통지를 하지 않고 회사의 전자결제 시스템상의 결제 절차를 거쳐 통보하는 방법을 사용한 경우, 고용노동부 행정해석(근로기준과-1983, 2010.11.16.)은 "기존의 종이 외에 전자문서로서 연차유급휴가 사용 촉진이 가능하기 위해서는 회사가 전자결재 체계를 완비하여 전자문서로 모든 업무의 기안, 결재, 시행과정이 이루어져 근로자 개인별로 명확하게 촉구 또는 통보되는 때에만 서면 촉구 또는 통보로 인정될 수 있음." 이라는 입장을 취하고 있다. 따라서 회사 내 전자결재 시스템상 결재를 최종적으로 승인받은 촉구 통지서를 해당 근로자들에게 전자결제시스템으로 통지하는 것은 가능하다.

구 분		연차유급휴가 사용 촉진
원칙		서면 통보
예외	이메일, 문자 통보	단순히 이메일 등을 통해 통보 시 인정이 어렵다.
	전자문서	모든 업무의 기안, 결재, 시행과정이 이루어져 근로자 개인별로 명확하게 촉구 또는 통보되는 경우에만 서면 촉구 또는 통보가 인정된다.

↗ 연차휴가 사용 일에 근로자가 출근한 경우 유효한 연차휴가사용촉진 방법

고용노동부 행정해석은 "사용자는 노무 수령거부 의사를 명확히 표시해야 하며, 명확한 노무 수령거부 의사에도 불구하고 근로를 제공한 경우는 연차유급휴가 미사용수당을 지급할 의무가 없다고 사료됨" 이라는 입장을 취하고 있다.

따라서 사용자가 노무 수령거부 의사를 명확히 표시하지 않았거나, 근로자에 대해서 업무지시 등을 하여 근로자가 근로를 제공한 경우는 휴가일 근로를 승낙한 것으로 보아 연차휴가 수당을 지급해야 하므로, 아래의 고용노동부의 행정해석(근로기준과-351, 2010.03.22)의 입장에 따라 명확한 조치를 해당 근로자에게 취해야 실무상 완전한 연차유급휴가 사용 촉진을 했다고 보므로, 최후까지 마무리를 확실하게 해야 한다.

고용노동부의 행정해석(근로기준과-351, 2010.03.22)에서 보고 있는 최종 조치라는 것은

① 연차휴가일에 해당 근로자의 책상 위에 '노무 수령거부 의사 통지서'를 올려놓거나,

② 컴퓨터를 켜면 '노무 수령거부 의사 통지' 화면이 나타나도록 하여 해당 근로자가 사용자의 노무 수령거부 의사를 인지할 수 있는 정도라면 달리 볼 사정이 없는 한 노무

수령거부 의사를 표시한 것으로 볼 수 있다고 사료됨."라는 입장을 취하고 있다. 그러므로 회사에서는 연차휴가 사용 일에 근로자가 출근하여 근로를 제공하고 있는 경우에는 최소한 다음의 조처를 해 두는 것이 좋다.

가. 연차휴가일에 근로자의 책상에 노무 수령거부 의사 통지서를 올려놓음

나. 노무 수령 거부통지서를 근로자에게 발급하고 수령증을 작성하도록 함

다. 컴퓨터를 켜면 노무 수령 거부통지서가 나타나도록 함

고용노동부의 행정해석(근로기준과 : 351, 2010.03.22)에서 보고 있는 최종 조치라는 것은

① 연차휴가일에 해당 근로자의 책상 위에 '노무수령거부의사통지서'를 올려놓거나,

② 컴퓨터를 켜면 '노무수령거부의사통지' 화면이 나타나도록 하여 해당 근로자가 사용자의 노무수령거부의사를 인지할 수 있는 정도라면 달리 볼 사정이 없는 한 노무 수령거부의사를 표시한 것으로 볼 수 있다고 사료됨"라는 입장을 취하고 있다. 그러므로 회사에서는 연차휴가 사용 일에 근로자가 출근하여 근로를 제공하고 있는 경우에는 최소한 다음의 조처를 해두는 것이 좋다.

가. 연차휴가일에 근로자의 책상에 노무수령거부의사통지서를 올려놓음

나. 노무수령거부통지서를 근로자에게 발급하고 수령증을 작성하도록 함

다. 컴퓨터를 켜면 노무수령거부통지서가 나타나도록 함

5 중도 퇴사자의 경우 미사용 연차휴가 수당

연차휴가사용촉진 제도를 실시해도 연차휴가를 사용하지 못하고 퇴사하는 근로자들에게는 미사용 연차휴가 수당을 지급해야 하며, 근로자가 사용 시기를 지정하지 않아 사용자가 사용 시기를 지정한 경우에도 연차휴가 사용 전에 퇴사하였다면 미사용 연차휴가 수당을 지급해야 한다.

 연차유급휴가의 사용 촉진과 관련해서 유의할 사항

- 연차유급휴가의 사용 촉진은 반드시 서면으로 해야 하며, 1년 미만 재직한 직원 또는 1년간 80% 미만 출근한 근로자는 적용된다.
- 근로기준법에서 명시된 기간을 반드시 준수해야 하며, 기간 위반 시에는 사용 촉진으로 인정되지 않으므로 미사용 연차휴가에 대한 수당을 지급해야 한다.
- 연차유급휴가의 사용 촉진 제도가 근로자와 사용자 사이의 단체협약에 규정되어 있지 않아도 연차유급휴가의 사용 촉진 제도를 시행할 수 있다(창원지법 2010가단 22081, 2011.05.17).
- 사용자가 연차유급휴가의 사용 촉진 절차를 준수하지 않았다면 미사용 휴가에 대한 보상을 해야 한다(근로조건지도과-44, 2009.01.05).

보상휴가제, 휴일대체, 대휴 제도

1 보상휴가제

사용자는 근로자대표와의 서면합의에 따라 연장근로, 야간근로 및 휴일근로에 대해서 임금을 갈음해서 휴가를 줄 수 있다(근로기준법 제57조).

이 조항이 신설된 것은 근로자와 사용자로 하여금 임금과 휴가에 대한 선택의 폭을 넓혀주고 실제 근로시간 단축에 기여하기 위함이다.

보상휴가제를 도입하기 위해서는 근로자대표와의 서면합의가 있어야 한다. 근로자대표는 근로자 과반수로 조직된 노동조합이 있으면 그 노동조합, 근로자 과반수로 조직된 노동조합이 없으면 근로자의 과반수를 대표하는 자를 의미한다.

서면합의는 노사당사자가 서명한 문서의 형태로 해야 한다.

관련 법 규정에는 노사가 서면합의로 보상휴가제를 도입할 수 있는 근거만 있으므로 세부적인 사항은 노사가 자율적으로 서면합의에 반영할 수 있다.

먼저, 부여방식과 관련해서 근로자의 청구에 의할 것인지 아니면 사용자가 일방적으로 지정할 것인지, 전 근로자에게 일률적으로 적용할 것인지 아니면 희망하는 근로자에 한해서 적용할 것인지가 합의 대상이다.

둘째로, 휴가 청구권과 임금청구권을 선택적으로 인정할 것인지, 임금청구권을 배제하고 휴가 청구권만 인정할 것인지 등도 합의 대상이다.

셋째로, 어느 정도 기간 동안 연장, 야간, 휴일 근로시간을 적치 해서 언제까지 휴가로 사용할 수 있는지 등도 합의 대상이다.

예를 들어, 노사가 서면합의에 의해 전 근로자에게 일률적으로 적용하고 휴가 사용권만 인정하기로 할 수도 있다. 이 경우 개별근로자가 합의 내용에 반해서 가산임금의 지급을 청구하더라도 사용자는 이에 응할 의무가 없으며, 근로기준법 제56조(연장·야간 및 휴일 근로) 위반의 문제도 발생하지 않는다.

↗ 보상 휴가 부여 대상 및 기준

보상휴가제의 대상은 연장·야간 및 휴일근로시간과 그 가산임금에 해당하는 시간이 된다(가산율을 적용한 근로시간 수). 즉, 연장, 야간, 휴일근로에 대한 임금과 이에 갈음해서 부여하는 휴가는 서로 같은 가치가 있어야 할 것이다. 예를 들어, 휴일근로를 2시간 한 경우 가산임금을 포함하면 총 3시간분의 임금이 지급되어야 하므로 3시간의 휴가가 발생한다. 따라서 50% 미만의 가산으로 환산된 보상 휴가를 부여하는 합의는 근로기준법에 어긋나므로 위법, 부당하다.

연장, 휴일, 야간근로가 중복된 경우는 각각의 가산임금을 포함해서 산정된 임금에 해당하는 휴가가 발생한다.

보상휴가제의 적용 대상을 연장, 휴일, 야간근로 등에 대한 가산임금을 포함한 전체 임금으로 할지, 가산임금 부분으로 제한할지는 노사가 서면합의로 정한다. 다만, 교대제 운영을 위해 소정근로시간 중에 발생한 야간근로를 포괄임금제로 처리하는 경우는 보상휴가제를 적용하는 것이 적절하지 않다.

참고로 근로자의 날은 「근로자의 날 제정에 관한 법률」에 의해 특정한 날을 기념하기 위해 유급휴일로 정하고 있으므로 다른 날로 대체할 수 없다(근기-829, 2004.2.19.). 휴일 대체의 효력 자체가 인정되지 않으므로 근로자의 날의 근로는 여전히 근로기준법상 휴일근로가 되어 휴일근로 가산임금을 지급해야 한다. 다만, 근로기준법에서 휴일근로에 대하여 보상휴가제를 실시할 수 있다고 규정하고 있고, 근로자의 날을 특별히 제외하고 있지 않으므로, 근로자의 날의 근로에 대하여 임금을 지급하는 것을 갈음하여 보상 휴가를 부여할 수 있다. 예를 들어, 근로자가 근로자의 날에 8시간 근무한 경우, 8시간의 150%에 해당하는 12시간분의 임금을 추가로 지급하거나, 이에 갈음하여 12시간분의 보상 휴가를 부여할 수 있다(임금근로시간정책팀-2363, 2007.07.13.).

↗ 휴가 부여 방법

보상 휴가는 소정근로시간 중에 부여되어야 한다. 소정근로시간이 아닌 시간에 부여되면 가산 부분에 대해 다시 가산이 붙어 복리계산 방법에 따라 보상휴가가 발생할 수 있기 때문이다.

보상 휴가를 시간 단위로 부여할지 이를 적치해서 일 단위로 부여할 지 여부는 노사가 서면합의로 정할 수 있다. 부여되는 휴가는 유급으로 처리되어야 한다.

↗ 휴가 미사용과 임금 지급

보상휴가제는 임금 지급에 갈음해서 휴가를 부여하는 제도이다. 따라서 근로자가 휴가를 사용하지 않으면 해당 임금이 지급되어야 한다. 보상휴가에 대해서는 연차유급휴가와 달리 사용자가 휴가 사용 촉진 조치를 통해 임금 지급 의무를 면제받을 수 없다.

임금청구권은 휴가를 사용할 수 없도록 확정된 날의 다음 날부터 행사할 수 있다.

따라서 휴가를 사용할 수 없도록 확정된 날의 다음 날부터 최초로 도래하는 임금 정기지급일에 해당 임금을 지급하지 않으면 근로기준법 위반이 된다.

휴가를 사용할 수 없도록 확정된 날은 노사가 서면합의로 정한다. 휴가를 전부 사용하지 못하고 퇴직한 경우는 14일 이내에 잔여 휴가 분에 대한 임금을 청산해야 한다.

 보상휴가제도와 관련해서 유의할 사항

- 보상휴가제도를 실시할 때는 반드시 근로자대표와의 서면합의로 실시해야 하며, 서면합의는 당사자의 서명 또는 날인된 문서의 형태로 작성되어야 한다.
- 보상휴가는 소정근로일에 부여하되, 휴가를 "시간 단위"로 부여할지 이를 적치 해서 "일" 단위로 부여할지는 서면합의로 정할 수 있다.

  서면합의에 포함되어야 할 사항은

  ① 근로자의 청구에 의할 것인지, 사용자가 일방적으로 지정할 것인지, 전 근로자에게 일률적으로 적용할 것인지, 희망하는 근로자에 한해서 적용할 것인지 등

  ② 휴가청구권과 임금청구권의 선택권을 인정할 것인지, 임금청구권을 배제하고 휴가청구권 만 인정할 것인지 등

  ③ 어느 정도의 기간 동안 연장, 야간, 휴일근로시간을 적치해서 언제까지 휴가로 사용할 수 있는지 등

② 휴일 대체

휴일 대체는 당사자 간의 합의에 의해 미리 휴일로 정해진 날을 다른 근무일과 교체하여, 휴일은 근무일로 하고 근무일을 휴일로 대체하는 것을 말한다.

예를 들어, 갑자기 발생된 일로 인해 휴일 (주휴일)에 근무를 하게 될 수 있다. 이때 특정 주휴일을 근로일로 변경하고, 그 전후에 근로일을 휴일로 대체하는 방식이 휴일대체이다. 즉 일요일에 일하고 월요일에 일요일을 대신해 쉬는 경우를 말한다.

구 분	내 용
요건	단체협약이나 취업규칙에 휴일대체에 대한 근거가 마련되어야 하며, 대체사유 및 방법 등에 관한 내용이 명시되어야 한다. 만약 단체협약 및 취업규칙을 통해 사전에 휴일대체에 대해 명시되어 있지 않다면, 근로자의 사전동의를 얻어 실시할 수 있다. 즉, 단체협약 등의 규정이나 근로자의 동의 중, 선택적으로 한 가지만 충족하면 휴일대체 근로제도가 가능하다고 보고 있다.
부여기준	휴일 대체는 주휴일에 근무하고 전후 근로일을 휴일로 대체하는 것이므로 주휴일에 근무했다고 해도 휴일근로로 인정하지 않으므로 가산임금을 포함한 1.5배의 휴일근로수당을 지급하는 것이 아니라 1배의 임금을 지급한다.
미사용 후 퇴직	미사용 퇴사 시 금전으로 지급해야 한다.

③ 대휴제도

휴일대체와 비슷하지만, 대휴제도는 휴일에 근무하고 다른 근로일을 휴일로 대체하는 것(휴일대체)에 대해 사전에 합의 혹은 지정하지 않은 상황에서 휴일에 근무하고 나중에 다른 근로일을 휴일로 부여하는 것을 말한다.

대휴제도는 근로기준법상 해당 제도에 대한 근거가 명시되어 있지 않지만, 관련 판례 및 행정해석을 근거로 하여 인정하고 있는 제도이다.

대휴 시 50% 추가지급 의무 발생(서울중앙지법 2004가단273036, 2005.12.28)

단체협약상 공휴일에 근로한 것에 휴일근로수당으로서 통상임금의 150% 지급할 의무가 있지만, 공휴일에 대신하여 대휴로서 통상의 근로일에 휴무하였으므로 통상임금의 100%에 해당하는 금원을 공제한 50%를 지급할 의무가 있다.

구 분	내 용
요건	사전에 협의가 끝나지 않은 상황에서 발생한 휴일근로에 대해 다른 근로일을 휴일로 부여한다.
부여기준	대휴의 경우 휴일에 발생한 근로에 대해 다른 근로일을 휴일로 대체하고, 이는 휴일근로로 인정되기 때문에 가산임금을 포함한 1.5배의 임금을 지급한다(1배는 이미 월급에 포함 0.5배 추가지급).
미사용 후 퇴직	미사용 퇴사 시 금전으로 지급해야 한다.

대체공휴일

대체공휴일이란 특정 공휴일이 다른 공휴일 등과 겹칠 경우 그다음 평일을 휴일로 보장하는 제도를 말한다.

설날, 추석 연휴가 다른 공휴일과 겹치는 경우

어린이날이 토·일요일 또는 다른 공휴일과 겹치는 경우

국경일 중 3·1절, 광복절, 개천절, 한글날, 부처님오신날, 석가탄신일이 토요일 또는 다른 공휴일과 겹치는 경우 그날 다음의 첫 번째 평일을 공휴일로 한다.

월급제 근로자는 월 급여에 이미 대체공휴일에 대한 급여가 포함되어 있기에 근로를 하지 않는 경우 추가로 지급되는 수당은 없다. 근로를 제공한 경우, 이는 휴일근로에 해당하여 통상임금에 50%가 가산된 금액을 휴일수당으로 지급해야 한다. 반면, 일급제나 시급제 근로자의 경우 근로를 제공한 일수나 시간만큼 급여를 지급받는다. 따라서 대체공휴일에 대한 급여는 지급받지 못한 상태이고, 대체공휴일은 유급으로 처리해야 하므로 근로를 하지 않아도 1일분의 급여를 지급해야 한다.

1 대체공휴일 날 쉬는 경우

대체공휴일은 유급휴일로 대체공휴일에 쉬어도 급여는 유급처리 된다.

구분	급여 처리
월급제 근로자	쉬어도 월급에서 1일분 급여를 차감하지 않는다. 월급제 근로자는 월급에 해당일 급여가 이미 포함된 것으로 봐 1일분 급여를 추가로 지급하지 않는다.
시급제 근로자	대체공휴일 날 쉬어도 1일분의 급여를 지급해야 한다.
미사용 후 퇴직	미사용 퇴사 시 금전으로 지급해야 한다.

2 대체공휴일 날 일한 경우

대체공휴일은 유급휴일이므로 대체공휴일에 출근해서 일하면 휴일근로수당이 발생한다.

구분	급여 처리
월급제 근로자	1. 8시간까지 근로시간에 대한 임금 100% + 휴일근로 가산임금 50% = 150% 2. 8시간 초과 근로시간에 대한 임금 100% + 휴일근로 가산임금 50% + 휴일연장 가산임금 50%(근로시간 - 8시간의 50%) = 200%
시급제 근로자	1. 8시간까지 쉬어도 받을 수 있는 임금 100% + 근로시간에 대한 임금 100% + 휴일근로 가산임금 50% = 250%

구분	급여 처리
	2. 8시간 초과 쉬어도 받을 수 있는 임금 100% + 근로시간에 대한 임금 100% + 휴일근로 가산임금 50% + 휴일연장가산임금 50%(근로시간 - 8시간의 50%) = 300%

③ 대체공휴일 날 쉰 후 토요일 근무시

대체공휴일 날 쉰 후 토요일 근무를 한 때는 일 8시간 또는 주 40시간 이내인 경우 연장근로수당이 발생하지 않지만, 일 8시간을 초과하거나 주 40시간을 초과하는 경우는 연장근로수당을 지급해야 한다.

휴직과 복직

1 휴직의 개념

휴직이란 근로제공이 불가능하거나 부적당한 경우에 근로계약 관계를 유지
하면서 일정기간 근로 제공을 면제하거나 금지하는 것을 말한다.

휴직은 단체협약이나 취업규칙의 정함에 근거해서 사용자의 일방적 의사표
시로 행해지는 경우도 있고, 근로자와의 합의, 신청에 의한 승인 등에 의해
서 행해지는 경우도 있다.

휴직제도에는 그 목적이나 내용에 따라 상병휴직, 가사휴직, 기소휴직, 고용
조정 휴직 등이 있다.

2 사용자의 휴직 처분의 유효성

사용자의 휴직처분의 유효성은 취업규칙이나 단체협약상의 휴직 근거 규정
의 합리적인 해석을 통해서 판단해야 한다.

사용자는 취업규칙이나 단체협약 등의 휴직 근거 규정에 정해진 사유가 있는 경우에 한해서 휴직 처분을 할 수 있고, 정해진 사유가 있는 경우에도 당해 휴직 규정의 설정 목적과 그 실제 기능, 휴직 명령권 발동의 합리성 여부 및 그로 인해서 근로자가 받게 될 신분상·경제상의 불이익 등 구체적인 사정을 모두 참작해서 근로자가 상당한 기간에 걸쳐 근로의 제공을 할 수 없다거나, 근로 제공을 함이 부적당하다고 인정되는 경우만 당해 처분에 정당한 사유가 된다.

3 질병 휴직

근로자가 업무외 사유로 인한 부상이나 질병을 얻은 경우 사용자는 취업규칙이나 단체협약에 따라 휴직 처분을 할 수 있다. 이 경우 휴직 만료 후 복직할 수 없는 경우를 퇴직 사유로 정했다면 정당한 사유가 필요하다. 즉, 사용자의 일방적인 의사표시에 의해서 단체협약 및 인사 규정에 의하여 종업원과의 근로계약 관계를 종료시키는 경우, 그것이 정당한 것으로 인정되기 위해서는 종국적으로 근로기준법상 정당한 사유가 있어야 할 것이고, 그 정당성의 유무는 종업원의 휴직에 대한 회사의 귀책 사유, 업무상 부상인지 여부, 치료기간, 휴직으로 말미암아 회사에 미치는 영향 등 제반 사정을 종합적으로 고려해서 합리적으로 판단해야 한다.

부상, 질병 등으로 휴직 후 복직한 근로자가 장애가 남아 있어 업무수행 능력이 현저히 떨어지는 경우는 해고의 정당성이 있다.

질병 휴직과 요양 등에 관한 다양한 행정해석과 판례는 다음과 같다.

- 사용자는 근로자가 요양 종결 후 상당한 신체적 장해가 남은 경우 사회통념상 종전의 업무를 계속 수행하는 것을 기대하기 어렵고, 다른 적당한 업

무의 배치전환도 곤란한 경우라면 해고의 정당한 이유가 있는 것으로 볼 수 있다.

- 업무상 재해가 아닌 사유로 장기간 휴직해서 취업규칙에 의거 해고한 것은 정당하고, 업무외 사고로 인한 휴직 기간 만료 후 별다른 조처를 하지 않았고 회사가 복직조건으로 제시한 기준도 충족시키지 못해서 면직한 것은 정당하다.
- 휴직 및 복직 시 필요한 서류를 제출하지 않은데, 대해 복직을 거부한 것은 정당하다고 보았으며, 출근 도중에 입게 된 부상으로 휴직하였으나 휴직기간 만료 후에도 휴직 사유가 해소되지 않았다면 복직원을 제출하지 않았다고 해도 형식적으로 단체협약을 적용해서 해고한 것은 부당하다.
- 회사 측이 단순 만성활동성 간염 보균자라는 이유로 6개월 내 치료 종결 시까지 휴직 명령을 내린 사안에 대해 감염 예방이 가능하다는 이유로 무효로 판결한 사례 등이 있다.

④ 범죄 기소 등으로 인한 휴직

형사사건으로 구속기소 된 경우는 상당 기간 근로 제공이 불가능하므로 휴직 처분의 정당성이 있다. 다만, 근로 제공 여부와 관련해서 명확한 기준이 필요하다. 즉, 범죄행위로 구금된 자가 휴직 처분이 될 경우, 일정 기간 경과나 형의 선고 등이 있을 경우를 당연퇴직 사유로 정한 경우에는 장기 결근과 노무제공의무 불이행이 직장에 미치는 영향과 사건의 성질 등을 종합적으로 고려해야 한다.

5 휴직 시 임금 지급

휴직 시 임금지급은 단체협약, 취업규칙, 근로계약에 따른다. 따라서 사용자의 귀책 사유로 휴업수당을 지불해야 하는 경우가 아니라면 노무 제공이 없는 휴직 기간은 임금을 지급하지 않더라도 법 위반이 아니다. 다만, 사용자 측 귀책 사유로 휴직하는 경우는 평균임금의 70% 이상의 수당을 지급해야 한다.

휴직이 사용자의 고의나 과실 등 민법상 불법행위를 구성하는 등의 경우는 임금 전액을 지급할 책임이 있다.

휴직 기간도 계속근로연수에 산입된다. 다만, 군 복무 휴직은 계속근로기간에는 제외하되, 승진 소요 기간에는 산입한다.

휴직 중에도 기밀누설금지, 명예훼손 금지 등 성실의무는 그대로 적용되므로 징계 규정에 의거 징계처분을 받을 수도 있다.

6 복직

개인 사유에 의한 휴직이든 업무상 재해로 인한 휴직이든 구분 없이 휴직자는 휴직 사유가 소멸하거나, 휴직기 간이 만료되면 회사에 복직을 신청해야 한다.

회사는 휴직자의 복직 시 애초의 원직에 복직시키는 것을 원칙으로 하며, 다만, 불가피한 사유가 있는 때에는 다른 업무나 부서에 인사발령을 할 수 있다.

회사에 복직을 명시적으로 신청하였음에도 회사가 정당한 사유 없이 복직을 거부 또는 지연하는 경우는 이른바 부당정직에 해당한다. 따라서 지금까지 단지 구두상의 복직신청이었다면 서면으로 복직신청을 하고, 복직신청에 따른 회사 측의 요구사항(의료기관의 진단서 등)을 충족했음에도 계속 복직을 거부하는 경우 내용증명으로 재차 복직 의사를 충분히 밝힌다. 이렇게 조치하였음에도 회사가 계속 복직을 거부한다면 관할 지방노동위원회에 부당정직 구제신청을 제기해서 문제를 해결할 수 있다. 반면, 근로자가 원직 복직을 원하지 않으면 원직 복직을 명하는 대신 근로자가 해고 기간 동안 근로를 제공하였더라면 받을 수 있었던 임금 상당액 이상의 금품을 근로자에게 지급하고 근로관계를 종료할 수 있다.

 휴직 및 복직과 관련해서 유의할 사항

- 휴직기간이라고 해도 사용종속관계가 유지되고 있다면 동 기간은 근속연수에 포함되어야 한다(근기 1451-3610, 1984.02.09).
- 휴직기간이 3개월을 초과해서 평균임금 산정기준기간이 없게 되는 경우는 휴직한 첫날을 평균임금 산정 사유발생일로 보아 이전 3개월간을 대상으로 평균임금을 산정해야 한다(임금 68207-132, 2003.02.27).
- 근로 제공이 어려운 업무 외 상병 근로자에 대해서 사용자가 회사의 인사 규정에 따라 휴직발령 한 것은 사용자의 정당한 인사권의 행사이다(중노위 2000부해649, 2001.05.04).
- 회사가 취업규칙의 규정에 따라 근로자가 질병으로 상당기간 가료 또는 휴양이 필요한 때, 해당한다고 보아 휴직을 명하면서 따로 휴직기간을 정해준 바가 없다면 그 휴직기간은 취업규칙 소정의 최장기간이고, 그 휴직기간의 기산은 휴직을 명한 날로부터 계산해야 한다(대판90다8763, 1992.03.31).
- 정직이나 강제휴직 기간은 소정근로일로 보기 어려워 연차휴가일수 산정에 있어 결근으로 처리할 수 없다(근로기준팀-4, 2005.09.09).
- 휴직기간이 근로자 귀책 사유에 해당하는 경우 평균임금 산정 기준기간에 포함해서 평균임금을 산정해야 한다(임금 68207-132, 2003.02.27).

- 휴직 전에 근무했던 직책에 복귀되지 않았다고 하더라도 근로기준법 위반으로 볼 수 없다(근기 68207-3089, 2000.10.26).
- 노동위원회의 원직 복직 명령 또는 법원의 해고무효 확인 판결에 따라 근로자를 복직시키면서 사용주의 경영상 필요와 작업환경의 변화 등을 고려해서 복직근로자에게 그에 합당한 일을 시킨다면 그 일이 비록 종전의 업무와 다소 다르더라도 원직에 복직시킨 것이다(근로기준과-6438, 2004.09.09).

제4장

근로기준법상 임금과 퇴직금

임금과 급여는 다른가?

보통 월급을 급여라고 부르기도 하고 임금이라고 하기도 한다. 별다른 구분 없이도 뜻이 통하기 때문에 실무에서는 거의 같은 의미로 사용한다.

노동법에서는 임금이라는 용어를 쓰고 그 의미는 근로자가 노동의 대가로 사용자에게 받는 보수, 급료, 봉급, 수당 상여금 등으로 현물급여도 포함된다. 반면 급여는 법적인 용어가 아니므로 각종 노동관계법에서는 사용하지 않는다.

결론은 급여와 임금, 그것이 근로 제공의 대가로서 지급되는 것을 의미한다면, 실무적으로는 아무런 차이가 없다고 하겠다.

회계부서에서는 급여는 사무직에 대한 월급을 말하고 임금은 생산직에 대한 월급을 칭하는 것으로 구분하기도 한다.

1 노동법상 임금과 세무상 급여의 차이

↗ 노동법상 임금

앞서 설명한 바와 같이 법률상 노동의 대가로 받는 보수는 임금이라는 용어를 사용한다. 따라서 노동법에서는 실무상 받는 급여를 임금이라는 명칭으로 설명하고 있다. 즉 실무상 월급에 대한 노동법을 적용할 때는 월급 = 임금이 된다.

↗ 세법상 급여

노동법에서는 임금이라는 용어를 사용하지만, 회계나 세법에서는 급여라는 용어를 사용한다. 즉 월급 = 급여가 된다.

따라서 결국 월급 = 임금 = 급여가 된다.

그리고 노무상 임금은 세법에서는 2가지 즉 과세 급여와 비과세급여로 나눈다.

노무상 임금 = 세법상 과세급여 + 세법상 비과세급여가 된다.

결론은 사업주가 근로자에게 노동의 대가로 지급하는 월급에 대해 통상임금, 평균임금, 퇴직금, 수당 등 노동법 규정을 적용할 때는 노동법 규정에 따라 적용하면 되고, 같은 월급에 대해 회계나 세법 규정을 적용할 때는 노동법 규정과 상관없이 세법 규정을 적용하면 된다. 즉 노동법과 세법을 짬뽕해서 적용하지 말고 업무 내용에 따라 같은 월급이라도 노동법과 세법을 각각 적용해야 한다.

예를 들어 월급 100만 원에 식대 20만 원이 포함되어 있는 경우 노동법상 임금은 100만 원이다. 반면, 세법에서는 급여는 100만 원으로 노동법상 임금과 동일하지만, 식대 20만 원은 비과세급여로 정하고 있으므로 세법상 과세대상 급여는 80만 원이 되는 것이다.

2 임금 = 월급은 세전 금액을 말한다.

일반적으로 말하는 임금은 세전급여를 말한다. 즉 회사에서 지급하는 세금을 공제하기 전 월급(=임금, 급여)을 받아 세금을 공제한 후 세후 급여를 근로자에게 실제로 지급한다.

따라서 최저임금, 통상임금, 평균임금 등 근로의 대가로 받는 임금은 세전급여를 의미한다.

3 임금 계산 때는 비과세를 버려라

통상임금, 통상시급, 평균임금, 퇴직금, 상여금, 각종 수당 등 모든 임금을 계산할 때는 비과세에 대해서 100% 고려하지 않는다.

비과세급여는 오직 근로소득세 계산과 4대 보험 계산할 때만 고려한다. 즉 비과세를 전혀 고려하지 않고 임금을 확정한 후 확정된 임금을 기준으로 납부해야 할 근로소득세와 4대 보험을 계산할 때 비과세가 등장하는 것이다.

임금은 근로기준법의 적용을 받는 것이고, 비과세는 세법의 적용을 받는 것이다. 임금 계산할 때 비과세를 반영하는 것은 근로기준법과 세법을 섞어 짬뽕을 만드는 것이라고 생각하면 된다.

근로의 대가로 지급받는 임금

1 법에서 정하고 있는 임금의 정의

↗ 근로기준법상 임금의 정의

임금이란 사용자가 근로의 대가로 근로자에게 임금, 봉급, 그 밖에 어떠한 명칭으로든지 지급하는 일체의 금품을 말한다(근로기준법 제2조 제1항 제5호).

↗ 통상임금과 평균임금

근로기준법은 임금을 통상임금과 평균임금으로 구분해서 각종 수당과 급여를 산정할 때 통상임금과 평균임금을 적용하도록 하고 있다.

통상임금이란 근로자에게 정기적이고 일률적으로 소정근로 또는 총 근로에 대해서 지급하기로 정한 시간급 금액, 일급금액, 주급 금액, 월급 금액 또는 도급 금액을 말하며(근로기준법 시행령 제6조), 평균임금이란 이를 산정해야 할 사유가 발생한 날 이전 3월간에 그 근로자에 대해서 지급된 임금의 총액을 그 기간의 총일수로 나눈 금액을 말한다.

"통상임금과 평균임금의 적용 비교"

통상임금 적용 대상	평균임금 적용 대상
• 평균임금 최저한도(근로기준법 제2조제2항) • 해고예고수당(근로기준법 제26조) • 연장근로수당(근로기준법 제56조) • 야간근로수당(근로기준법 제56조) • 휴일근로수당(근로기준법 제56조) • 연차유급휴가수당(근로기준법 제60조) • 출산휴가급여(고용보험법 제76조) • 그 밖에 유급으로 표시된 보상 또는 수당	• 퇴직급여(근로기준법 제34조) • 휴업수당(근로기준법 제46조) • 재해보상 및 산업재해보상보험급여(근로기준법 제79조, 제80조, 제82조, 제84조 및 산업재해보상보험법 제36조) • 감급제재의 제한(근로기준법 제95조) • 구직급여(고용보험법 제45조)

↗ 최저임금제도

최저임금법은 근로자의 생활안정과 노동력의 질적 향상을 위해 최저임금 제도를 시행해서 사용자가 최저임금액 이상의 임금을 지급하도록 강제하고 있다.

최저임금액(최저임금으로 정한 금액을 말한다.)은 시간·일·주 또는 월을 단위로 해서 정한다. 이 경우 일·주 또는 월을 단위로 해서 최저임금액을 정할 때는 시간급으로도 표시해야 한다(최저임금법 제5조).

또한 최저임금 위반 여부를 판단할 때는 임금을 시급으로 환산해서 판단한다.

② 임금의 지급

↗ 임금 지급

임금은 법령 또는 단체협약에 특별한 규정이 있지 않으면 통화로 직접 근로자에게 그 전액을 지급해야 하며, 임시로 지급하는 임금, 수당 등을 제외하고는 매월 1회 이상 일정한 날짜를 정해서 지급해야 한다(근로기준법 제43조).

임금을 통화로 직접 근로자에게 그 전액을 지급하지 않거나 매월 1회 이상 일정한 날짜를 정해서 지급하지 않는 경우 3년 이하의 징역 또는 2천만원 이하의 벌금에 처해 진다(근로기준법 제109조 제1항). 임금채권은 3년간 행사하지 않으면 시효로 소멸한다(근로기준법 제49조).

↗ 금품청산 및 지연이자

사용자는 근로자가 사망 또는 퇴직한 경우는 그 지급 사유가 발생한 때부터 14일 이내(특별한 사정이 있는 경우 당사자 사이의 합의에 의해 기일 연장 가능)에 임금, 보상금, 그 밖에 일체의 금품을 지급해야 한다(근로기준법 제36조).

14일 이내에 금품 청산을 하지 않는 경우 그다음 날부터 지급하는 날까지의 지연 일수에 대해서 연 20%의 지연이자를 지급해야 한다(근로기준법 제37조 제1항 및 근로기준법 시행령 제17조).

③ 임금의 지급보장

↗ 휴업수당

사용자의 귀책 사유로 휴업하는 경우 사용자는 휴업기간 동안 그 근로자에게 평균임금의 70% 이상의 수당을 지급해야 한다(근로기준법 제46조 제1항 본문). 다만, 평균임금의 70%에 해당하는 금액이 통상임금을 초과하는 경우는 통상임금을 휴업수당으로 지급할 수 있다(근로기준법 제46조 제1항 단서).

↗ 임금채권 우선변제

임금채권 및 퇴직금은

❶ 최종 3개월분의 임금, 재해보상금, 최종 3년간의 퇴직금

❷ 질권 또는 저당권에 우선하는 조세 · 공과금

❸ 사용자의 총재산에 대해서 질권 또는 저당권에 의해서 담보된 채권

❹ 임금, 재해보상금, 퇴직금 그 밖에 근로관계로 인한 채권

❺ 조세 · 공과금 및 다른 채권의 순서에 따라 우선해서 변제되어야 한다.

↗ 임금채권 보장제도

고용노동부 장관은 사업주가 파산의 선고, 회생절차 개시의 결정, 고용노동부 장관의 도산 등 사실인정을 받은 때는 퇴직한 근로자가 지급받지 못한 임금 · 퇴직금 · 휴업수당의 지급을 청구하면 제3자의 변제에 관한 민법 제469조에도 불구하고 그 근로자의 미지급 임금 · 퇴직금 · 휴업 수당을 사업주를 대신해서 지급한다(임금채권보장법 제7조 제1항 및 임금채권보장법 시행령 제4조).

파산선고, 회생절차 개시 결정에 따른 체당금은 확인 신청 및 지급청구 ➡ 재판상도산현황보고서 요청 ➡ 확인 결과 통지 ➡ 지급청구서 송부(확인통지서 사본 첨부) ➡ 체당금 지급의 절차에 따라 지급된다.

도산 등 사실인정에 따른 체당금은 도산 등 사실인정 신청 ➡ 도산 등 사실인정 통지 ➡ 확인신청 및 지급청구 ➡ 확인 결과 통지 ➡ 지급청구서 송부(확인통지서사본 첨부) ➡ 체당금 지급의 절차에 따라 지급된다.

↗ 체불임금의 구제

사업주에게 임금을 지급받지 못한 근로자는 해당 사업 또는 사업장을 관할하는 지방 고용노동관서에 사업주의 형사처벌을 요구하는 진정·고소를 할수 있다.

사업주가 근로자의 진정·고소에도 불구하고 임금을 지불하지 않으면 근로자는 소액사건재판 등 민사소송을 제기할 수 있다. 이 경우 근로자는 대한법률구조공단의 법률구조를 받을 수 있다.

임금과 관련해 유의할 사항

- 연봉계약 시 법정 퇴직금을 포함해서 약정하는 것은 원칙적으로 자제한다.
- 연봉에 각종 수당을 포함할 경우 각종 수당에 대한 기준시간 등을 명시한다.
  급여항목에서 기본급 외에 직책 수당, 직무수당 등 통상임금에 포함되는 수당의 법적 성격을 고려한다.
- 격일제 근로자의 경우 처음부터 가산임금 및 수당을 포함해서 임금을 결정하는 포괄임금제의 근로계약이 가능하다(임금 68207-2663, 2002.06.06).
- 미사용 연차유급휴가 보상금을 월급여액에 포함해서 미리 지급하는 근로계약을 체결하고 휴가 사용을 허용하지 않는 것은 인정될 수 없다(근로기준과-7485, 2004. 10.19).
- 회사에서 법정수당 이외의 각종 수당을 지급하는 경우는 각종 수당의 임금성 여부가 명확히 판단될 수 있도록 지급대상, 지급방법 등을 명확히 규정해야 한다.
- 특약이 없는 한 임금인상 결정 이전 퇴직자에게 임금인상 분이 소급 적용되지 않는다(근기 68207-1877, 1995.11.21.).
- 사용자가 3년간의 고용보험료를 소급해서 일방적으로 일괄 공제하는 것은 허용되지 않는다(임금정책과-3847, 2004.10.07).
- 사용자가 근로의 대상으로 근로자에게 지급하는 상여금 중 1월을 초과하는 기간에 의해 산정되는 것은 반드시 일정한 기일을 정해서 지급하지 않아도 된다(대법 2001

다41384, 2002.04.12).

- 회사의 대표자 변경 시 임금체불의 형사책임은 행위 당시 대표자에게 있으나 민사책임은 법원에 있으므로 현 대표이사가 지급해야 한다(근기 01254-7448, 199.05.20).
- 특정 근무 월의 도중에 퇴직하는 근로자에게 당해 근무 월의 임금을 전액 지급한다고 정해지지 않은 한 실제 근무 일수에 해당하는 임금을 일할계산해서 지급하는 것은 무방하다(근기 68207-690, 1999.03.24).
- 임금을 유로화로 지급하는 것은 직접·통화불 원칙에 위배되는 것으로 보아야 한다 (임금 68207-552, 2002.07.29).
- 경조사비를 임금에서 공제할 수 있도록 하는 단체협약 등을 체결한 경우 근로자의 동의 없이 공제가 가능하다(임금근로시간정책팀-2624, 2006.09.08).
- 기업이 불황이라는 사유만으로 사용자가 근로자에 대한 임금을 체불하는 것은 허용되지 않는다(대법 2008도5984, 2008.10.09).
- 인력을 공급한 자가 사업자를 대신해서 임금을 지급한 경우 사업자의 임금 미지급으로 인한 근로기준법 위반죄의 책임이 면책되지 않는다(대법2007도3436, 2007.06.29).

 ## 결근 시 임금의 처리 문제

결근 시 해당일의 일급 통상임금을 공제하며, 해당주의 주휴수당을 공제한다.
무단결근에 따른 해고 시, 퇴직금의 계산은 동 결근 기간을 포함해서 평균임금을 산정한다.

구 분	처리방법
임금	일급 통상임금 차감
주휴수당	해당주의 주휴수당을 공제
무단결근 시 퇴직금의 계산	결근 기간을 포함해서 평균임금 산정

모든 급여의 시급 계산 원리

1. 통상임금 계산을 위한 기준시간 수 계산 방법

구 분		토요일 유급 시간 수	통상임금 산정 기준근로시간
계산식 = (1주 소정근로시간 + 유급 근로시간 + 주휴시간) × 4.345주 주 40시간이 소정근로시간인 통상 근로자 = (40시간 + 0시간 + 8시간 [주]) × 4.345주 = 209시간 주 16시간이 소정근로시간인 단시간근로자 = (16시간 + 0시간 + 3.2시간) × 4.345 주 = 83.42시간 [주] 주휴시간 = 주 소정근로시간 ÷ 5			
휴 무	유급	4	226 (40시간 + 4시간 + 8시간) × 4.345주
		8	243 (40시간 + 8시간 + 8시간) × 4.345주
	무급	-	209 (40시간 + 0시간 + 8시간) × 4.345주

구 분		토요일 유급 시간 수	통상임금 산정 기준근로시간
휴 일	유급	4	226 (40시간 + 4시간 + 8시간) × 4.345주
		8	243 (40시간 + 8시간 + 8시간) × 4.345주
	무급	-	209 (40시간 + 0시간 + 8시간) × 4.345주

② 최저임금이 정해지는 원리

통상임금 계산을 위한 기준시간 수를 기준으로 최저임금 계산(최저시급 9,860원)

소정근로시간 40시간에 유급 주휴시간 8시간인 통상 근로를 기준

(40시간 + 0시간 + 8시간) × 4.345주 = 209시간

최저시급 9,860원 × 209시간 = 2,060,740원(월 기준 최저임금)

즉 2,060,740원은 통상적인 일 8시간 주 40시간에 주휴시간 8시간을 기준으로 정한 월 기준 최저임금이다.

따라서 최저임금은 소정근로시간이 변하면 변하게 된다.

예를 들어 소정근로시간이 일 5시간 1주 25시간으로 변하면 (25시간 + 5시간) × 4.345주 = 130.35시간이 통상임금 계산을 위한 기준시간 수가 되고, 최저임금은 130.35시간에 9,860원을 곱하면 1,285,251원으로 변한다.

즉 최저임금은 최저시급 9,860원이 고정된 상태에서 통상임금 계산을 위한 기준시간 수가 변하면 변하게 된다.

3 급여가 정해지는 원리

급여도 시급을 기준으로 하면 1주 유급으로 처리되는 시간에 4.345주를 곱하고, 시급을 곱하면 월급이 결정된다.

통상근로자의 월 유급으로 처리되는 시간 209시간에 회사에서 시급을 1만 원으로 정했다면 1만 원을 곱하면 월급 209만 원이 된다.

따라서 반대로 월급을 월 유급으로 처리되는 시간 209시간으로 나누면 시급이 된다. 즉 209만 원을 209시간으로 나누면 1만 원이 시급이 된다.

또한 통상시급은 월급 중 통상임금을 209시간으로 나누면 통상시급이 된다. 즉 앞서 예에서 월급 209만 원이 모두 통상임금으로 구성되었다면 1만 원이 통상시급이 된다.

4 시간외근로수당이 포함된 경우 급여가 정해지는 원리

앞서 설명한 바와 같이 통상근로자의 유급으로 처리되는 시간 209시간에 회사에서 시급을 1만 원으로 정했다면 1만 원을 곱하면 월급 209만 원이 된다.

그런데, 매주 8시간의 연장근로와 4시간의 야간근로가 있다면 8시간 × 시급(1만 원) × 1.5배 × 4.345주 = 521,400원이 연장근로수당으로 월급에 가산되고, 4시간 × 시급 × 0.5배 × 4.345주 = 86,900원이 야간근로수당으로 월급에 가산되어 2,698,300원이 지급된다.

반대로 월급이 2,698,300원으로 정해졌고 해당 월급의 구성내역이 일 8시간 근무, 연장근로 주 8시간, 야간근로 주 4시간에 대한 급여로써 시급을 구하면(포괄임금시 시급 구하는 방법) 다음과 같다.

① 통상근로자의 유급 근로시간 = 209시간

② 연장근로시간 = 8시간 × 1.5배 × 4.345주 = 52.14시간

③ 야간근로시간 = 4시간 × 0.5배 × 4.345주 = 8.69시간

④ 1달간 유급 처리되는 총시간 = 269.83시간

⑤ 월급 2,698,300원 ÷ 269.83시간 = 10,000원(시급)

평일 오전 8시부터 오후 6시까지 근무를 하고, 월급으로 300만원을 받는 경우 시급은?

해설

1. 평일 9시간 × 5일 근무를 하여 주 45시간 근로를 했다면 평일 5시간 연장 5시간 × 1.5배 = 7.5시간이 된다.

2. 월 소정근로시간은 주휴수당을 포함 209시간이 되며, 초과근로시간은 1주 7.5시간 × 4.345주 = 1달 약 32.59시간이 나온다.

3. 총근로시간은 209시간 + 32.59시간 = 241.59시간

4. 통상시급 = 300만 원 ÷ 241.59시간 = 12,420원

포괄임금제에서 시급을 계산하는 순서는

① 위 1에 따라 시간을 구한다.

② 포괄임금에 포함된 연장근로시간(휴일근로시간 포함)과 야간근로시간을 파악한 후 월 단위 시간을 구한다.

③ ①과 ②를 합한다.

④ 포괄임금을 ③으로 나눈다.

⑤ 나온 시급을 연장근로시간(휴일근로시간 포함)과 야간근로시간 등 시간외 근로에 우선 배정한 후 나머지 금액을 기본급에 배정한다.

월급 300만 원을 받는 근로자의 근로시간이 일 8시간, 주 40시간이며, 주 8시간의 고정 연장근로수당이 포함되어 있는, 포괄임금 계약의 경우 통상시급?

해설

① 통상임금 산정 기준시간(유급 근로시간) = (40시간 + 8시간) × 4.345주= 209시간

② 연장근로시간 = 주 8시간 × 4.345주 = 35시간

③ 1달간 유급 처리되는 총시간 = 209시간 + 35시간 = 244시간

④ 시급 = 300만 원 ÷ 244시간 = 12,300원

⑤ 시간외수당 = 35시간 × 12,300원 = 430,500원

⑥ 기본급 = 300만 원 - 430,500원 = 2,569,500원

5 일급을 유급 시간으로 구해야 하는 이유

예를 들어 최저임금을 받는 근로자가 있다고 하자 위 1에서 최저임금은 1달 유급 근로시간 209시간에 최저임금 9,860원을 곱한 2,060,740원이라고 했다. 따라서 해당 근로자의 급여는 2,060,740원이다.

그럼 3일 입사로 월 2일 근무를 안 했다고 가정하면 최초 월급을 유급 근로시간을 기준으로 구했으므로 뺄 때도 유급 근로시간(= 유급 일수)을 기준으로 차감하는 것이 합리적이다.

> **다음 중 큰 금액(1, 2, 3)**
>
> 1. 취업규칙에서 규정한 방법
>
> 2. 최저임금
>
> 3. 근로기준법에서는 급여 일할계산 방법에 대해 규정하고 있지 않으므로 실무에서는 최저임금법을 어기지 않는 범위 내에서 회사마다 다음의 3가지 방법 중 1가지 방법을 사용한다. ❶과 ❷는 일수에 토요일 포함, ❸은 토요일 제외(단, 토요일이 유급인 경우 포함)

❶ 급여 ÷ 30일 × 근무일수

❷ 급여 ÷ 역에 따른 일수(그달의 달력 날짜인 28~31일) × 근무일수

❸ 급여 ÷ 209시간 × 실제 유급 근무일수 × 8시간

일	월	화	수	목	금	토
	1	2	3	4	5	6
7	8	9	10	11	12	13
14	15	16	17	18	19	20
21	22	23	24	25	26	27
28	29	30	31			

1. 월급이 2,100,000원이고, 15일 입사한 경우

2. 월급이 2,100,000원이고, 12일 퇴사한 경우

해설

[월급이 2,100,000원이고, 15일 입사한 경우]

1. 급여 ÷ 30일 × 근무일수로 계산하는 방법 : 큰 금액[❶, ❷]

❶ 최저임금

일급 = 9,860원 × 8시간 × 15일 = 1,183,200원

15일 = (15일~19일 + 21~26일 + 28~31일)

❷ 급여 ÷ 30일 × 근무일수로 계산하는 경우

일급 = 2,100,000원 ÷ 30일 × 17일 = 1,190,000원

2. 급여 ÷ 역에 따라(그달의 달력 날짜인 28~31일) × 근무일수로 계산하는 방법 : 큰 금액[❶, ❷]

❶ 최저임금

일급 = 9,860원 × 8시간 × 15일 = 1,183,200원

❷ 급여 ÷ 31일 × 근무일수로 계산하는 경우

일급 = 2,100,000원 ÷ 31일 × 17일 = 1,151,613원(최저임금 미달)

3. 급여 ÷ 209시간 × 실제 유급 근무일수 × 8시간으로 계산하는 방법 : 큰 금액[❶, ❷]

❶ 최저임금

일급 = 9,860원 × 8시간 × 15일 = 1,183,200원

❷ 급여 ÷ 209시간 × 실제 유급 근무일수 × 8시간으로 계산하는 경우

일급 = 2,100,000원 ÷ 209시간 × 15일(15일~31일(17일) ‑ 15일~31일 기간 중 토요일 2일) × 8시간 = 1,205,741원

209시간 = (주 40시간 + 8시간(주휴시간) × 4.345주

실제 유급 근무 일수 = 달력상 실제로 근무한 날 중 월~금요일 + 일요일(일반적으로 달력상 토요일 제외한 날)

[월급이 2,100,000원이고, 12일 퇴사한 경우]

1. 급여 ÷ 30일 × 근무일수로 계산하는 방법 : 큰 금액[❶, ❷]

❶ 최저임금(

일급 = 9,860원 × 8시간 × 11일 = 867,680원

11일 = (1일~5일 + 7~12일)

❷ 급여 ÷ 30일 × 근무일수로 계산하는 경우

일급 = 2,100,000원 ÷ 30일 × 12일 = 840,000원(최저임금 미달)

2. 급여 ÷ 역에 따라(그달의 달력 날짜인 28~31일) × 근무일수로 계산하는 방법 : 큰 금액[❶, ❷]

❶ 최저임금

일급 = 9,860원 × 8시간 × 11일 = 867,680원

❷ 급여 ÷ 31일 × 근무일수로 계산하는 경우

일급 = 2,100,000원 ÷ 31일 × 12일 = 812,903원(최저임금 미달)

3. 급여 ÷ 209시간 × 실제 유급 근무일수 × 8시간으로 계산하는 방법 : 큰 금액[❶, ❷]

❶ 최저임금

일급 = 9,860원 × 8시간 × 11일 = 867,680원

❷ 급여 ÷ 209시간 × 실제 유급 근무일수 × 8시간으로 계산하는 경우

일급 = 2,100,000원 ÷ 209시간 × 11일(1일~12일(12일) - 1일~12일 기간 중 토요일 1일) × 8시간 = 884,210원

209시간 = (주 40시간 + 8시간(주휴시간) × 4.345주

실제 유급 근무 일수 = 달력상 실제로 근무한 날 중 월~금요일 + 일요일(일반적으로 달력상 토요일 제외한 날)

 격주 근무시 최저임금, 통상시급, 주휴수당, 시간외근로수당

1. 격주 근무 시 임금

구 분	임금
일 8시간 근로자	[(주40시간 + 8시간(주휴)) × 4.345주 × 시급(최저시급)] + 연장근로 [(8시간 × 4.345주) ÷ 2 × 1.5 × 시급(최저시급)]
단시간 근로자	[(월~금 총 근무시간(A) + A/5) × 4.345주 × 시급(최저시급)] + 연장근로 [(격주 토요일 근무시간 × 4.345주) ÷ 2 × 1.5 × 시급(최저시급))]

2. 격주 근무 시 시급

구 분	임금
유급시간	평일 통상시간(A) = [월~금 총 근무시간(40시간 한도) a + a/5(8시간 한도)] × 4.345주 격주 토요일 통상시간(B) = (격주 토요일 근무시간 × 4.345주) ÷ 2 × 1.5 총 유급시간 = A + B

구 분	임금
시급	월 임금 ÷ 유급시간

3. 주휴수당

8시간(주휴시간은 최대 8시간) × 시급

4. 시간외근무수당

연장, 휴일, 야간근로수당은 통상시급의 50%를 가산해서 지급하면 된다.

연장근로는 주5일 또는 주6일 중 1일 8시간을 초과한 근로시간이나 주 40시간을 초과하는 근로시간은 연장근로시간에 해당한다. 야간근로는 연장근로 및 휴일근로와 중복적용이 가능하다.

4-1. 평일에 연장근로, 야간근로가 중복되었을 시

근로시간(100%) + 연장근로(50%) + 야간근로(50%) = 200%

4-2. 휴일에 연장근로, 야간근로가 중복되었을 시

근로시간(100%) + 휴일근로(50%) + 휴일연장(50%) + 야간근로(50%) = 250%

매주 평일 오전 8시부터 오후 6시까지 근무를 하고, 토요일 2, 4주를 제외하고 9시간씩 근무를 하였다. 월급으로 300만원을 받는 경우 시급은?

해설

1. 평일 9시간 × 5일 근무를 하여 주 45시간 근로를 하였다면 평일 5시간 연장 5시간 × 1.5배 = 7.5시간

2. 월 소정근로시간은 주휴수당을 포함 209시간이 되며, 초과근로시간은 1주 7.5시간 × 4.345주 = 1달 약 32.59시간이 나온다.

3. 토요일 근무는 모두 연장근로에 해당하며, 9시간씩 2, 4주를 제외한 나머지 토요일에

근로하였다면 9시간 × 4.345주(월평균 주수) − 18시간(2.4주) = 약 21.06시간

따라서 21.06시간 × 1.5배 = 31.59시간의 연장근로가 매월 토요일 발생하게 된다.

4. 총 연장근로시간 = 32.59시간 + 31.59시간 = 약 64.18시간

5. 총근로시간 = 209시간 + 64.18시간 = 273.18시간

6. 통상시급 = 300만 원 ÷ 273.18시간 = 10,982원

 ## 포괄임금제에서 기본급과 고정OT로 나누는 방법

포괄임금제는 야간, 연장, 휴일근로를 별도로 계산하지 않고 일정 시간과 금액을 고정 초
과근로수당으로 지급하는 형태로 기본급 + 고정 OT로 구성이 되지만 실제로 이를 구분해
서 인식하지 않는다. 즉 이것저것 따지지 않고 한 달 얼마로 포괄해서 임금을 책정한다.
그러다 보니 급여를 책정할 때나 추가 초과근무수당이 발생해 계산해야 하는 경우 실무자
들이 기본급과 고정 OT 부분을 나누는 데, 상당히 힘들어하고 있다. 또한 임금명세서 작성
시에는 기본급과 고정 OT를 구분해서 따로 표기해야 하고, 고정 OT 산출근거도 같이 작성
해줘야 하다 보니 더욱 힘들어진 것이 현실이다.

기본급과 고정OT로 나누는 방법

월급 400만 원(기본급, 고정OT, 직책수당 : 20만 원, 식비 20만 원)이고 여기에는 월 고정
연장근로시간 12시간분의 임금이 포함되어 있다고 가정하면(일 8시간, 주 40시간 사업장)

- 소정근로시간 = 40시간
- 유급 근로시간 = (40시간 + 8시간) × 4.345주 = 209시간
- 고정OT 유급 근로시간 = 12시간 × 1.5배 = 18시간(포괄임금제에서 1.5배가 아닌 1배
  로 해야 한다는 해석도 있지만, 실무상으로는 1.5배를 일반적으로 한다.)
  월 단위 고정OT라서 1.5배만 해줬지만, 주 단위 고정OT의 경우 4.345주를 추가로 곱해
  줘야 한다.
- 총유급근로시간 = 227시간
- 통상시급 = (400만 원 − 통상임금 제외항목) ÷ 227시간 = 약 17,620원
- 고정OT = 17,620원 × 12시간 × 1.5배 = 317,160원

- 기본급 = 400만원 - 고정 OT(317,160원) - 직책수당(20만원) - 식비(20만원)

    = 3,282,840원

참고로 고정OT 먼저 배분을 한 후 기본급을 마지막에 배분한다. 고정 OT의 경우 근로기준법상 가산임금을 지급해야 하므로 이를 먼저 맞춘 후, 마지막에 산출된 기본급은 최저임금보다 많으면 문제가 되지 않는다.

임금명세서의 고정OT란에는 산출근거로 17,620원 × 12시간 × 1.5배 = 317,160원을 작성하면 되고, 추가로 6시간의 연장근로가 발생하는 경우 추가 연장근로 란에 17,620원 × 6시간 × 1.5배 = 158,580원을 기입하면 된다.

포괄임금제 아에서 육아기 근로시간 단축시 급여계산

고정 시간외근로수당이 실제 근무한 시간과 관계없이 지급되었다면 해당 수당도 근로시간이 비례하여 지급되어야 한다.

육아기 근로시간 단축제도를 활용하는 직원에 대해서는 남녀고용평등법 제19조의3에 따라 근로시간에 비례하여 줄어들어야 하는 임금만 단축된 시간에 비례하여 삭감할 수 있는 것이 원칙이다. 예를 들어, 주 40시간을 근무할 때 월급여 총액이 300만 원이었다면, 주 20시간으로 육아기 근로시간단축을 실시하면, 월급총액은 150만 원이 되어야 하는 것이다.

그런데 월급에 시간외근로수당을 매월 고정적으로 포함해서 지급하고 있는 경우, 해당 수당도 비례적으로 계산해야 하는지 아니면 육아기 근로시간 단축 시에는 연장근로를 하지 않으니 해당 수당을 아예 지급하지 않아도 되는지 실무적으로 헷갈릴 때가 있는데, 이와 관련하여서는 두 가지 경우로 나누어서 살펴볼 수 있다.

1. 고정 시간외근로수당이 실제 시간외근로에 대한 대가로 지급되는 경우와

2. 실제 시간외근로가 없지만, 관행적으로 고정 시간외근로수당을 월급에 포함하여 지급하는 경우이다.

고정 시간외근로수당이 실제 시간외근로에 대한 대가로 지급되는 경우 → 비례 지급 없다. 예를 들어, 병의원과 같이 하루 근무시간이 8시간을 초과할 수 밖에 없어 1일 1시간 연장근로에 대한 대가를 월급여 포함하여 고정적으로 지급한 경우라면, 이는 통상임금에 해당된다고 볼 수 없으므로, 단축되는 근로시간에 비례하여 지급하지 않아도 된다. 즉, 육아기

근로시간 단축 적용자 급여 계산 시 해당 수당은 0원으로 해도 무방하다.

실제 시간외근로가 없지만, 관행적으로 시간외근로수당을 월급에 포함하여 지급한 경우 → 비례해서 지급해야 한다.

고용노동부 행정해석(여성고용정책과-1776, 2018. 4. 27)에 따르면 실제 연장, 휴일, 야간근로 등을 하지 않아도 매월 시간외근로수당이 고정적으로 지급되었다면, 이 수당 역시 통상임금의 성격이 강하므로 단축된 근로시간에 비례하여 지급되어야 한다고 판단하고 있다. 따라서 실제 근무와 관계없이 관행적으로 매월 지급해 온 시간외근로수당은 육아기 근로시간 단축 시에도 비례하여 지급되어야 할 것이다.

[참고 고용노동부 행정해석(여성고용정책과-1776, 회시일자 : 2018-04-27)]

〈 질의 〉

기본급 2,585,330원, 연장수당 964,860원, 야근수당 49,480원, 명절급여 1,799,835원을 지급받는 근로자가 주 40시간에서 주 20시간으로 육아기 근로시간 단축하면 사업장에서 지급해야 하는 임금액이 얼마인지※ 연장수당과 야근수당은 근로자가 연장근로와 야간근로를 하지 않아도 매월 고정적으로 지급됨

〈 회시 〉

육아기 근로시간 단축 근무자에 대해서는 단축된 시간에 비례하여 임금을 삭감할 수 있는데, 근로기준법 시행령 제6조에 의하면 통상임금은 정기적-일률적으로 소정근로 또는 총근로에 대해 지급하기로 정한 금액이라고 정의하고 있으므로 통상임금은 단축된 시간에 비례하여 삭감하고 그 외의 임금은 삭감할 수 없다고 보아야 할 것임.

• 구체적인 자료가 없어 정확한 답변이 어려우나, 문의하신 내용에 의하면 귀하 소속 사업장의 기본급은 통상임금으로서 단축된 근로시간에 비례하여 삭감하고 지급하는 것이 타당하고, 연장근로와 야간근로를 하지 않아도 연장수당과 야근수당이 매월 고정적으로 지급되었다면 이 수당 역시 통상임금의 성격이 강하므로 단축된 시간에 비례하여 삭감하고 지급해야 할 것으로 판단됨.

• 명절 급여도 근로와 무관하게 특정 시점에 재직 중인 근로자에게만 지급된다면 통상임금으로 볼 수 없으나, 특정 시점에 퇴직하더라도 그 근무일수에 따라 지급되었다면 고정성이 인정되므로 통상임금으로 볼 수 있을 것임.

통상임금의 계산

통　상임금이란 근로자에게 정기적이고 일률적으로 소정 근로 또는 총 근로에 대해 지급하기로 정한 시간급 금액, 일급금액, 주급 금액, 월급 금액 또는 도급금액을 말한다(근로기준법 제2조 제1항 제5호).

통상임금은 평균임금의 최저한도, 해고예고 수당, 연장·야간·휴일근로수당, 연차유급휴가수당, 출산휴가급여 등을 산정하는데 기초가 된다.

1. 통상임금의 의의

임금이란 사용자가 근로의 대가로 근로자에게 임금, 봉급, 그 밖에 어떠한 명칭으로든지 지급하는 일체의 금품을 말하는데(근로기준법 제2조 제1항 제5호), 임금은 통상임금과 평균임금으로 구분된다.

그 중 통상임금이란 근로자에게 정기적이고 일률적으로 소정근로 또는 총 근로에 대해 지급하기로 정한 시간급 금액, 일급금액, 주급 금액, 월급 금액 또는 도급금액을 말한다(근로기준법 시행령 제6조 제1항).

대법원은 통상임금을 근로계약에서 정한 근로를 제공하면 확정적으로 지급되는 임금으로, 통상임금에 속하는지? 의 여부는 그 임금이 소정근로의 대가로 근로자에게 지급되는 금품으로서 정기적·일률적·고정적으로 지급되는 것인지를 기준으로 그 객관적 성질에 따라 판단해야 하고, 임금의 명칭이나 그 지급 주기의 장단 등 형식적인 기준에 의해 정할 것은 아니다.

통상임금은 초과근로수당 산정 등을 위한 기초임금이므로 근로계약에 따른 소정근로시간에 통상적으로 제공하는 근로의 가치를 금전적으로 평가한 것이어야 한다(소정근로의 대가). 따라서 근로계약에서 정한 근로가 아닌 특별한 근로(예 : 초과근로)를 제공하고 추가로 지급받는 임금은 통상임금이 아니다.

또한, 근로자가 실제로 연장근로 등을 제공하기 전에 미리 확정되어 있어야 할 것이다.

② 통상임금의 판단기준

야간, 휴일, 연장근무 등 초과근로수당 산정 등의 기준이 되는 통상임금이 되기 위해서는 초과근무를 하는 시점에서 보았을 때, 근로계약에서 정한 근로의 대가로 지급될 어떤 항목의 임금이 일정한 주기에 따라 정기적으로 지급이 되고(정기성), 모든 근로자나 근로와 관련된 일정한 조건 또는 기준에 해당하는 모든 근로자에게 일률적으로 지급이 되며(일률성), 그 지급 여부가 업적이나 성과 기타 추가적인 조건과 관계없이 사전에 이미 확정되어 있는 것(고정성)이어야 하는데, 이러한 요건을 갖추면 그 명칭과 관계없이 통상임금에 해당한다.

↗ 소정근로의 대가

소정근로의 대가는 근로자가 소정근로시간에 통상적으로 제공하기로 정한 근로에 관해서 사용자와 근로자가 지급하기로 약정한 금품을 말한다.

소정근로의 대가로 볼 수 없는 임금은 아래와 같다.

- 근로자가 소정근로시간을 초과해서 근로를 제공해서 지급받는 임금
- 근로계약에서 제공하기로 정한 근로 외의 근로를 특별히 제공함으로써 사용자로부터 추가로 지급받는 금품
- 소정근로시간의 근로와는 관련 없이 지급받는 금품

↗ 정기성

정기성은 미리 정해진 일정한 기간마다 정기적으로 지급되는지? 여부에 관한 것으로서, 1개월을 초과하는 기간마다 지급되더라도 일정한 간격을 두고 계속적으로 지급되는 것이면 통상임금이 될 수 있다.

예를 들어 정기상여금과 같이 일정한 주기로 지급되는 임금의 경우 단지 그 지급주기가 1개월을 넘는다는 사정만으로 그 임금이 통상임금에서 제외되지 않는다. 따라서 1개월을 넘어 2개월, 분기, 반기, 연 단위로 지급되더라도 정기적으로 지급되는 것이면 통상임금에 포함된다.

↗ 일률성

일률성은 모든 근로자에게 지급되는 것뿐만 아니라 일정한 조건 또는 기준에 달한 모든 근로자에게 지급되는 것도 포함하는 개념으로서 일률적으로 지급되어야 통상임금이 될 수 있다. 일률적으로 지급되는 것에는 모든 근로자에게 지급되는 것뿐만 아니라 일정한 조건 또는 기준에 달한 모든 근로자

에게 지급되는 것도 포함된다.

일정한 조건 또는 기준은 작업내용이나 기술, 경력 등과 같이 소정 근로의 가치평가와 관련된 조건이어야 한다. 여기서 일정한 조건이란 시시때때로 변동되지 않는 고정적인 조건이어야 한다.

 일률성 요건에 의안 통상임금의 판단

- 단체협약이나 취업규칙 등에서 휴직이나 복직자, 징계대상자에 대한 지급 제한 사유를 규정한 임금이라도 이는 해당 근로자의 개인적 특성을 고려한 것일 뿐이므로 정상적인 근로관계를 유지하고 있는 근로자에 대해서는 그 해당 임금의 일률성이 부정되지 않는다.
- 가족수당

부양가족 수에 따라 차등 지급되는 경우는 근로와 관련된 일정한 조건 또는 기준에 따른 것이라 할 수 없어 일정률이 부정된다. 따라서 통상임금에 포함되지 않는다. 다만, 기본금액을 동일하게 지급하면서 부양가족 수에 따라 추가로 지급되는 경우 그 기본금액은 통상임금에 해당한다.

모든 근로자에게 일정 금액을 기본금액으로 지급하는 가족수당은 통상임금에 포함된다.

↗ 고정성

고정성은 초과근로를 제공할 당시에 그 지급 여부가 업적, 성과 기타 추가적인 조건과 관계없이 사전에 이미 확정되어 있는 것으로 통상임금에 포함된다. 고정적 임금은 명칭을 묻지 않고 소정근로시간을 근무한 근로자가 그다음 날에 퇴직한다고 해도 근로의 대가로 당연하고도 확정적으로 지급받게 되는 최소한의 임금을 말하며, 이는 통상임금에 포함된다.

고정성 요건에 의한 통상임금의 판단

- 초과근로를 제공할 당시에 그 지급 여부가 업적, 성과 기타의 추가적인 조건에 관계없이 지급될 것이 확정되어 있는지? 여부를 기준으로 판단해야 한다(사전확정성). 여기서 추가적인 조건이란 초과근무를 제공하는 시점에 성취 여부가 불문명한 조건을 의미한다. 따라서 근로 제공 이외에 추가적인 조건이 충족되어야 지급되는 임금이나, 그 충족 여부에 따라 지급액이 달라지는 임금 부분은 고정성이 결여 되어 통상임금에서 제외된다. 다만, 지급액 중 추가적인 조건에 따라 달라지지 않는 부분만큼은 통상임금에 포함된다.

- 실제 근무성적에 따라 지급여부나 지급액이 달라지는 성과급과 같은 임금은 고정성이 없어 통상임금이 될 수 없는 대표적인 경우이다. 다만, 이 경우에도 최소한도로 보장되는 부분만큼은 근무성적과 무관하게 누구나 믿을 수 있는 고정적인 것이므로 통상임금이 될 수 있다.

- 가족수당 : 부양가족 수에 따라 차등 지급되는 경우는 근로와 관련된 일정한 조건 또는 기준에 따른 것이라 할 수 없어 일정률이 부정된다. 따라서 통상임금에 포함되지 않는다. 다만, 기본금액을 동일하게 지급하면서 부양가족 수에 따라 추가적으로 지급되는 경우 그 기본금액은 통상임금에 해당한다. 모든 근로자에게 일정금액을 기본금액으로 지급하는 가족수당은 통상임금에 포함된다.

> 지급대상기간에 이루어진 근로자의 근무실적을 평가해서 이를 토대로 지급여부나 지급액이 정해지는 임금은 일반적으로 통상임금에 포함되지 않는다. 그러나 근무실적에 관해서 최하 등급을 받더라도 일정액을 지급하는 경우와 같이 최소한도의 지급이 확정되어 있다면 그 최소한도의 임금은 통상임금이라고 할 수 있다.

대법원의 통상임금에 관한 판결

- 대법원은 2013년 12월 18일 정기상여금이 통상임금에 해당하는지 여부에 대해 다음과 같이 판결하였다.

1. 어떠한 임금이 통상임금에 해당하는지? 여부는 그 임금이 소정근로의 대가로 근로자에게 지급되는 금품으로서 ❶ 정기적, ❷ 일률적, ❸ 고정적으로 지급되는 것인지를

기준으로 그 객관적인 성질에 따라 판단합니다.

2. 일정한 대상기간에 제공되는 근로에 대해 1개월을 초과하는 일정기간마다 지급되는 정기상여금은 통상임금에 해당합니다.

3. 근로자가 소정근로를 했는지? 여부와는 관계없이 지급일 그 밖에 특정 시점에 재직 중인 근로자에게만 지급하기로 정해져 있는 임금은 통상임금에 해당하지 않습니다.

● **근로자는 대법원판결에 따라 추가임금을 청구할 수 있습니다.**

1. 「근로기준법」 제15조에 따르면 동법에서 정한 기준보다 낮은 임금 등 불리한 근로조건 계약은 무효가 되기 때문에 통상임금에 해당되는 임금을 통상임금에서 제외하기로 한 노사합의는 무효가 됩니다. 따라서 원칙적으로 통상임금에 해당하는 임금을 통상임금 산정에 포함시켜 차액을 추가 임금으로 청구할 수 있습니다.

2. 한편, 통상임금 제외 합의가 없었던 회사의 경우에는 당연히 통상임금으로 산정되지 않은 각종 임금을 포함시켜 차액을 추가임금으로 청구할 수 있습니다. 이 경우 사용자가 소멸시효에 대한 항변을 할 경우에는 3년분만 인정이 가능합니다.

● **정기상여금에 기한 추가임금의 청구의 제한(신의성실의 원칙 적용)**

통상임금에 해당하는 각종 임금 중 정기상여금에 대하여 통상임금 산정에서 제외하기로 하는 노사합의는 「근로기준법」에 위반되어 무효이지만 다음에 해당하는 경우에는 신의성실의 원칙이 적용되어 근로자의 추가임금의 청구권을 제한할 수 있도록 하고 있습니다.

❶ 정기상여금을 통상임금 산정에서 제외하는 노사합의가 판결 이전에 이뤄졌을 것

❷ 노사가 정기상여금이 통상임금에 해당하지 않는다고 신뢰한 상태에서 임금합의를 했을 것

❸ 그 합의가 기업에게 중대한 경영상 어려움을 초래하거나 기업의 존립 자체가 위태롭게 된다는 사정이 인정될 것〈 대법원 2013. 12. 18. 선고 2012다89399 판결, 대법원 2013. 12. 18. 선고 2012다94643 판결 〉

② 통상임금에 포함되는 임금의 범위

통상임금에 포함되는 임금의 범위는 다음의 예시에 따라 판단한다(통상임금 산정지침 제5조의2 본문 및 별표).

⤴ 소정근로시간 또는 법정근로시간에 대해 지급하기로 정해진 기본급 임금

법정근로시간이란 성인 근로자의 경우 1일에 휴게시간을 제외한 8시간, 1주에 휴게시간을 제외한 40시간(근로기준법 제50조), 15세 이상 18세 미만인 자의 경우 1일에 7시간, 1주일에 35시간(근로기준법 제69조 본문), 유해·위험작업에 종사하는 근로자의 경우 1일 6시간, 1주 34시간(산업안전보건법 제46조)을 말한다(통상임금 산정지침 제2조 제2호).

소정근로시간이란 법정근로시간의 범위에서 근로자와 사용자 간에 정한 근로시간을 말한다(통상임금 산정지침 제2조 제3호).

⤴ 일·주·월 기타 1임금 산정기간 내의 소정근로시간 또는 법정근로시간에 대해 일급·주급·월급 등의 형태로 정기적·일률적으로 지급하기로 정해진 고정급 임금

- 담당업무나 직책의 경중 등에 따라 미리 정해진 지급조건에 의해 지급하는 수당 : 직무수당(금융수당, 출납수당), 직책수당(반장수당, 소장수당) 등
- 물가변동이나 직급 간의 임금 격차 등을 조정하기 위해서 지급하는 수당 : 물가수당, 조정수당 등
- 기술이나 자격·면허증 소지자, 특수작업종사자 등에게 지급하는 수당 : 기술수당, 자격수당, 면허수당, 특수작업수당, 위험수당 등
- 특수지역에 근무하는 근로자에게 정기적·일률적으로 지급하는 수당 : 벽지수당, 한냉지 근무수당 등
- 버스, 택시, 화물자동차, 선박, 항공기 등에 승무하여 운행·조종·항해·항공 등의 업무에 종사하는 자에게 근무일수와 관계없이 일정한 금액을 일

률적으로 지급하는 수당 : 승무수당, 운항수당, 항해수당 등

- 생산기술과 능률을 향상시킬 목적으로 근무성적과 관계없이 매월 일정한 금액을 일률적으로 지급하는 수당 : 생산장려수당, 능률수당 등
- 그 밖에 이에 준하는 임금 또는 수당

통상임금에 포함되는지는 그 명칭만으로 판단해서는 안 되며, 통상임금의 의의, 근로계약·취업규칙·단체협약 등의 내용, 직종·근무형태, 지급관행 등을 종합적으로 고려해야 한다(통상임금 산정지침 제5조의2 단서).

임금 명목	임금의 특징	통상임금의 해당여부
기술수당	기술이나 자격보유자에게 지급되는 수당(자격수당, 면허수당 등)	통상임금 ○
근속수당	근속기간에 따라 지급여부나 지급액이 달라지는 임금	통상임금 ○
가족수당	부양가족 수에 따라 달라지는 가족수당	통상임금 × (근로와 무관한 조건)
	부양가족 수와 관계없이 모든 근로자에게 지급되는 임금	통상임금 ○ (명목만 가족수당, 일률성 인정)
성과급	근무실적을 평가해서 지급 여부나 지급액이 결정되는 임금	통상임금 × (조건에 좌우됨, 고정성 인정×)
	최소한도가 보장되는 성과급	그 최소의 한도만큼만 통상임금 ○ (그만큼은 일률적, 고정적 지급)
상여금	정기적인 지급이 확정되어 있는 상여금(정기상여금)	통상임금 ○

임금명목	임금의 특징	통상임금의 해당여부
상여금	기업실적에 따라 일시적, 부정기적, 사용자 재량에 따른 상여금(경영성 과분배금, 격려금, 인센티브)	통상임금 × (사전 미확정, 고정성 인정×)
특정시점 재직 시에만 지급되는 금품	특정시점에 재직 중인 근로자에게 만 지급받는 금품(명절 귀향비나 휴 가비의 경우 그러한 경우가 많음)	통상임금 × (근로의 대가×, 고정성×)
	특정시점이 되기 전 퇴직 시에는 근무일수에 비례해서 지급되는 금품	통상임금 ○ (근무일수에 비례해서 지급되는 한도에서는 고정성 ○)

통상임금에는 기본적으로 기본급과 각종 수당으로 구성되어있다.

그러나 월급여 명세서에 나와 있는 모든 수당이 다 통상임금에 포함되는 것은 아니니다.

1. 통상임금에 포함되는 수당의 예시

• 가족수당 : 노동부 행정해석(지침)에서는 일체의 가족수당을 통상임금에 포함하지 않고 있으나 각종의 법원 판례에서는 전 근로자에게 지급되는 경우(부양 가족의 유무와 관계없이 일률적으로 지급되는 경우)에 한하여 통상임금에 포함하도록 하고 있다.

• 급식대 : 가족수당과 마찬가지로 노동부 행정해석(지침)에서는 일체의 급식대를 통상임금에 포함하지 않도록 하고 있으나 각종 법원 판례에서는 전사원에 대하여 일률적으로 현금으로 지급되고 사용자에게 그 지급 의무가 명시된 경우에 한해서 통상임금에 포함하도록 하고 있다.

• 기타 통상임금에 포함되는 수당 : 정기상여금, 직무수당, 직책수당, 근속수당, 면허수당, 승무수당, 물가수당 등 물가 변동이나 직급 간의 임금 격차를 조정하기 위하여 지급되는 수당, 업무장려수당 등 업무능률을 향상시킬 목적으로 근무성적과 관계없이 일률적으로 지급되는 수당 등

2. 통상임금에 포함되지 않는 임금
비정기 상여금, 근무일에만 지급되는 승무수당, 업무효율 따라 지급되는 업무장려
수당, 숙직수당, 통근수당, 생활 보조 및 복지후생적으로 보조되는 금품(경조비,
등) 실비변상으로 지급되는 출장비나 업무활동비 등

3 통상임금의 적용

통상임금은 평균임금의 최저한도 보장(근로기준법 제2조 제2항 : 산정된 평균임금
이 그 근로자의 통상임금보다 적으면 그 통상임금액을 평균임금으로 한다.), 해고예고
수당(근로기준법 제26조), 연장·야간·휴일근로수당(근로기준법 제56조), 연차유
급휴가수당(근로기준법 제60조 제5항) 및 출산전후휴가급여(고용보험법 제76조) 등
을 산정하는데 기초가 된다.

통상임금으로 지급하는 수당	지급액 및 지급률
해고예고수당	통상임금의 30일분
연장·야간·휴일근로수당	통상임금의 50% 가산
연차유급휴가 미사용 수당	통상임금(또는 평균임금)의 100%

4 통상임금의 산정

↗ 시간급 통상임금의 산정

통상임금을 시간급 금액으로 산정할 경우는 다음의 방법에 따라 산정된 금
액으로 한다(근로기준법 시행령 제6조 제2항).

❶ 시간급 금액으로 정한 임금은 그 금액

❷ 일급금액으로 정한 임금은 그 금액을 1일의 소정근로시간 수로 나눈 금액

시간급 통상임금 = 일급금액 ÷ 1일 소정근로시간수

---

❸ 주급 금액으로 정한 임금은 그 금액을 주의 통상임금 산정 기준시간 수로 나눈 금액

주의 통상임금 산정 기준시간 수는 주의 소정근로시간과 소정근로시간 외에 유급으로 처리되는 시간을 합산한 시간을 말한다.

시간급 통상임금 = 주급금액 ÷ (1주일 소정근로시간수 + 1일 근로 간주 시간 수)

---

❹ 월급 금액으로 정한 임금은 그 금액을 월의 통상임금 산정 기준시간 수(주의 통상임금 산정 기준시간 수에 1년 동안의 평균주의 수를 곱한 시간을 12로 나눈 시간)로 나눈 금액

시간급 통상임금 = 월급금액 ÷ 209시간

구 분		토요일 유급시간수	기준근로시간수
휴 무	유급	4	226
		8	243
	무급	-	209

구 분		토요일 유급시간수	기준근로시간수
휴 일	유급	4	226
		8	243
	무급	-	209

❺ 일·주·월 외의 일정한 기간으로 정한 임금은 ❷부터 ❹까지에 준해서 산정된 금액

❻ 도급 금액으로 정한 임금은 그 임금산정 기간에서 도급제에 따라 계산된 임금의 총액을 해당 임금산정 기간(임금 마감일이 있는 경우에는 임금 마감 기간)의 총 근로 시간 수로 나눈 금액

❼ 근로자가 받는 임금이 ❶부터 ❻까지에서 정한, 둘 이상의 임금으로 되어 있는 경우는 ❶부터 ❻까지에 따라 각각 산정된 금액을 합산한 금액

↗ 일급 통상임금의 산정

통상임금을 일급금액으로 산정할 때는 위의 산정 방법에 따라 산정된 시간급 통상임금에 1일의 소정근로시간 수를 곱해서 계산한다(근로기준법 시행령 제6조 제3항).

400% 정기상여금의 통상임금 계산

사업장에서 지급하는 400% 상여금이 정기상여금이라면, 이는 2013.12.18.의 대법원 전원합의체의 판결에 의한 통상임금에 포함된다고 볼 수 있을 것이다. 상여금 400%를 통상임금에 산입한다면, 연간상여금 총액을 12월로 나누어, 이를 통상임금산정을 위한 월 소정근로시간으로 다시 나누어 계산함이 적절하다.

따라서 연간 고정상여금 4,180,000원을 12분할 한 348,333원(1월당 상여금 상당액)을 월 소정근로시간(1주 40시간 근무하는 경우, 209시간)으로 나눈 1,667원만큼 통상임금 (시간급)의 증액 요인이 발생한다고 봄이 타당하다.

당초의 통상임금(시급) 10,000원 + 상여금 반영 분 통상임금(시급) 1,667원 = 11,667원

통상임금으로 지급하는 제 수당에 대한 관리방안

통상임금으로 지급해야 하는 제 수당 중 인건비 증가 부담에 있어서 가장 큰 비중을 차지하는 것은 연장·야간·휴일근로수당과 연차휴가 미사용 수당이므로 이에 대한 관리가 필요하다.

첫째, 연장·야간·휴일근로수당 관리를 위해서

- 포괄 임금제도를 법적한도 내에서 최대한 가능 한도(연장근로 주당 12시간, 월 한도 52시간)까지 이용하거나
- 사무 관리직의 경우 연장·야간·휴일근로 시 취업규칙에 사전 승인제도를 규정화 함으로써 연장·야간·휴일근로 시 사전 신청 및 승인된 근무에 대해서만 연장·야 간·휴일근로로 인정하는 시스템적 보완하는 것이 필요하며
- 연장·야간·휴일근로와 관련해서 무엇보다 중요한 것은 관례적이고 윗사람의 눈치 를 보고 퇴근하지 못하는 조직문화를 없애는 것이 중요하다고 사료 된다.

둘째, 연차유급휴가 미사용수당 관리를 위해서

- 근로기준법 제61조(연차유급휴가 사용촉진) 제도 및
- 근로기준법 제62조(유급휴가의 대체) 제도의 활용과
- 연차휴가를 상시 상사의 눈치를 보지 않고 자유롭게 사용하는 특히, 연차휴가를 연속 적으로 3~5일 사용해서 소진하는 등 자유스러운 휴가 사용문화를 구축하는 것이 중요하다고 사료 된다.

평균임금의 계산

평균임금이란 이를 산정해야 할 사유가 발생한 날 이전 3개월 동안에 그 근로자에게 지급된 임금의 총액을 그 기간의 총일수로 나눈 금액을 말한다.

평균임금은 퇴직급여, 휴업수당, 재해보상 및 산업재해보상보험급여, 감급(減給) 제재의 제한, 구직급여 등을 산정하는데 기초가 된다.

1 평균임금의 의의

임금이란 사용자가 근로의 대가로 근로자에게 임금, 봉급, 그 밖에 어떠한 명칭으로든지 지급하는 일체의 금품을 말하는데(근로기준법 제2조 제1항 제5호), 임금은 다시 통상임금과 평균임금으로 구분된다.

그중 평균임금이란 이를 산정해야 할 사유가 발생한 날 이전 3개월 동안에 그 근로자에게 지급된 임금의 총액을 그 기간의 총일수로 나눈 금액을 말한다(근로기준법 제2조 제1항 제6호 본문). 근로자가 취업한 후 3개월 미만인 경우도 이에 준한다(근로기준법 제2조 제1항 제6호 단서).

② 평균임금의 최저한도

평균임금이 그 근로자의 통상임금보다 적으면 그 통상임금을 평균임금으로 한다(근로기준법 제2조 제2항).

③ 평균임금의 적용대상

평균임금은 다음의 수당 또는 급여 등을 산정하는데 기초가 된다.

● 퇴직급여(근로기준법 제34조)

● 휴업수당(근로기준법 제46조)

● 재해보상 및 산업재해보상보험급여(근로기준법 제79조, 제80조, 제82조, 제83조, 제84조 및 산업재해보상보험법 제36조)

● 감급(減給) 제재의 제한(근로기준법 제95조)

● 구직급여(고용보험법 제45조)

[통상임금과 평균임금의 적용 대상 비교]

통상임금 적용대상	평균임금 적용대상
● 평균임금 최저한도(근로기준법 제2조 제2항)	● 퇴직급여(근로기준법 제34조)
● 해고예고수당(근로기준법 제26조)	● 휴업수당(근로기준법 제46조)
● 연장근로수당(근로기준법 제56조)	● 재해보상 및 산업재해보상보험급여 (근로기준법 제79조, 제80조, 제82조, 제84조 및 산업재해보상보험법 제36조)
● 야간근로수당(근로기준법 제56조)	
● 휴일근로수당(근로기준법 제56조)	
● 연차유급휴가수당(근로기준법 제60조)	● 감급 제재의 제한(근로기준법 제95조)
● 출산전후휴가급여(고용보험법 제76조)	● 구직급여(고용보험법 제45조)
● 그 밖에 유급으로 표시된 보상 또는 수당	

4 평균임금의 산정

↗ 평균임금의 산정 방법

평균임금은 이를 산정해야 할 사유가 발생한 날 이전 3개월 동안에 그 근로자에게 지급된 임금의 총액을 그 기간의 총일수로 나누어 계산한다(근로기준법 제2조 제1항 제6호 본문).

평균임금 = 평균임금의 산정사유 발생일 이전 3개월간의 총임금 ÷ 사유발생일 이전 3개월간의 총일수

↗ 평균임금의 산정에 포함되는 임금의 범위 예시

다음은 임금에 포함되거나 포함되지 않는 예시 규정이므로 실제로 임금의 실태를 고려해서 그 포함 여부를 결정해야 한다(평균임금산정에 포함되는 임금의 범위 예시와 확인 요령 제3조 제1항).

● 평균임금 산정기초인 임금에 포함되는 것(평균임금산정에 포함되는 임금의 범위 예시와 확인 요령 제3조 제2항).

통화로 지급되는 것	• 기본급
	• 연차유급휴가수당
	• 연장, 야간, 휴일근로수당
	• 특수작업수당, 위험작업수당, 기술수당
	• 임원, 직책수당
	• 일 · 숙직수당

	• 장려, 정근, 개근, 생산독려수당
	• 단체협약 또는 취업규칙에서 근로조건의 하나로서 전 근로자에게 일률적으로 지급하도록 명시되어 있거나 관례적으로 지급되는 다음의 것
	상여금
	통근비(정기승차권)
	사택 수당
	급식대(주식대 보조금, 잔업 식사대, 조근 식사대)
	월동비, 연료 수당
	지역수당(냉, 한, 벽지수당)
	교육수당(정기적 일률적으로 전 근로자에게 지급되는 경우)
	별거수당
	물가수당
	조정수당
	• 가족수당이 독신자를 포함해서 전 근로자에게 일률적으로 지급되는 경우
	• "봉사료"를 사용자가 일괄 집중관리해서 배분하는 경우 그 배분 금액
현물로 지급되는 것	법령, 단체협약 또는 취업규칙의 규정에 의해서 지급되는 현물급여(예 : 급식 등)

• 평균임금 산정기초인 임금에 포함되지 않는 것(평균임금산정에 포함되는 임금의 범위 예시와 확인 요령 제3조 제3항).

통화로 지급되는 것	• 결혼축하금
	• 조의금
	• 재해위문금

통화로 지급되는 것	• 휴업보상금 • 실비변상적인 것(예 : 기구손실금, 그 보수비, 음료수 대금, 작업 용품 대금, 작업상 피복 제공이나 대여 또는 보수비, 출장 여비 등)
현물로 지급되는 것	• 근로자로부터 대금을 징수하는 현물급여 • 작업상 필수적으로 지급되는 현물급여(예 : 작업복, 작업모, 작업화 등) • 복지후생시설로서의 현물급여(예 : 주택 설비, 조명, 용수, 의료 등의 제공, 급식, 영양식품의 지급 등)
그 밖에 임금 총액에 포함되지 않는 것	퇴직금(단체협약, 취업규칙 등에 규정함을 불문)
임시로 지급되는 임금	임시 또는 돌발적인 사유에 따라 지급되거나 지급조건은 사전에 규정되었더라도 그 사유 발생일이 불확정적, 무기한 또는 희소하게 나타나는 것(예 : 결혼 수당, 사상병 수당)

↗ 평균임금의 산정에서 제외되는 기간과 임금

평균임금 산정기간 중에 다음의 어느 하나에 해당하는 기간이 있는 경우에는 그 기간과 그 기간 중에 지급된 임금은 평균임금 산정기준이 되는 기간과 임금의 총액에서 각각 뺀다(근로기준법 시행령 제2조 제1항).

• 수습 사용 중인 기간(근로기준법 제35조 제5호)

• 사용자의 귀책 사유로 휴업한 기간(근로기준법 제46조)

• 출산휴가 기간(근로기준법 제74조)

• 업무상 부상 또는 질병으로 요양하기 위하여 휴업한 기간(근로기준법 제78조)

• 육아휴직 기간(남녀고용평등과 일 · 가정 양립 지원에 관한 법률 제19조)

• 쟁의행위 기간(노동조합 및 노동관계조정법 제2조 제6호)

- 병역법, 향토예비군 설치법 또는 민방위기본법에 따른 의무를 이행하기 위해서 휴직하거나 근로하지 못한 기간. 다만, 그 기간 중 임금을 지급받은 경우에는 평균임금 산정기준이 되는 기간과 임금의 총액에서 각각 빼지 않는다.
- 업무 외 부상이나 질병, 그 밖의 사유로 사용자의 승인을 받아 휴업한 기간

 무단결근기간도 평균임금 산정 기준기간에서 제외해야 아는지?

평균임금은 「근로기준법」 제2조 제1항 제6호에 따라 이를 산정해야 할 사유가 발생한 날 이전 3월간에 지급된 임금 총액을 그 기간의 총일수로 나눈 금액을 말하며, 이러한 방법으로 산출된 평균임금 액이 해당 근로자의 통상임금보다 저액일 경우에는 그 통상임금액을 평균임금으로 해야 한다.

근로자의 귀책 사유로 무단결근한 기간 및 그 기간 중에 지급된 임금은 평균임금 산정 기간에 포함해서 계산한다(근로기준법 시행령 제2조 제1항).

⑤ 특별한 경우의 평균임금

평균임금의 정의(근로기준법 제2조 제1항 제6호) 및 평균임금 계산에서 제외되는 기간과 임금(근로기준법 시행령 제2조) 및 일용근로자의 평균임금(근로기준법 시행령 제3조)에 따라 평균임금을 산정할 수 없는 경우에는 다음의 기준에 따른다[근로기준법 시행령 제4조 및 「평균임금 산정 특례 고시」(노동부 고시 제2012-111호, 2012. 9. 25. 발령·시행)].

- 평균임금의 계산에서 제외되는 기간이 3개월 이상인 경우(평균임금 산정 특례 고시 제1조)

평균임금의 계산에서 제외되는 기간(근로기준법 시행령 제2조 제1항)이 3개월 이상의 경우는 제외되는 기간의 최초 일을 평균임금의 산정 사유가 발생한 날

로 보아 평균임금을 산정한다.

평균임금의 조정(근로기준법 시행령 제5조)은 평균임금의 계산에서 제외되는 기간이 3개월 이상의 경우 제외되는 기간의 최초 일을 평균임금의 산정사유가 발생한 날로 보아 평균임금을 산정해야 하는 경우 준용한다.

이 경우 근로기준법 시행령 제5조 중 "부상 또는 질병이 발생한 달"은 "평균임금의 계산에서 제외되는 기간의 최초 일이 속한 달"로 본다.

● 근로제공의 초일에 평균임금 산정 사유가 발생한 경우(평균임금 산정 특례 고시 제2조)

근로제공의 초일(근로기준법 제35조 제5호에 따른 수습기간 종료 후 초일을 포함)에 평균임금 산정 사유가 발생한 경우는 그 근로자에게 지급하기로 한 임금의 1일 평균액으로 평균임금을 추산한다.

● 임금이 근로자 2명 이상 일괄해서 지급되는 경우(평균임금 산정 특례 고시 제3조)

근로자 2인 이상을 1개조로 해서 임금을 일괄하여 지급하는 경우 개별 근로자에 대한 배분 방법에 대하여 미리 정하지 않은 경우는 근로자의 경력, 생산실적, 실근로일수, 기술·기능, 책임, 배분에 관한 관행 등을 감안하여 근로자 1명당 임금액을 추정하여 그 금액으로 평균임금을 추산한다.

● 임금총액의 일부가 명확하지 않은 경우(평균임금 산정 특례 고시 제4조)

평균임금의 산정기간 중에 지급된 임금의 일부를 확인할 수 없는 기간이 포함된 경우는 그 기간을 제외한 잔여기간에 지급된 임금의 총액을 잔여기간의 총일수로 나눈 금액을 평균임금으로 본다.

● 임금 총액의 전부가 명확하지 않은 경우 등(평균임금 산정 특례 고시 제5조)

위의 기준에 따라 평균임금을 산정할 수 없는 경우에는 지방노동관서장이 다음의 사항을 감안해서 적정하다고 결정한 금액을 해당 근로자의 평균임금으로 본다.

❶ 해당 사업장 소재 지역의 임금수준 및 물가사정에 관한 사항

❷ 해당 근로자에 대한 소득세 법령상 기재된 소득자별근로소득원천징수부, 국민연금법 · 국민건강보험법 · 고용보험법상 신고 된 보수월액 · 소득월액 · 월 평균임금 등에 관한 사항

❸ 해당 사업장 소재 지역의 업종과 규모가 동일하거나 유사한 사업장에서 해당 근로자와 동일한 직종에 종사한 근로자의 임금에 관한 사항

❹ 해당 사업장의 근로 제공기간 중에 받은 금품에 대해 본인 또는 그 가족 등이 보유하고 있는 기록(이 경우 사업주가 인정하는 경우에 한함) 등 증빙서류에 관한 사항

❺ 고용노동부 장관이 조사 · 발간하는 "임금구조기본통계조사보고서", "매월노동통계조사보고서" 및 "소규모사업체근로실태조사보고서" 등 노동통계에 관한 사항

2022년 12월 10일 입사 후, 월급이 300만 원, 12개월 상여금이 1,200만 원인 근로자가 2024년 12월 20일 퇴사를 하면서 연차수당 30만 원을 받은 경우 평균임금은?

[해설]

❶ 3개월분 평균임금 : 12,0750,000원

가. 퇴직전 3개월 임금 총액 : 300만원 + 300만원 + 300만원 = 900만원

나. 3개월 분 상여금 : 1,200만원 × 3/12 = 300만원

다. 3개월 분 연차수당(전전연도 분) : 30만원 × 3/12 = 75,000원

❷ 퇴직 전 3개월 일수 : 91일

❸ 1일 평균임금 : 132,692.31원(통상임금보다 작으면 통상임금이 평균임금이 된다.)

❹ 재직일수 : 741일

❺ 퇴직금 = 30일분의 평균임금 × 재직일수/365

= 132,692.31원 × 30일 × 741/365

= 8,081,506.98원

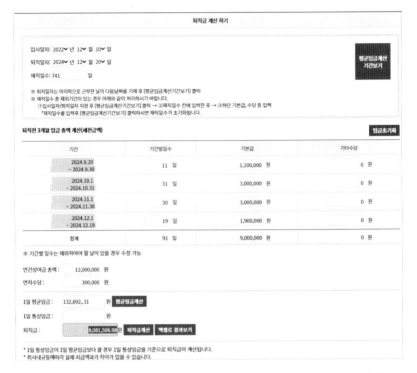

<고용노동부 자동계산기 : https://www.moel.go.kr/retirementpayCal.do>

 공무상 질병의 경우 평균임금 산정 방법은?(업무상 재해가 발생되어 요양기간 종료 후 업무에 복귀함이 없이 바로 퇴직의 효력이 발생된 경우)

업무상 재해가 발생 되어 요양기간 종료 후 업무에 복귀함이 없이 바로 퇴직의 효력이 발생된 경우에는 「근로기준법 시행령」 제5조 제4항에 따라 조정된 평균임금으로 퇴직금을 계산해야 하며, 다시 이러한 평균임금과 퇴직시점의 통상임금을 비교해서 높은 금액을 평균임금으로 해야 한다.

[근로기준법 시행령 제5조 제4항]

❶ 그 근로자가 소속한 사업 또는 사업장에서 같은 직종의 근로자에게 지급된 통상임금의 1명당 1개월 평균액이 그 부상 또는 질병이 발생한 달에 지급된 평균액보다 5% 이상 변동된 경우는 그 변동비율에 따라 인상되거나 인하된 금액으로 하되, 그 변동 사유가 발생한 달의 다음 달부터 적용한다. 다만, 제2회 이후의 평균임금을 조정하는 때에는 직전 회의 변동 사유가 발생한 달의 평균액을 산정기준으로 한다.

❷ 제1항에 따라 평균임금을 조정하는 경우 그 근로자가 소속한 사업 또는 사업장이 폐지된 때에는 그 근로자가 업무상 부상 또는 질병이 발생한 당시에 그 사업 또는 사업장과 같은 종류, 같은 규모의 사업 또는 사업장을 기준으로 한다.

❸ 제1항이나 제2항에 따라 평균임금을 조정하는 경우 그 근로자의 직종과 같은 직종의 근로자가 없는 때에는 그 직종과 유사한 직종의 근로자를 기준으로 한다.

참고로 퇴직금 산정을 위한 평균임금은 「근로기준법」 제2조 제1항 제6호에 따라 이를 산정해야 할 사유가 발생한 날 즉, 퇴직일 이전 3월간에 지급된 임금 총액을 그 기간의 총일수로 나눈 금액을 말하며, 이러한 방법으로 산출된 평균 임금액이 해당 근로자의 통상임금보다 저액일 경우에는 그 통상임금액을 평균임금으로 한다.

이때 「근로기준법 시행령」 제2조 제1항 제4호에 따라 업무수행으로 인한 부상 또는 질병의 요양을 위해서 휴업한 기간에 대해서는 그 기간과 그 기간 중에 지불된 임금을 평균임금 산정기준이 되는 기간과 임금의 총액에서 각각 공제해야 한다.

또한, 「근로기준법 시행령」 제5조 제1항부터 제3항까지에 따라 업무상 부상을 당하거나 질병에 걸린 근로자의 평균임금은 조정하도록 하고 있으며, 「근로기준법 시행령」 제5조 제4항에 따라 퇴직금을 산정함에 있어서 적용할 평균임금은 위와 같은 방법으로 조정된 평균임금으로 해야 한다.

출산전후휴가 및 육아휴직 우 바로 퇴직 시 평균임금 산정은 어떻게 하는지?

근로기준법 시행령 제2조(평균임금의 계산에서 제외되는 기간과 임금)는 평균임금 산정 시 산정 사유 발생일(퇴직일) 이전 3개월과 출산휴가기간, 육아휴직기간이 겹치는 경우 그 기간과 그 기간 중에 지급받은 임금은 제외하고 평균임금을 산정하도록 규정하고 있다.

출산휴가 또는 육아휴직 기간이 평균임금 산정 사유 발생일 이전 3개월과 일부만 겹치는 경우는 산정사유 발생일 이전 3개월 중 겹치지 않는 기간과 그 기간 중에 지급받은 임금으로 산정하고, 전부 겹치는 경우는 출산휴가, 육아휴직 한 날 이전 3개월간의 임금 총액과 그 기간의 총일수로 나누어 산정해야 한다.

따라서 직원이 출산휴가와 육아휴직을 사용한 후 곧바로 퇴직하는 경우 평균임금은 출산휴가 직전의 3개월간에 지급된 임금의 총액을 그 기간의 총일수로 나누어서 산정해야 한다.

구 분	처리 방법
출산휴가 또는 육아휴직 기간이 평균임금 산정사유 발생일 이전 3개월과 일부만 겹치는 경우	산정 사유 발생일 이전 3개월 중 겹치지 않는 기간과 그 기간 중에 지급받은 임금으로 산정
출산휴가 또는 육아휴직 기간이 평균임금 산정 사유 발생일 이전 3개월과 전부 겹치는 경우	출산휴가, 육아휴직 한 날 이전 3개월간의 임금총액과 그 기간의 총일수로 나누어 산정

 (무단)결근 시 평균임금 산정 방법은?

업무 외 부상이나 질병, 그 밖의 사유로 사용자의 승인을 받아 휴업한 기간은 평균임금 산정에서 제외하도록 규정하고 있다(근로기준법 시행령 제2조 제1항 제8호). 즉, 개인적인 사유라 하더라도 사용자의 승인을 받아 휴업한 기간에 대해서는 평균임금 산정기간에서 제외하고 평균임금을 산정해야 한다. 단, 개인적인 사유로서 사용자의 승인을 받지 않은 기간과 무단결근기간은 평균임금 산정기간에 포함한다.

이같이 평균임금 산정에서 제외되는 기간을 설정한 법적 취지는 근로자의 평균임금이 과도하게 줄어들어 퇴직금 등 산정에 불이익을 받는 일이 없도록 하는 취지이다.

구 분	처리방법
업무 외 부상이나 질병, 그 밖의 사유로 사용자의 승인을 받아 결근한 기간	평균임금 산정기간에서 제외
개인적인 사유로서 사용자의 승인을 받지 않은 기간과 무단결근기간	평균임금 산정기간에 포함

그리고 퇴직금 산정을 위한 1일 평균임금이 1일 통상임금보다 적을 경우는 1일 통상임금을 1일 평균임금으로 보아 퇴직금을 계산한다.

 감봉기간, 직위애제기간, 대기발령기간, 불법쟁의 행위 기간의 평균임금 산정방법은?

다음의 경우에는 평균임금 산정기간에 포함해서 평균임금을 계산한다.

• 근로자의 귀책 사유로 인한 휴업기간
• 근로자의 귀책 사유로 인한 감봉기간
• 근로자의 귀책 사유로 인한 직위해제 기간
• 근로자의 귀책 사유로 인한 대기발령 기간
• 불법 쟁의행위 기간

퇴직금과 퇴직연금 제도

퇴직금 제도는 사용자가 계속근로기간 1년에 대해 30일분 이상의 평균임금을 퇴직금으로, 퇴직하는 근로자에게 지급하는 제도이다. 반면 퇴직연금제도는 사용자가 근로자의 재직기간 중 퇴직금의 지급 재원을 외부의 금융기관에 적립하고, 사용자 또는 근로자의 지시에 따라 운용한 후 퇴직 시 연금 또는 일시금으로 지급하는 제도다. 퇴직연금제도의 종류에는 확정급여형퇴직연금제도와 확정기여형퇴직연금제도가 있다.

1 퇴직급여제도의 의의

↗ 퇴직급여제도

퇴직급여제도란 근로자퇴직급여 보장법 제2장에 따른 퇴직급여제도 및 근로자퇴직급여 보장법 제3장, 제4장 및 제5장에 따른 퇴직연금제도를 말한다(근로자퇴직급여 보장법 제2조 제6호 · 제7호).

↗ 퇴직금제도

퇴직금제도란 사용자가 계속근로기간 1년에 대해 30일분 이상의 평균임금을 퇴직 근로자에게 지급하는 제도이다(근로자퇴직급여 보장법 제8조 제1항).

2 퇴직급여제도의 적용 범위

근로자퇴직급여 보장법은 동거의 친족만을 사용하는 사업 및 가사 사용인을 제외한 근로자를 사용하는 모든 사업 또는 사업장에 적용한다.

3 퇴직금제도

↗ 퇴직금의 지급요건

퇴직금은 1인 이상 근로자를 사용하는 사업장에 1년 이상 계속 근로한 근로자가 퇴직하는 경우 지급한다(근로자퇴직급여 보장법 제8조 제1항). 다만, 상시 4인 이하의 근로자를 사용하는 사업은 2010년 12월 1일부터 퇴직금제도가 적용된다(2010년 12월 1일부터 2012년 12월 31일까지에 대한 퇴직금 : 50% 지급, 2013년 1월 1일 이후의 퇴직금 : 전액 지급). [근로자퇴직급여 보장법 시행령 (대통령령 제22409호) 부칙 제2조].

근로자와 사용자가 실질적 근로관계가 존재하기만 하면 기간제 근로자 또는 파견근로자도 근로자퇴직급여 보장법을 적용받는다. 다만, 계속근로기간이 1년 미만인 근로자, 4주간을 평균해서 1주간의 소정근로시간이 15시간 미만인 근로자의 경우에는 퇴직금제도가 적용되지 않는다(근로자퇴직급여 보장법 제4조 제1항).

1년 이상 계속근로

계속근로연수는 원칙적으로 근로자가 입사한 날(또는 최초의 출근 의무가 있는 날)부터 퇴직일까지의 기간을 말한다.

- 근로자가 그 적을 보유하고 근로관계를 유지하고 있다면 휴직 기간도 휴직 사유에 관계없이 근속연수에 포함된다.
- 군 복무로 휴직한 기간은 계속근로기간에 포함되지 않는 것이 원칙이다.
- 일용·임시근로자의 경우에도 근로하지 않은 날이 상당 기간 계속되지 않는 한 사실상 계속해서 근로한 경우는 계속근로가 인정된다.

근로자에 해당해야 한다.

근로자란 직업의 종류와 관계없이 임금을 목적으로 사업이나 사업장에 근로를 제공하는 자를 말한다(근로자퇴직급여 보장법 제2조 제1호 및 근로기준법 제2조 제1항 제2호).

퇴직급여제도는 동거의 친족만을 사용하는 사업 및 가사사용인을 제외한 근로자를 사용하는 모든 사업 또는 사업장에 적용된다(근로자퇴직급여 보장법 제3조).

근로자의 퇴직

퇴직의 사유는 제한이 없기때문에 근로자의 일방적 의사표시에 의한 근로계약의 해지만이 아니고 근로자의 사망 또는 기업의 소멸, 일의 완료, 정년의 도래 및 해고 등 근로계약이 종료되는 모든 경우가 퇴직에 해당한다.

또한, 징계해고, 직권면직의 경우에도 퇴직금은 지급되어야 한다.

↗ 퇴직금의 산정

사용자는 계속근로기간 1년에 대해서 30일분 이상의 평균임금을 퇴직금으로 퇴직 근로자에게 지급해야 한다(근로자퇴직급여 보장법 제8조 제1항).

당사자의 합의나 노사협의회에서의 합의 또는 단체협약의 규정이 있더라도 근로자퇴직급여 보장법 이하의 퇴직금 지급은 무효다.

> 퇴직금 = (1일 평균임금 × 30일) × (총 계속근로 일수(재직일수) ÷ 365)
>
> 🔧 퇴직금은 고용노동부 홈페이지에서 자동계산할 수 있다.

계속근로기간

계속근로기간이란 계속해서 근로를 제공한 기간, 근로계약을 체결한 후 해지될 때까지의 기간을 말한다.

 매달 4, 5일 내지 15일 정도 근무안 근로자가 상용근로 자인지?

원래 근로자가 반드시 월평균 25일 이상 근무해야만 퇴직금 지급의 전제가 되는 근로자의 상근성·계속성·종속성의 요건을 충족시키는 것은 아니고, 최소한 1개월에 4, 5일 내지 15일 정도 계속해서 근무하였다면 위 요건을 충족한다[대법원 1995. 7. 11. 선고 93다26168 전원합의체판결].

[계속근로기간의 기산일과 마감일]

계속근로기간의 기산일은 입사일, 근로계약체결일 등 출근의무가 있는 날이며, 마감일은 근로관계의 자동 소멸, 임의퇴직, 합의퇴직, 정년퇴직, 정리해고, 징계해고 등 근로계약이 끝나는 날이다.

[특수한 근무기간의 계속근로기간 포함 여부]

근로계약기간을 갱신하거나 동일한 조건의 근로계약을 반복해서 체결한 경우는 갱신 또는 반복기간을 모두 합산하여 계속근로기간으로 계산해야 한다.

- 휴직기간은 보수유무, 휴직 사유 등과 관계없이 휴직기간도 원칙적으로 계속근로기간에 산입해야 한다. 다만 개인적인 사유(직무와 관련 없는 개인적인 유학이나 연구, 개인질병 등)에 의한 휴직인 경우는 단체협약, 취업규칙 등의 규정으로 합산치 않을 수 있다.
- 군 복무기간은 계속근로기간에 산입하지 않아도 된다.
- 근속기간 중에 근로형태의 변경이 이루어져도 변경전 후의 기간을 합산한다.
- 임시고용원으로 채용되어 정규사원으로 공백 기간 없이 근무한 경우에는 통산한 기간을 계속근로기간으로 보아야 한다.
- 1년 이상으로 1년이 안 되는 단수가 있는 경우에는 월별로 나누어 이에 따른 퇴직금을 계산해야 한다.

30일분 이상의 평균임금

퇴직금은 퇴직일 이전 3개월간의 임금총액을 퇴직일 이전 3개월간의 총일수로 나눈 평균임금으로 계산한다.

↗ 퇴직금의 지급

사용자는 근로자가 퇴직한 경우는 그 지급사유가 발생한 날부터 14일 이내에 퇴직금을 지급해야 한다(근로자퇴직급여 보장법 제9조 본문). 다만, 특별한 사정이 있는 경우에는 당사자 간의 합의에 의해서 지급기일을 연장할 수 있다

(근로자퇴직급여 보장법 제9조 단서). 근로자 퇴직급여 보장법 제9조를 위반해서 퇴직금을 지급하지 않은 자는 3년 이하의 징역 또는 2천만 원 이하의 벌금에 처한다(근로자퇴직급여 보장법 제44조).

사용자는 퇴직급여 제도에 따라 근로자에게 지급되는 일시금의 전부 또는 일부를 그 지급 사유가 발생한 날부터 14일 이내(특별한 사정이 있는 경우에는 당사자 사이의 합의에 의해 연장 가능)에 지급하지 않은 경우 그다음 날부터 지급하는 날까지의 지연일수에 대해 연 20%의 지연이자를 지급해야 한다(근로기준법 제37조 제1항 및 근로기준법시행령 제17조).

사용자가 근로자와 매월 지급받는 임금 속에 퇴직금이란 명목으로 일정한 금액을 지급하기로 약정한 경우 퇴직금 지급으로서 효력을 인정할 수 있는지?

사용자와 근로자가 매월 지급하는 월급이나 매일 지급하는 일당과 함께 퇴직금으로 일정한 금액을 미리 지급하기로 약정하였다면, 그 약정은 근로기준법 제34조 및 근로자퇴직급여 보장법 제8조 제2항에 따른 퇴직금 중간정산으로 인정되는 경우가 아닌 한, 퇴직할 때 비로소 발생하는 퇴직금 청구권을 근로자가 사전에 포기하는 것으로서 근로자퇴직급여 보장법 제9조에 위배 되어 무효이다. 따라서 이와 같은 퇴직금 분할 약정에 따라 이미 지급한 퇴직금 명목의 금액은 퇴직금 지급으로써의 효력이 없으므로 사용자는 같은 금액 상당을 부당이득으로 반환청구를 할 수 있다. 다만, 이와 같은 부당이득반환채권과 같은 금액만큼 근로자의 퇴직금 채권과 상계할 수는 있다(참고: 대법원 2010.5.20. 선고 2007다90760 전원합의체 판결).

근로자퇴직급여 보장법에 따른 퇴직금을 받을 권리는 3년간 행사하지 않으면 소멸한다(근로자퇴직급여 보장법 제10조).

4 퇴직연금 제도

↗ 퇴직연금제도

퇴직연금제도란 사용자가 근로자의 재직기간 중 퇴직금 지급재원을 외부의 금융기관에 적립하고, 이를 사용자 또는 근로자의 지시에 따라 운용해서 근로자가 퇴직하는 경우 연금 또는 일시금으로 지급하는 제도를 말한다.

근로자퇴직급여 보장법은 퇴직급여제도, 퇴직연금제도(확정급여형 퇴직연금제도, 확정기여형 퇴직연금제도, 개인형 퇴직연금 제도)를 시행하는데 기본이 되는 법령이다.

근로기준법은 사용자가 퇴직하는 근로자에게 지급하는 퇴직급여제도에 관해 근로자퇴직급여 보장법이 정하는 대로 따르도록 하고 있다(근로기준법 제34조).

↗ 퇴직연금제도의 종류

퇴직연금제도에는 확정급여형 퇴직연금제도, 확정기여형 퇴직연금제도 및 개인형 퇴직연금제도가 있다.

확정급여형 퇴직연금제도란 근로자가 받을 급여의 수준이 사전에 결정되어 있는 퇴직연금제도를 말한다(근로자퇴직급여 보장법 제2조 제8호).

확정기여형 퇴직연금제도란 급여의 지급을 위해서 사용자가 부담해야 할 부담금의 수준이 사전에 결정되어있는 퇴직연금제도를 말한다(근로자퇴직급여 보장법 제2조 제9호).

개인형 퇴직연금제도란 가입자의 선택에 따라 가입자가 납입한 일시금이나 사용자 또는 가입자가 납입한 부담금을 적립·운용하기 위해서 설정한 퇴직연금제도로서 급여의 수준이나 부담금의 수준이 확정되지 않은 퇴직연금제도를 말한다(근로자퇴직급여 보장법 제2조 제10호).

상시 10명 미만의 근로자를 사용하는 사업의 경우 「근로자퇴직급여 보장법」 제4조 제1항 및 제5조에도 불구하고 사용자가 개별 근로자의 동의를 받거나 근로자의 요구에 따라 개인형퇴직연금제도를 설정하는 경우에는 해당 근로자에게 퇴직급여제도를 설정한 것으로 본다(근로자퇴직급여 보장법 제25조 제1항).

[확정급여형퇴직연금제도 · 확정기여형퇴직연금제도 · 개인형퇴직연금제도 비교]

구 분	확정급여형 퇴직연금제도	확정기여형 퇴직연금제도	개인형 퇴직연금제도
개념	• 퇴직 시 지급할 급여 수준을 노사가 사전에 약정 • 사용자가 적립금 운용 방법을 결정 • 근로자가 퇴직 시 사용자는 사전에 약정된 퇴직급여를 지급	• 기업이 부담할 기여금 수준을 노사가 사전에 확정 • 근로자가 적립금 운용 방법을 결정 • 근로자가 일정 연령에 도달하면 운용 결과에 따라 퇴직급여를 지급	• 근로자 직장 이전 퇴직연금 유지를 위한 연금통산장치 또는 10명 미만 사업체 적용 • 근로자가 적립금 운용 방법을 결정 • 퇴직일시금 수령자 가입 등 일시금에 대해 과세 이연
기업 부담	적립금 운용 결과에 따라 기업부담 변동	• 매년 기업의 부담금은 근로자 임금의 일정 비율로 확정 • 가입자의 연간 임금 총액의 1/12에 해당하는 금액 이상	없음(다만, 10명 미만 사업체는 확정기여형 퇴직연금제도와 동일)
퇴직 급여	• 근로기간과 퇴직 시 임금수준에 따라 결정 계속근로기간 1년에 대해서 30일분의 평균	자산운용 실적에 따라 퇴직급여 수준이 변동	자산운용 실적에 따라 퇴직급여 수준이 변동

구 분	확정급여형 퇴직연금제도	확정기여형 퇴직연금제도	개인형 퇴직연금제도
	임금에 상당하는 금액 이상		
제도간 이전	어려움(퇴직 시 개인퇴직계좌로 이전)	직장 이동 시 이전이 용이	연금 이전이 용이
적합한 기업·근로자	도산 위험이 없고, 정년 보장 등 고용이 안정된 기업	• 연봉제 도입기업 • 체불위험이 있는 기업 • 직장이동이 빈번한 근로자	퇴직일시금 수령자 및 소규모 기업 근로자

↗ 퇴직연금제도의 가입 절차

[퇴직연금제도의 가입 절차]

퇴직연금제도 설정	→	• 현행 퇴직금제도, 확정급여형 퇴직연금제도 및 확정기여형 퇴직연금 제도 중 하나 이상의 제도 선택(근로자퇴직급여 보장법 제4조 제1항) • 퇴직연금제도 종류 선택 시 근로자대표의 동의가 필요(근로자퇴직급여 보장법 제4조 제3항)

↓

퇴직연금규약 작성·신고	→	• 퇴직연금제도를 설정하고자 하는 경우 사용자는 근로자대표의 동의를 얻어 규약을 작성하고 이를 고용노동부 장관에게 신고(근로자퇴직급여 보장법 제13조 및 제19조) • 사업장 주소지 관할 지방 고용노동관서는 위의 규약이 법령에 적합하게 작성되었는지를 판단해서 수리 단, 10명 미만 사업장에서 개인형 퇴직연금제도를 선택하는 경우에는 퇴직연금 규약 작성 의무 면제

퇴직연금계약 체결	→	• 사용자는 퇴직연금사업자와 다음의 퇴직연금 업무의 수행을 내용으로 하는 계약을 체결(근로자퇴직급여 보장법 제28조 및 제29조) 1. 운용관리업무 2. 자산관리업무

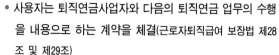

중도퇴사자 발생 시 처리해야 할 업무

구 분	내 용
사직서 수령	사직서(퇴직원)를 제출받는다.
4대 보험 상실신고	건강보험, 국민연금, 고용보험 등 4대 보험 상실신고를 한다. **1. 건강보험** • 건강보험증의 사용은 퇴직일까지만 가능(건강보험카드 즉시 반납) • 건강보험료는 퇴직일이 속하는 달까지 납부 **2. 고용보험** • 실업급여 대상은 비자발적 퇴직의 경우(정년, 계약만료, 권고사직)가 해당됨 • 실업급여에 해당할 경우 "사실확인증명서"를 자세히 기재하고 해당 팀장에게 결재 **3. 국민연금** • 국민연금 보험료는 퇴사일이 속하는 달까지 연금 보험료를 납부
각종 융자금 정리	사우회 융자금, 근로복지기금 융자금, 전세금, 주택자금 등을 정리하고, 미상환 금액이 있는 경우 퇴직금에서 공제한다.

구 분	내 용
퇴직금 및 급여정리	퇴직금 및 최종 월급여를 퇴직일로부터 14일 이내에 본인 IRP 급여계좌로 입금해준다. **1. 중도 퇴사자 연말정산** 1월 1일부터 12월 31일까지의 퇴사자에 대해서는 연말정산을 한 후 추가납부액은 추가로 징수하고 환급액은 환급해준 후 퇴사 처리를 해야 한다. 간혹 12월 31일자 퇴직자도 연말정산을 해야 하는지 물어보는 경우가 있으나 12월 31일 현재 근무하는 직장에서 연말정산 후 퇴직처리를 해야 한다. 또한, 연말정산 결과 환급액에 대해서 환급을 안 해주고 퇴사처리를 하는 경우 체불임금으로 처리된다. **2. 퇴직금 지급** 1년 이상 근속한 근로자나 1년 미만이라도 취업규칙 등에 지급하도록 되어있는 경우 퇴직금을 계산해 14일 이내에 퇴직금을 지급해야 한다.
출입카드 반납	퇴직 전까지 출입카드 반납
원천징수영수증 등 발급	다음 근무지에 제출할 원천징수영수증 등을 발급해준다.
각종 증명서 발급	퇴직 후 경력증명서 및 퇴직증명서 발급

퇴직금 중간정산

본　래 퇴직금은 퇴직 후에 지급하는 것이 원칙이나, 재직 중이더라도 근로자가 자신의 필요로 중간정산을 요청하는 경우는 퇴직금을 중간정산해서 지급할 수 있는데, 이를 퇴직금 중간정산이라고 한다.

2012년 7월 26일 이후로 퇴직금 중간정산이 금지됨에 따라 재직 중에는 근로자에게 퇴직금을 지급할 수 없게 되었다. 다만, 예외적으로 다음의 경우에는 퇴직금 중간정산이 가능하다.

1　퇴직금 중간정산의 요건

↗ 근로자퇴직급여보장법에서 정하고 있는 퇴직금 중간정산 사유에 해당해야 한다.

근로자퇴직급여보장법에서 정하고 있는 퇴직금 중간정산 사유에 해당하는 경우는 횟수와 관계없이 중간정산을 신청할 수 있으며, 다만, 전세금 부담을 위한 중간정산은 하나의 사업장에서 1회만 허용된다.

❶ 무주택자인 근로자가 본인 명의로 주택을 구입하는 경우

전세자금을 이유로 중간정산을 받았다고 하더라도 무주택자로서 주택을 구입하는 경우에는 추가로 퇴직금 중간정산을 신청할 수 있다.

 ### 무주택자로 중간정산을 받기 위해서는 무엇이 필요한가?

근로자가 중간정산을 신청하는 날을 기준으로 무주택 여부를 판단한다.

❶ 퇴직금 중간정산 신청서

❷ 무주택자 여부를 확인할 수 있는 서류(현 거주지 주민등록등본, 현 거주지 건물등기부등본 또는 건축물관리대장등본, 재산세(미)과세증명서)

❸ 주택 구입 여부를 확인할 수 있는 서류(주택구입의 경우에는 부동산 매매계약서(분양계약서) 사본, 주택 신축의 경우에는 건축설계서 및 공사계약서 등)를 제출한다.

❷ 무주택자인 근로자가 주거를 목적으로 전세금 또는 주택임대차보증금을 부담하는 경우. 이 경우 근로자가 하나의 사업 또는 사업장에 근로하는 동안 1회로 한정한다.

❸ 근로자 또는 근로자의 배우자와 생계를 같이하는 부양가족이 질병 또는 부상으로 6개월 이상 요양을 하는 경우

❹ 퇴직금 중간정산을 신청하는 날부터 역산하여 5년 이내에 근로자가 「채무자 회생 및 파산에 관한 법률」에 따라 파산선고를 받은 경우

❺ 퇴직금 중간정산을 신청하는 날부터 역산하여 5년 이내에 근로자가 「채무자 회생 및 파산에 관한 법률」에 따라 개인회생절차개시 결정을 받은 경우

❻ 「고용보험법 시행령」 제28조 제1항 제1호부터 제3호까지의 규정에 따른 임금피크제를 실시해서 임금이 줄어드는 경우

퇴직연금 가입자도 중간정산을 받을 수 있나요?

퇴직연금은 확정급여형(DB형), 확정기여형(DC형)으로 나눌 수 있으며, 이 중 확정기여형이 특정 사유에 해당하는 경우 중도인출이 가능하다. 특정 사유는 퇴직금중간정산의 사유 중 전세금 및 보증금을 부담하는 경우와 임금피크제를 실시해서 임금이 줄어드는 경우를 제외한 나머지와 같다.

❼ 그 밖에 천재지변 등으로 피해를 입는 등 고용노동부 장관이 정하여 고시하는 사유와 요건에 해당하는 경우

❽ 사용자가 근로자와의 합의에 따라 소정근로시간을 1일 1시간 또는 1주 5시간 이상 변경하여 그 변경된 소정근로시간에 따라 근로자가 3개월 이상 계속 근로하기로 한 경우

 ## 퇴직금 중간정산 사유에 해당하지 않음에도 불구하고 퇴직금을 중간정산해서 지급한 경우에는 어떻게 되나요?

퇴직금 중간정산의 사유와 요건을 갖추지 못했음에도 불구하고 중간정산을 실시한 사용자에 대해서 법률에서 직접적 벌칙 조항을 정하고 있지는 않다. 그러나 사용자가 퇴직금 명목으로 금품을 지급하더라도 근로자퇴직급여보장법 시행령에서 정한 중간정산 요건을 갖추지 않은 근로자에게 퇴직금을 중간정산해서 지급한 경우 유효한 중간정산으로 볼 수 없다. 따라서 퇴직 시 유효한 중간정산이 이루어지지 않은 기간을 포함한 전체 계속근로기간에 대해서 퇴직금 전액을 다시 지급해야 한다. 만약 계속근로기간 전체에 대한 퇴직금을 지급하지 않는 경우 퇴직금 체불로 인한 민·형사상 책임을 지게 된다. 한편, 중간정산 명목으로 기존에 지급한 금품은 근로자에게 착오로 과다 지급한 금품에 해당하므로 부당이득반환소송 등 민법상으로 해결해야 할 것이다.

↗ 근로자의 자발적인 신청이 있어야 한다.

퇴직금 중간정산은 근로자의 자발적인 신청이 있는 경우에 시행할 수 있으

므로 사업주가 일방적으로 시행하는 경우는 적법한 중간정산으로 인정되지 않는다. 따라서 중간정산이 유효하게 이루어지려면 반드시 근로자의 자필 서명이 기재된 중간정산 신청서를 받아두어야 한다.

☑ 근로자가 신청해도 사업주는 이에 응할 의무가 없다.

근로자가 자발적으로 중간정산을 신청한다고 해도 사업주는 반드시 중간정산해서 지급해야 할 법적의무는 없다. 즉, 사업주의 동의가 필요하다.

② 적법한 퇴직금 중간정산 시 방법

☑ 근무 기간의 일부에 대해서만 중간정산도 가능

근무기간의 일부에 대해서만 중간정산 해서 지급하는 것도 가능하다. 예를 들어 7년을 근속한 직원이 입사일로부터 5년분만 중간정산 해달라고 요청한 경우 그렇게 정산해서 지급하는 것도 가능하다.

☑ 중간정산 시 평균임금 산정 시점은 근로자가 신청한 날

중간정산 한 퇴직금액도 평균임금을 기초로 해서 산정되어야 하는데, 이 경우 평균임금 산정 시점은 별도로 정함이 없는 이상, 근로자가 중간정산을 신청한 날이 된다. 즉, 근로자가 중간정산을 신청한 날 이전 3개월간의 임금총액으로 평균임금을 산정해서 중간정산 퇴직금을 산정한다.

3 퇴직금 중간정산의 효과

⬈ 계속근로연수가 새로이 기산된다.

적법하게 퇴직금을 중간정산 했다면 퇴직금 산정을 위한 계속근로연수는 단절되고 새로이 기산된다. 즉, 퇴직금에 대해서만은 퇴사한 뒤 재입사하는 근로자와 동일하게 취급해도 된다.

⬈ 근속기간과 관련된 다른 근로조건에는 영향을 주지 않는다.

퇴직금 중간정산을 했다고 해서 연차휴가일수 산정, 호봉승급, 정근수당의 산정, 내부승진 등 인사관리 정책상 필요한 근속연수는 최초 입사 시부터 그대로 인정된다.

⬈ 중간정산 이후에는 1년 미만의 기간에 대해서도 퇴직금을 지급

퇴직금을 중간정산 해서 지급한 이후 근로자가 1년 미만의 기간동안 근무하고 퇴직해도 전체 근무기간이 1년 이상이라면 그 1년 미만의 기간에 대해서도 퇴직금을 산정해서 지급해야 한다.

연장근로수당, 야간근로수당

1 연장근로와 야간근로

↗ 연장 가능 시간

당사자 간의 합의가 있는 경우에는 1주간에 12시간을 한도로 법정기준근로 시간인 1일 8시간, 1주 40시간을 연장할 수 있다. 18세 이상 남자 근로자의 경우는 1주일에 12시간을 초과하지 않는다면 특별한 사정이 없으면 1일 연장근로시간의 제한은 없다(대법원 1997.7.25, 96다29892).

연소근로자는 1일 1시간, 1주 5시간 한도로 연장할 수 있다(근로기준법 제69조 단서). 산후 1년이 지나지 않은 여성에 대해서는 단체협약이 있는 경우라도 1일 2시간, 1주 6시간, 1년에 150시간을 초과하는 연장근로를 시키지 못한다(근로기준법 제71조). 연장근로시간에 대해서는 통상임금의 50%를 연장근로수당(시간외 근로수당)으로 지급해야 한다. 연장근로수당을 지급한다고 하더라도 주 12시간을 초과하는 경우는 근로기준법 위반이다.

↗ 당사자 간 합의

당사자 간 합의하면 연장근로를 할 수 있다고 명시하고 있다(근로기준법 제53조 제1항). 여기서 당사자 간 합의는 근로자 개인과 사용자 사이의 개별적 합의를 말한다. 단체협약 등에 의한 집단적 합의도 가능하지만, 개별적 근로자의 의사결정의 자유를 침해하지 않는 범위 안에서 인정된다(대법원 1993.12.21, 93누5796).

합의의 형식과 내용 및 시기에 대해서는 법에서 정한 것이 없으므로 서면합의, 구두 합의 모두 가능하다.

↗ 포괄적 합의 가능

당사자 간의 합의는 연장근로를 할 때마다 개별적으로 하기보다는 근로계약을 체결할 때 미리 정할 수 있다(대법원 2000.6.23, 98다54960). 또한, 단체협약·취업규칙·근로계약에서 연장근로를 할 수 있도록 사전에 포괄적으로 정한 경우 사용자가 이를 근거로 연장근로 명령을 내릴 수 있으며, 근로자가 정당한 이유 없이 이를 거부하는 경우 계약위반이 된다(근기 01254 -450, 1990.1.12). 상황에 따라서는 징계해고의 근거가 되기도 한다(대법원 1997.7.25, 96다29892). 다만 포괄적인 연장근로의 합의가 있었다 하더라도 실제로 연장근로를 할 때는 근로자의 정당한 거부권이 허용되어야 할 것이다. 그렇지 않을 경우 근로시간 제한의 목적인 인간다운 생활, 일과 생활의 균형이 깨질 염려가 있기 때문이다. 따라서 기업이 연장근로를 명령할때에는 미리 예측가능하고 근로자의 정당한 거부권을 보장하며, 예외적인 경우에만 하는 등 사용자의 권리남용이 없어야 한다.

↗ 연장근로의 집단적 거부

근로자들을 선동해서 근로자들이 통상적으로 해오던 연장근로를 집단적으로 거부하도록 함으로써 회사업무의 정상 운영을 방해하였다면 이는 쟁의행위로 보아야 한다(대법원 1996.2.27, 95도2970). 따라서 집단적인 연장근로의 거부행위가 정당한 쟁의행위의 요건(당사자, 목적, 시기, 형태 등)을 갖추고 있는 경우에는 면책이 되지만 그렇지 않은 경우는 민·형사책임과 함께 징계책임을 물을 수 있다.

↗ 연장근로 제한의 예외

운수업, 영화·광고업, 의료·위생업 등 국민의 일상생활과 밀접한 관련이 있는 사업은 사용자와 근로자대표의 서면합의를 거쳐 1주 12시간 이상의 연장근로를 하게 하거나 휴게시간을 변경할 수 있다(근로기준법 제59조).

② 연장근로시간의 계산

↗ 1시간 미만의 단수처리

연장근로시간이 1시간 미만의 경우 이를 1시간으로 인정하는 것은 근로자에게 유리한 조건이므로 가능하다. 그러나 1시간 미만은 근로시간으로 인정하지 않는다거나 30분 이상만 1시간으로 인정한다는 규정이나 합의는 근로자에게 불리한 조건이므로 허용되지 않는다.

↗ 철야 연장근로

날짜를 달리해서 계속적으로 근로가 이어지는 경우는 이를 전일근로의 연장으로 보아 연장근로수당을 지급해야 할 것이나, 다음날의 소정근로시간대까지 계속 이어지는 경우는 다음날 시업 시각 이후의 근로는 근로계약·취업규칙 등에 의해서 당초 근로제공의무가 있는 소정근로이므로, 이를 전일의 연장근로로 볼 수 없다(근기 68207-402, 2003.3.31).

예를 들어 휴일에 시작된 근로가 날짜를 달리해서 계속되어 다음 날 소정근로시간 종료 후 퇴근한 경우 그다음 날의 소정근로 시업 시각 전까지에 대해서는 전일(휴일) 근로의 연장으로 보아 휴일근로수당(연장 및 야간근로에 해당하는 경우 연장·야간근로수당은 각각 별도 산정)을 지급해야 하며, 월요일 시업 시각 이후의 근로는 이를 휴일근로와 연장근로로 볼 수 없다.

↗ 철야 연장근로 후 대체 휴식

철야근무로 인한 심신의 피로를 회복시켜 주기 위해 사용자가 대체휴식을 부여한 경우 특별한 사정이 없으면 이는 무급으로 부여한 것으로 볼 수 있고 이 대체휴식을 주휴일이나 결근으로도 처리할 수 없다(근기 68207-2500, 2001.8.2). 다만, 단체협약이나 취업규칙 등에 특별히 정한 바가 있으면 그에 따르면 되고 근로자가 사용자의 대체휴식 부여에 불과하고 근로를 제공한 경우 사용자는 이에 대한 임금을 지급해야 한다.

↗ 24시간 이내에 2개조 연속근무

3교대제 근무 형태에서 일정한 시각을 기산점으로 24시간 안에 연속적으로 2회 또는 3회의 근로가 이루어질 수 있다. 이럴 경우 연속되는 교대 형태라면, 전체를 하나의 근무로 보아 8시간이 넘는 부분은 연장근로수당을 지급해야 한다.

예를 들어 저녁 근무(23:00~07:00)를 하고 다시 아침 근무(07:00~15:00)와 오후 근무(15:00~23:00)를 연속적으로 한 경우에는 전체 24시간에서 법정기준 근로시간인 8시간을 제외한 16시간이 연장근로가 되며, 8시간은 야간근로가 된다.

그러나 저녁 근무 후 휴식을 취하다가 오후 근무를 하는 경우와 같이 중간에 단절되는 시간이 있다면 이는 별개의 근무로서 연장근로로 보기 어렵다. 이 경우 고용노동부 행정해석은 연장근무로 보아 연장근로수당을 지급하라는 입장이다(근기 68207-682, 2003.6.10).

↗ 주중 지각·결근이나 휴일이 있는 경우

연장근로는 실제 근무한 시간을 기준으로 하므로 주중에 지각·결근이나 휴일이 있으면 그 시간을 빼고 연장근로시간을 계산한다. 예컨대 주중에 하루 결근하거나 휴일이 있어서 실제로 일하지 않은 경우 토요일에 8시간을 근무했더라도 주 전체의 근로시간이 40시간을 넘지 않으면 연장근로수당의 지급의무가 없다(근기 68207-2776, 2002.8.21).

③ 연장근로에 대한 보상(연장근로수당)

↗ 연장근로 임금과 연장근로 가산 할증임금

연장근로에 대한 금전적인 보상은 연장근로 자체에 대한 보상(100%)과 가산 할증 임금(50%)을 합한 금액이다. 연장근로 자체에 대한 보상 100%를 「연장수당」, 50%의 가산 할증임금을 「연장근로 가산수당」, 연장수당과 연장근로 가산수당을 합한 150%를 「연장근로수당(시간외 근로수당)」 이라고 통칭

한다. 연장수당의 수준에 대해서는 명시된 것이 없지만 통상임금의 100%를 지급해야 할 것이다. 연장근로 가산수당은 법에서 통상임금의 50% 이상을 지급하도록 강행규정을 두고 있다. 연장근로 가산수당은 기본급만으로 산정해서 지급하는 경우 자칫 법 위반의 위험이 있다.

시급 10,000원인 근로자가 1일 10시간 근로한 경우 연장근로수당은?

해 설

(10,000원 × 10시간) + (2시간 × 50% × 10,000원) = 110,000원

↗ 1일 단위와 1주 단위가 경합하는 경우 하나만 인정

연장근로시간을 계산할 때 1일 단위와 1주 단위가 경합하는 경우는 중복되지 않게 어느 쪽이든 근로자에게 유리한 것을 적용하면 된다(근기 01254-3558, 1988.3.9). 예를 들어 월요일부터 금요일까지 매일 10시간씩 근무하고 토요일에 2시간을 근무한 경우 총근로시간은 「10시간 × 5일 + 2시간 = 52시간」 이 되는데 월요일부터 금요일까지 매일 2시간의 연장근로수당을 계산하고(10시간분) 토요일 2시간은 1일 8시간이 넘지 않아 연장근로가 아니지만, 주당 총근로시간이 40시간을 넘었으므로 2시간에 대한 연장근로수당을 합산해야 한다. 따라서 총 연장근로시간은 12시간이 된다.

↗ 법 위반의 연장근로와 연장근로 가산수당

당사자 사이에 합의가 없거나 연장근로에 대한 합의가 있더라도 주당 12시간을 초과하는 연장근로는 법 위반이다(근로기준법 제53조). 이럴 경우 법 위반

에 대한 형사처벌을 받는 것과 별개로 연장근로에 대한 연장수당과 연장근로 가산수당은 지급해야 한다. 연장근로 가산수당을 지급하는 것과 법 위반에 대한 형사처벌은 다른 제도적 취지를 가지고 있으므로 가산수당을 지급한다고 해서 형사처벌이 면제되는 것은 아니며 형사처벌이 된다고 해서 가산수당의 지급의무가 면제되는 것도 아니다.

↗ 연장근로 가산수당에 대한 비과세

직전연도 총급여 3,000만 원 이하로써 월정액급여 210만 원 이하인 근로자가 근로기준법에 의한 연장시간근로·야간근로 또는 휴일근로로 인하여 통상임금에 가산해서 받는 급여 중 연 240만 원 이내의 금액이 비과세 대상이다(소득세령 제17조).

↗ 선택적 보상휴가제

사용자는 근로자대표와 서면합의에 따라 연장근로·야간근로 및 휴일근로에 대해서 임금을 지급하는 것을 갈음해서 휴가를 줄 수 있는데 이를 선택적 보상휴가제라고 한다(근로기준법 제57조). 예를 들어 1주일에 8시간의 연장근로를 한 경우 이 8시간에 보상을 임금으로 청구하는 것이 아니라 보상휴가를 청구하면 150%인 12시간을 유급휴가로 부여하는 방법이다.

④ 유연근로시간제와 특별사정 연장근로

↗ 유연근로시간제에서 연장근로

당사자 간의 합의가 있는 경우에는 1주간에 12시간을 한도로 근로기준법 제

51조(탄력적 근로시간제)의 근로시간을 연장할 수 있으며, 근로기준법 제52조 제2호의 정산기간을 평균해서 1주간에 12시간을 초과하지 않는 범위 안에서 제52조(선택적 근로시간제)의 근로시간을 연장할 수 있다.

3개월 단위 탄력적 근로시간제의 경우 1주 52시간까지의 근로가 기준근로시간이 된다.

↗ 특별한 사정이 있는 경우 연장근로

사용자는 재해 기타 특별한 사정이 있는 경우 고용노동부 장관의 인가와 근로자의 동의를 얻어 근로시간을 연장할 수 있다. 다만, 사태가 급박해 고용노동부 장관의 인가를 받을 시간이 없는 경우에는 사후에 지체없이 승인을 받아야 한다(근로기준법 제53조 제3항). 이는 화재 등 긴급하고 불가피한 사고에 대처하기 위해서 어느 정도의 탄력성을 부여하기 위한 규정이다. 여기서 특별한 사정이란 천재, 사변 기타 이에 준하는 재해와 긴급하고 불가피한 사고로서 통상적인 업무의 운영으로는 이를 예견할 수 없는 경우를 말한다. 통상적인 업무증가나 기계 수리 등은 포함되지 않고 돌발적인 사고라도 인명이나 재산 또는 공공질서에 중대한 영향을 미치지 않으면 이에 해당하지 않는다.

동의와 인가

사용자는 근로시간을 연장하려거나 연장한 경우는 근로시간 연장 인가 또는 승인신청서에 근로자의 동의서 사본을 첨부해서 관할 지방노동관서의 장에게 제출해야 한다(근로기준법 시행규칙 제9조 제1항). 이러한 근로시간 연장의 인가 또는 승인은 그 사업 또는 사업장에서 자연재해, 재난관리법에 따른 재난 또는 이에 준하는 사고가 발생해서 이를 수습하기 위해서 연장근로를 피할 수 없는 경우로 한정한다(근로기준법 시행규칙 제9조 제2항).

대휴

고용노동부 장관은 근로시간의 연장이 부적당하다고 인정할 경우 연장근로 시간에 상당하는 휴게시간이나 휴일을 줄 것을 명할 수 있다(근로기준법 제53 조 제4항). 사용자가 연장근로를 시킬 수 있는 기간은 사유가 발생하고 있는 시간으로써 필요한 한도에 그쳐야 한다.

연장근로 가산수당

주당 기준근로시간(1일 8시간, 1주 40시간)을 넘는 시간에 대해서는 연장근로 임금과 연장근로 가산수당이 지급되어야 한다.

 지각출근자의 연장근로수당 지급여부

연장근로가산수당은 일 8시간, 주 40시간을 초과한 근로에 대해 발생한다.
지각 등으로 인해 소정근로시간인 8시간 이내에서 근무한 것이라면 연장근로 가산수 당은 발생하지 않는다. 다만 근무 자체는 했으니 실제 근무시간에 대해 임금을 지급하 면 된다. 2시간 지각 후 2시간 연장근무를 해 결과적으로 일 8시간 근무했다면 임금 가감 없이 그대로 지급 하면 된다.

구 분	업무처리
2시간 지각 후 정시에 퇴근	2시간분의 임금을 차감하면 된다.

구 분	업무처리
2시간 지각 후 2시간 근무	일 8시간을 초과하지 않는 경우 차감하는 급여도 없고, 연장근로수당도 없다.
2시간 지각 후 3시간 근무	2시간 지각 후 3시간 근무로 인해, 일 9시간 근무의 경우는 차감하는 급여는 없고, 연장근로수당 1시간분이 발생한다.

지각이나 조퇴로 인해 실근로시간이 8시간을 초과하지 않았다면 종업시간 이후 연장근로를 하였다 하더라도 연장근로수당을 지급할 의무가 없다. 다만, 노사 간 특정 시간 이후의 근로에 대한 수당 지급에 관한 합의가 있는 등 특별한 사정이 있는 경우는 그에 따라야 할 것이다(근기 68207-2776, 2002.8.21.)

즉, 실근로시간이 1주 40시간 및 1일 8시간을 초과하지 않았다면 근로기준법상 연장근로 지급의무도 발생되지 않는다.

참고로 일부 행정해석은 지각으로 실근로시간이 8시간에 미치지 못하더라도 종업시간 이후의 근로시간에 대해 연장근로수당을 지급해 온 사업장의 경우 연장근로수당을 지급해야 한다고 해석하고 있으나, 이는 특수한 상황에 해당하므로 일반화할 수 없다고 판단된다.

사업주의 지시가 아닌 자발적으로 연장근로를 한 경우 연장근로수당 지급

업무 완료를 위해서 불가피하게 2시간을 더 근로하였다고 주장하는 근로자의 2시간분에 대한 연장근로수당 지급 여부가 문제가 될 수 있다.

당해 업무의 성격상 연장근로가 불가피하였음이 인정될 경우는 연장근로수당을 지급해야 할 것이나, 반드시 그 시간대에 업무를 처리해야 할 객관적인 필요성이 인정되지 않을 경우는 연장근무의 필요성 없이 자발적으로 당해 근로자가 일한 것으로 볼 수 있는바, 추가적인 2시간분에 대한 연장근로수당을 지급하지 않아도 법 위반으로 볼 수는 없을 것이다. 다만, 업무처리의 완료를 기준으로 업무지시가 있었던 경우에는 당해 근로자에 대해서 2시간 이외의 추가적인 연장근로를 하지 말도록 하는 적극적인 조치가 없었다면 연장근로는 실제로 근로를 제공한 시간으로 볼 수 있는바, 이에 대한 가산임금을 지급하는 것이 적절할 것으로 판단된다.

근로기준법 제52조의 규정에 의한 연장근로의 제한은 1주간의 법정기준근로시간 이외에 12시간을 초과해서 근무할 수 없다는 것으로서 휴일근로시간은 동조에서 정한 연장근로시간에는 포함되지 않는 것으로 보며, 사용자의 근무 지시 없이 근로자가 자발적으로 소정근로시간 이외에 근무한 경우는 근로기준법의 가산임금을 지급하지 않더라도 법 위반으로 볼 수는 없다(1999.05.07, 근기 68207-1036).

회사 입장에서 근로자에 대해서 기왕에 실시하던 연장근로를 앞으로 실시하지 않겠다는 의사표시를 분명히 하고(예 : 게시판 공고, 근로자 개별통지 등), 실제 연장근로를 시키지 않는다면 별도의 연장근로수당을 지급하지 않아도 근로기준법 위반 문제는 발생하지 않는다.

 ## 일 · 숙직, 당직 수당은 법적으로 정해진 금액이 있나요?

구 분	업무처리
당직으로서의 근무 특성에 따라 취침 등의 단속적 또는 대기상태의 근무인 경우	연장근로 및 야간근로 가산수당의 적용을 받지 않으며, 따라서 통상임금을 기준으로 시간급을 산정하거나 가산수당을 포함해서 임금을 지급할 필요는 없다. 따라서 회사 규정 등에서 정한 당직수당을 지급한다.
당직근무 동안 소정 근로(평상시) 때 제공하는 형태와 동일한 형태로 근무하는 경우	당직근무 시간에 대해서는 연장 및 야간근로 등의 적용을 받아 통상임금에 의한 시급 계산 및 가산수당 등이 적용된다. 따라서 회사 일방적인 규정에 의해서 당직수당만 지급해서는 안 된다.

 ## 휴일에 근로하는 휴일근로시간도 연장근로수당을 지급해야 하나?

휴일에 1일 법정근로시간인 8시간을 초과한 경우에는 그 초과된 시간에 대해서 휴일근로 가산수당 외에 연장근로 가산수당도 지급해야 하며, 이 경우 그 초과된 시간은 연장근로시간에 포함된다(근기 68207-3125, 2002.10.28).

5 야간근로

↗ 야간근로의 의의

야간근로는 오후 10시부터 다음날 오전 6시까지를 말한다(근로기준법 제56조). 야간근로는 신체적인 리듬이 깨져서 근로자의 건강에 나쁜 영향을 미칠 수 있다. 그러나 근로기준법에서는 야간근로에 대한 일반적인 제한은 두고 있지 않고 여성과 연소자, 임산부 등 상대적으로 약자인 근로자는 동의 또는 인가를 받도록 규정하고 있다.

↗ 야간근로의 제한

18세 이상의 여성 근로자

18세 이상의 여성 근로자는 본인의 동의가 있어야 야간근로를 시킬 수 있다. 동의는 개별 근로자의 동의를 의미하며, 노동조합과 집단적으로 합의했더라도 본인이 반대하면 야간근로를 시킬 수 없다.

연소근로자, 산후 1년 미만 근로자, 임신 중인 근로자

18세 미만 연소근로자의 동의가 있는 경우, 산후 1년이 지나지 않은 여성 근로자의 동의가 있는 경우, 임신 중인 여성 근로자가 명시적으로 청구하는 경우는 고용노동부 장관의 인가를 얻어 각각 야간근로를 시킬 수 있다. 동의는 개별 근로자의 동의를 의미하며, 서면동의가 아닌 구두 동의도 가능하다. 사용자는 고용노동부 장관의 인가를 받기 전에 근로자의 건강 및 모성보호를 위해 그 시행 여부와 방법 등에 관해서 근로자대표와 성실하게 협의해야 하고(근로기준법 제70조 제3항), 이러한 협의의무를 이행하지 않을 경우는 5백만 원 이하의 벌금에 처한다.

↗ 야간근로수당

야간근로에 대해서는 통상임금의 50%를 가산해서 임금을 지급해야 한다. 연장근로·휴일근로와 야간근로는 제도적인 취지가 다르므로 이들이 중복될 경우는 가산수당을 각각 지급해야 한다.

그리고 감시·단속적 근로자 등 근로시간·휴일·휴게의 적용 제외 근로자에게도 야간근로 가산수당은 지급되어야 한다.

> 시급 10,000원인 근로자가 오후 22시부터 오전 06시까지 근로한 경우 받을 수 있는 임금은?

해 설

(10,000원 × 8시간 : 야간근로에 대한 대가) + (10,000원 × 8시간 × 50% : 연장근로에 대한 가산임금) + (10,000원 × 8시간 × 50% : 야간근로에 대한 가산임금) = 160,000원

당직근무 시 연장근로, 야간근로, 휴일근로 여부

당직근무 시 당직자가 본인 업무의 연정 선에서 소정근로일에 수행하는 경우에는 이는 연장근로, 야간근로, 휴일근로에 해당 할 수 있으므로 유의한다. 따라서 순수한 의미의 당직제도를 운영하는 경우 소정의 당직수당을 지급하는 형식으로 운영할 수 있으나 사실상의 근로를 목적으로 한 당직 제도 운영 시에는 법정수당을 지급해야 한다(근기 68207-2665, 2002.08.08)

휴일근로수당

휴일이란 주유급휴일(1주일에 근무하기로 정해진 날을 개근할 경우 부여되는 유급휴일, 통상 일요일인 경우가 많다)외에 취업규칙이나 단체협약상 휴일(무급휴일, 유급휴일)로 정해진 날을 말한다. 따라서 휴일근로수당은 주휴일(일요일) 근로는 물론 단체협약이나 취업규칙에 의해서 휴일로 정해진 날 근로의 경우에도 지급되어야 한다.

구분	휴일근로 가산수당
유급 휴일근로	유급휴일에 당연히 유급으로 지급되는 임금(100%) + 휴일근로에 대한 임금(100%) + 휴일근로에 대한 가산임금(50%)이 지급된다.
무급 휴일근로	무급휴일 근로에 대한 임금(100%) + 휴일근로에 대한 가산임금(50%)이 지급된다.

법정근로시간이 1주 40시간으로 단축되었다고 해서 당연히 토요일이 휴일로 되는 것은 아니며, 토요일을 소정근로일에서 제외하더라도 그날을 반드시 유

급으로 해야 하는 것은 아니다.

근로기준법에서 사용자는 주 1일의 유급휴일을 주도록 하고 있으므로 1주일 중 소정근로일이 5일(통상월~금요일)인 경우 법상 유급휴일은 1일(통상 일요일)이고 나머지 1일(통상 토요일)은 노사가 별도로 정하지 않는 이상 무급휴무일이다. 이 경우 토요일에 근로를 시키는 경우 휴일근로수당은 발생하지 않으며, 주 40시간을 초과하였거나 1일 8시간을 초과한 경우 연장근로수당만 발생한다.

> 시급 10,000원인 근로자가 주 유급휴일에 8시간 근로한 경우 받을 수 있는 임금은?

해 설

(10,000원 × 8시간 : 유급휴일에 근무하지 않아도 지급되는 임금, 월급근로자는 월급에 주 유급휴일수당이 포함되어 있다고 봄) + (10,000원 × 8시간 : 유급휴일 근로에 대한 대가) + (10,000원 × 8시간 × 50% : 휴일근로 가산임금) = 200,000원

즉 시급제는 20만 원, 월급제는 12만 원이다.

 토요일 근무 시 수당은 어떻게 되나요?

구분	토요일 근무 성격	근로 미 제공시	근로제공시
무급휴무일	연장근로	0%	임금 100% + 연장근로 할증 50%
유급휴무일	연장근로	유급 100%	유급 100% + 임금 100% + 연장근로 할증 50%
무급휴일	휴일근로	0%	임금 100% + 휴일근로 할증 50%

구분	토요일 근무 성격	근로 미 제공시	근로제공시
유급휴일	휴일근로	유급 100%	유급 100% + 임금 100% + 휴일근로 할증 50%

토요일을 '휴일' 로 할 것인지 아니면 단순히 근로의무가 면제된 '무급휴무일' 로 할 것인지는 취업규칙 또는 단체협약 등으로 정할 수 있다. 일반적으로 실무에서는 토요일을 무급휴무일로 많이 설정하며, 고용노동부에서도 토요일에 대하여 아무런 설정을 하지 않은 경우 무급휴무일로 이해하고 있다. 다만, 주중 (월~금) 발생한 연장근로가 12시간에 육박하는 경우는 토요일에 발생하는 근무를 연장근로로 처리할 수 없으므로 무급휴일로 설정하여 휴일근로로 처리하고 있다.

 ## 추석이나 설날 근무 시 휴일근로수당 지급

우선, 아르바이트생들을 주로 고용하는 5인 미만 사업장은 근로기준법의 대상이 아니다. 이에 따라 5인 미만 사업장에서 근무하는 근로자는 1일 8시간 이상 일하거나 휴일 또는 야간에 일해도 연장근로수당, 야근수당, 휴일수당 등의 추가 근무수당을 받을 수 없다. 15~18세 미만인 미성년자도 원칙적으로 추가 근무수당을 받을 수 없다. 단, 미성년자의 근로시간은 근로기준법 시행령에 따라 1일 7시간, 1주 35시간 이하이고, 합의에 따라 1일에 1시간, 1주에 5시간 한도로만, 연장이 가능하다. 만약, 이 기준을 넘게 되면 근로시간에 대한 법적인 권리를 요구해야 한다.

결과적으로, 5인 미만 사업장은 사업자가 재량으로 베풀지 않는 이상 애초에 추가 근무수당이 적용되는 규정이 없는 게 현실이다. 또한, 직장인들도 추석 연휴에 근무한다고 하더라도 원칙적으로는 추가수당이 지급되지 않는다.

그동안 직장인들이 토요일과 일요일 이른바 '쉬는 날' 근무했을 시 추가로 수당을 지급받는 이유는 연장근무를 했기 때문이다.

법정근로시간 40시간 이외에 금주 토, 일을 근무하면 12시간 이내로 연장근로가 가능하다. 연장근로수당은 근로기준법 제56조에 따라 8시간 이내는 통상임금의 50%, 8시간을 초과하면 통상임금의 100%를 지급받게 된다.

추석 연휴도 이와 같다 보면 된다. 일요일과 국경일, 음력 1월 1일(설날), 추석 연휴 등 달력상 '빨간 날 '은 관공서의 공휴일에 관한 규정(대통령령)에 의해 공휴일이 된 날이다. 대체공휴일, 선거일, 임시공휴일 등도 포함된다.

공휴일 규정은 원칙적으로 적용 대상이 공무원이다. 그러나 대기업 등은 취업규칙이나 단체협약 등에 따라서 약정휴일로 부여하는 경우가 많아 '빨간 날'은 모두가 쉬는 날로 인식하고 있다. 즉, 민간 사업장에서는 추석 연휴에도 휴무 없이 정상 근무를 진행해도 추석까지 주 40시간을 넘기지 않으면 추가수당을 지급하지 않아도 된다는 얘기다. 단, 40시간을 넘길 때는 연장근무수당은 지급해야 한다.

포괄임금제 계약을 하면 연장, 야간 근로수당은 별도로 안 줘도 되나?

일정한 금액을 임금으로 지급하기로 약정하고, "이 금액은 야간, 연장, 유급주휴일 등 기타 금액을 모두 포함한 것으로 한다." 라고 정하는 것을 포괄임금제라고 한다.

포괄임금계약을 했다고 해서 시간과 관계없이 모든 연장근로수당이 포함되는 것은 아니다. 근로계약서가 있다면 계약한 문서에 적혀있는 근로시간을 기준으로 판단해야 하며, 그 시간을 초과한 경우에 대해서는 추가수당을 지급해야 한다. 즉, 실제 연장근로 등에 따라 산정된 금액이 미리 지급된 금액보다 많은 경우 그 차액은 지급해야 한다. 따라서 포괄임금제를 시행하는 경우, 포괄임금제에 따른 근로계약이 유효하게 성립되었음을 입증할 수 있는 서류(취업규칙, 근로계약서)를 구비해야 한다.

• 포괄연봉제라 하더라도 약정한 법정 제 수당을 법정 기준 미만으로 지급하는 것은 위법이다. 따라서 약정된 연장 · 야간 · 휴일근로시간을 초과하는 실제 근로자가 있는 경우에는 그 초과분을 별도로 지급해야 한다.

• 근로자와의 합의에 따라서 법정 제 수당을 포함하는 포괄임금제를 시행했다면 별도의 연장 · 야간 · 휴일 및 휴가 수당을 지급할 의무는 없다(임금 68207-586, 1993.09.16).

• 미리 정해진 근로시간에 따라 지급되는 임금이 실제 근로시간에 따른 임금을 상회하고 단체협약이나 취업규칙에 비추어 근로자에게 불이익이 없다면 이러한 방법의 임금 지급도 무방하다(임금 68207-388, 1993.06.18).

• 미사용 연차유급휴가 보상금을 월급여액에 포함해서 미리 지급하는 근로계약을 체결하고 휴가사용을 허가하지 않는 것은 인정될 수 없다(근로기준과-7485, 2004.10.19).

연장근로와 야간근로가 겹치는 경우

가장 일반적인 형태로는 오전 9시에 출근해서 점심시간 동안 쉬고 오후 6시에 퇴근하므로 6시 이후에 근무하는 것은 연장근로가 되고, 연장근로가 이어져 10시 이후에는 야간근로가 되는 것이다. 따라서 연장근로와 야간근로가 겹칠 수 있다. 이렇게 연장근로와 야간근로가 겹칠 경우는 야간근로 시에 50%를 가산해서 주는 것이 아니라 연장과 야간의 가산율을 각각 더해서 야근에 따른 수당을 계산해야 한다. 즉 연장근로 가산율 50%와 야간근로 가산율 50%를 더해서 100%를 지급해야 한다.

따라서 시급 통상임금이 1만 원이라면 위의 경우와 같이 5천 원을 가산해서 야간수당을 주는 것이 아니라 1만 원을 가산해서 야근수당을 주어야 한다. 따라서 이 경우 시급 통상임금 1만 원과 야근수당 1만 원을 더한 2만 원을 지급해야 한다.

[예시1] 평일의 연장, 야간근로 시 법정수당 계산 방법

시간	근로의 대가	연장	야간	합계
18:00~22:00	100%	50%	-	150%
22:00~06:00	100%	50%	50%	200%
06:00~09:00	100%	50%	-	150%

구분	시간	누적 시간	비고
① 근무시간	00:00~24:00	24시간	
② 휴게시간	03:00~04:00		야간근로시간에 1시
	12:00~13:00	3시간	간이 들어있다고 가
	18:00~19:00		정
③ 근무시간	–	21시간	①-②
최저임금			9,860원
100%	정상 근로	21시간	207,060원
50%	연장 가산	13시간	64,090원
50%	야간 가산	7시간	34,510원
임금 합계	305,660원	7시간	30,520원
	임금합계		361,880원

휴일근로와 야간근로가 겹치는 경우

시간	근로의 대가	휴일	연장	야간	합계
09:00~18:00	100%	50%	-	-	150%
18:00~22:00	100%	50%	50%	-	200%
22:00~06:00	100%	50%	50%	50%	250%
06:00~09:00	100%	50%	50%	-	200%

구분	시간	누적 시간	비고
① 근무시간	00:00~24:00	24시간	
② 휴게시간	03:00~04:00		야간근로시간에 1시
	12:00~13:00	3시간	간이 들어있다고 가
	18:00~19:00		정
③ 근무시간	-	21시간	①-②
최저임금			9,860원
100%	정상 근로	21시간	207,060원
50%	휴일 가산	21시간	103,530원
50%	휴일 연장 가산	13시간	64,090원
50%	야간 가산	7시간	34,510원
임금 합계			409,190원

 ## 휴일대체근무제로 평일에 쉰다면 휴일근로수당을 지급해야 하나?

주휴일은 반드시 일요일일 필요는 없고 1주일에 평균 1일 이상의 휴일을 주면 된다. 사무직이나 일반 근로자는 대부분 일요일을 주휴일로 정하고 있어서 정기적인 휴일을 활용할 수 있다.

그러나 교대제를 실시하거나, 서비스업 등에서는 일요일도 근무해야 하는 경우가 생기기 때문에 평일을 주휴일로 정하기도 한다. 또한, 일요일을 주휴일로 정했다고 하더라도 당사자 간의 합의에 의해서 휴일을 변경하는 것도 허용된다.

법정휴일이든 약정휴일이든 휴일을 대체하는 것은 일정한 조건을 충족시킬 경우 얼마든지 허용된다. 다만, 사전적인 절차를 이행한 경우와 사전적인 절차를 이행하지 않은 경우는 법적 취급이 다를 수 있다.

휴일의 '사전대체'는 적어도 24시간 전에 해당 근로자에게 통보해야 하며, 지정된 휴일의 변경은 단체협약이나 취업규칙에 그 변경요건과 절차가 미리 정해져 있거나 근로자의 동의가 있어야 한다(근기 68207-806,1994. 5. 16). 이같이 휴일을 사전에 대체한 경우는 당초의 휴일은 평일이 되고 변경된 휴일은 쉬었으므로 별도의 휴일근로수당을 지급할 의무가 없다.

그러나 휴일의 '사후적인 대휴'는 사전적인 대체와 달리 긴급한 일을 처리하기 위해서 일방적으로 휴일에 근무시키고, 다른 근로일을 쉬게 하는 것을 말한다. 예를 들면 유급휴일인 일요일에 근무시키고, 월요일을 휴일로 한다거나 주중에 특정일을 정해서 휴일로 지정하는 경우가 이에 해당한다. 이러한 사후적인 대휴는 피로를 회복하고, 생산성을 높이는 역할을 하지만 휴일 본래의 취지를 살리기 어려우므로 별도의 휴일수당을 지급하는 것이 타당하다.

실무상으로 문제가 되는 것은 '사전적인 대체'로 볼 것인가, 아니면 '사후적인 대휴'로 볼 것인가 하는 데 있다. 사전적인 대체로 해석하는 경우 별도의 휴일근로수당을 지급하지 않아도 되지만 만약 사후적인 대휴로 해석하면 추가로 휴일근로수당을 지급할 의무가 있기 때문이다. 단체협약 등에서 특정된 휴일을 근로일로 하고 대신 통상의 근로일을 휴일로 교체할 수 있도록 하는 규정을 두거나 그렇지 않더라도 근로자의 동의를 얻은 경우 미리 근로자에게 교체할 휴일을 특정해서 고지하면, 다른 특별한 사정이 없는 한 이는 적법한 휴일대체가 되어, 원래의 휴일은 통상의 근로일이 되고 그 날의 근로는 휴일근로가 아닌 통상 근로가 되므로 사용자는 근로자에게 휴일근로수당을 지급할 의무를 지지 않는다.

휴일에 하는 체육대회, 워크숍의 휴일근로수당

회사의 지시나 관리 감독이 이루어지는 체육대회, 워크숍 등은 근로로 인정될 수 있으므로, 휴일에 동 행사 등을 개최할 경우는 원칙적으로 휴일근로수당이 발생할 수 있음에 유의해야 한다.

수당	법정수당	시간외근로수당	연장근로수당	1일 8시간 이상 근무하거나 1주 40시간 이상 근무하는 경우 → 통상임금의 50%를 가산임금으로 추가 지급한다.
			야간근로수당	하오 10시(22시)부터 오전 06시까지의 근로를 제공한 경우 → 통상임금의 50%를 가산임금으로 추가 지급한다.
			휴일근로수당	휴일날 근로를 제공한 경우 → 통상임금의 50%(8시간 초과분은 100%)를 가산임금으로 추가 지급한다.
		연차수당		연차휴가를 사용하지 않은 경우 → 월급여액 ÷ 209시간 × 8시간 × 연차일수로 계산

[근속연수별 연차휴가 산정 례(주 40시간)]

1년	2년	3년	4년	5년	10년	15년	20년	21년	25년
15일	15일	16일	16일	17일	19일	22일	24일	25일	25일

비법정수당	법적으로 강제적으로 지급할 의무는 없으나, 회사규정이나 관행상으로 지급되어지는 수당을 말한다.

[시간외수당 적용을 위한 근로시간의 범위]

	09	10	11	12	13	14	15	16	17	18	19	20	21	22-06
평일	8시간 근무(점심시간 1시간 제외)										연장시간근로			
											야간시간근로			
휴일	휴일근무(점심시간 1시간 제외)										휴일연장시간근로(100% 가산)			
														야간시간근로

✄ 연장근로 및 야간근로 시에도 저녁 식사 시간 1시간은 제외 가능

✄ 현행법에서는 주중 연장근로 12시간에 별도의 휴일근로가 가능했으나 개정법에서는 12시간에 주중 근로뿐만 아니라 별도의 휴일근로도 포함하는 것으로 하고 있다. 다만, 2023년까지 주중 12시간과 휴일근로 8시간을 합해 총20시간의 연장근로가 가능하다. 그리고 수당과 관련해서는 연장근로와 동일하게 50%의 가산임금을 지급하고, 8시간 초과분에 대해서는 휴일 연장근로서 100%의 가산임금을 지급한다.

주휴수당의 계산

1 주휴수당의 기본요건

주휴수당을 받기 위해서는 2가지 요건이 기본으로 충족되어야 한다.

유급 주휴수당의 발생요건

- 소정근로시간이 주 15시간 이상이어야 한다. 물론 5인 미만 사업장도 적용된다.
- 소정근로일을 결근하지 말아야 한다.

---

2 주휴수당의 간편 계산

상용근로자의 경우 일반적으로 월급에 주휴수당이 포함된 것으로 보므로 공휴일이 꼈을 때 주휴수당을 별도로 신경 쓸 필요는 없다. 다만 시급, 일급, 주급의 경우 주휴수당의 계산과 관련해서 신경 쓸 부분이다.

주휴수당은 1일 소정근로시간 × 시급으로 계산한다.

주5일 사업장 기준 간편 계산법(1일 한도는 8시간, 주 한도는 40시간이다. 따라서 월~토 48시간 근로 시에도 40시간 한도이다.)

예를 들어 월~금요일 평균 4시간 일하는 경우 주휴수당은 4시간 × 9,160원, 8시간인 경우 8시간 × 9,160원, 10시간인 경우에도 한도는 8시간이므로 8시간 × 9,160원을 지급하면 법적인 문제는 없다.

주휴수당의 계산 공식

1주일 소정근로시간 [주1] ÷ 5일 [주2] × 시급

또는 1주일 소정근로시간 × 20% × 시급

주1 : 1주일(월~금(5일 근로) 또는 월~토(6일 근로))간 노사가 근로하기로
　　　계약한 시간(최대 1일 8시간, 주 40시간을 한도)

주2 : 주6일 근무도 5일로 나눔

• 예를 들어 시급 1만 원에 주 40시간을 일하는 아르바이트의 경우

　주휴수당 = 40시간 ÷ 5(20%) × 1만 원 = 8만 원

• 예를 들어 시급 1만 원에 주 15시간을 일하는 아르바이트의 경우

　주휴수당 = 15시간 ÷ 5(20%) × 1만 원 = 3만 원이 된다.

• 예를 들어 시급 1만 원에 월~토 6일 35시간을 일하는 아르바이트의 경우

　주휴수당 = 35시간 ÷ 5(20%) × 1만 원 = 7만 원

[고용노동부 지침 변경에 따른 주휴수당]

구 분	퇴사 주 주휴수당 지급여부
마지막 근무일이 월~금요일 전	주휴수당 미지급
마지막 근무일이 월~금요일(퇴사일이 토요일)	주휴수당 미지급
마지막 근무일이 토요일(퇴사일이 일요일)	주휴수당 미지급

구 분	퇴사 주 주휴수당 지급여부
마지막 근무일이 일요일(퇴사일이 월요일)	주휴수당 지급
사직서 제출하면서 퇴사일을 월요일로 한 경우	주휴수당 지급

사례1	사례2
월 : 4시간 화 : 4시간 수 : 4시간 목 : 4시간 금 : 4시간 합계 : 20시간 주휴수당 = 합계(20시간) × 20%(또는 ÷ 5) = 4시간	월 : 4시간 화 : 6시간 수 : 4시간 목 : 6시간 금 : 4시간 합계 : 24시간 주휴수당 = 합계(24시간) × 20%(또는 ÷ 5) = 4.8시간
사례3	사례4
월 : 10시간(8시간 한도) 화 : 8시간 수 : 8시간 목 : 8시간 금 : 8시간 합계 : 40시간 주휴수당 = 합계(40시간) × 20%(또는 ÷ 5) = 8시간	월 : 0시간 화 : 4시간 수 : 4시간 목 : 4시간 금 : 4시간 합계 : 16시간 주휴수당 = 합계(16시간) × 20%(또는 ÷ 5) = 3.2시간
사례5	사례6
월 : 0시간 화 : 4시간 수 : 0시간 목 : 4시간 금 : 4시간 합계 : 12시간 주휴수당 = 주15시간 미만으로 주휴수당 미발생	월 : 4시간 화 : 4시간 수 : 4시간 목 : 4시간 금 : 4시간 토 : 4시간 합계 : 24시간 주휴수당 = 합계(24시간) × 20%(또는 ÷ 5) = 4.8시간

주중에 입사한 경우 주휴수당의 지급

사업장의 취업규칙 등에서 특정일을 주휴휴일로 정한 경우에는 주의 도중에 입사한 근로자가 입사 후 소정근로일을 개근하였다면 입사 후 처음 도래하는 주휴일을 유급으로 부여하는 것이 바람직할 것이나, 입사 후 7일을 채우지 못하였으므로 이를 무급으로 부여하더라도 법 위반이라고 할 수는 없을 것이다. 다만, 입사 일을 기준으로 1주일에 평균 1회 이상의 주휴일을 부여하지 않았다면 향후 이를 정산하여 추가로 유급휴일을 부여해야 한다.

> 주중인 화요일부터 근로를 제공한 경우 근로계약, 취업규칙 등에서 일정한 날을 주휴일로 특정하지 않았다면 근로 제공(화요일) 일부터 연속한 7일의 기간에 1일을 주휴일로 부여해야 한다는 것이 고용노동부 행정해석이다(근로기준과 - 918, 2010.4.30.).

 주중에 공휴일이 꼈을 때 주휴수당

해당 주에 공휴일이 끼어 있는 경우에도 무단결근이 아니라 해당 주에 회사가 쉼으로 인해 쉬는 경우 주휴수당은 발생하며, 이 경우 주휴수당의 계산은 일반 주와 달리 공휴일 등이 끼게 되어 32시간을 근무했다면 32 ÷ 40 × 8시간 × 시급(최저임금 이상이어야 함)으로 계산하면 된다.

 결근 시 주휴수당의 차감 문제

예를 들어 결근은 1일~10일(또는 그 이상) 정도면, 2주 단위에 걸쳐지므로 :

- 결근해당일 급여 없음
- 해당하는 각 2주의 주휴일 발생 없음. 따라서 해당하는 주의 주휴수당은 월급에서 차감해도 불법이 아님

예를 들어 첫째 주 목, 금요일을 병가를 승인받아 치료하고 토, 일요일은 규정상 휴일이므로 쉬고, 둘째 주 월요일 다시 병가승인을 득한 후 병원 치료를 받은 경우 첫째 주와 둘째 주 주휴수당 2일분을 월급에서 차감해도 위법은 아니다.

생리휴가와 생리수당

사용자는 여성인 근로자가 청구하는 경우 월 1일의 생리휴가를 주어야 한다.

주간 기준근로시간이 40시간인 경우는 무급으로 부여할 수 있다. 즉, 종전에는 생리휴가 사용 시 휴가 사용 일에 대해서 이에 상당하는 임금을 공제할 수 없었으나, 개정된 규정은 생리휴가 사용 시 임금을 공제할 수 있다.

예를 들어 통상임금이 월 210만 원인 여성 근로자가 생리휴가 사용 시 개정 전 규정에 따르면 임금 변동이 없으나, 개정법에 의하면 생리휴가 사용일에 대한 통상임금(1일 7만원(210만 원/30일))을 공제할 수 있다. 단, 단체협약, 취업규칙, 근로계약 등에 유급으로 되어있는 경우는 7만 원을 공제하지 않는다.

> 기준근로시간이 주 40시간인 경우(개정 근로기준법 적용사업장) : 월 1일을 무급 또는 유급으로 부여

구 분	생리휴가 사용 시 급여 공제 여부
취업규칙이나 노조와의 단체협약상 유급으로 정한 경우	1일분의 급여를 공제하지 않음
취업규칙이나 노조와의 단체협약상 무급으로 정한 경우	1일분의 급여를 공제(통상임금)

> **"유급과 무급의 차이"**
>
> 유급은 생리휴가를 사용해도 급여를 정상적으로 지급하는 것을 말하며, 무급은 생리휴가를 사용한 경우 급여총액에서 1일분의 통상임금을 차감하는 것을 말한다.

1 무급의 경우 지급받던 생리수당만 없어지나?

그렇지 않다. 사용자가 생리휴가를 가지 않은 여성 근로자에게 일률적으로 지급하던 생리수당을 폐지한 것과 무급 생리휴가는 별개의 사안이다. 즉, 무급 생리휴가는 생리수당 폐지와는 별개로 생리휴가를 사용하는 경우 당일의 임금을 공제할 수 있다는 것을 의미한다. 여기서 생리수당은 법정수당이 아닌 노사 간 합의에 의해 자율적으로 지급하는 수당으로 주로 생리휴가를 가지 않는 여성 근로자에게 지급된다.

2 생리휴가 미사용에 대해 수당을 지급해야 하나?

개정된 무급 생리휴가는 청구에 의해 부여하는 것이므로 청구가 없으면 부여하지 않아도 된다. 또한, 휴가 청구를 하였으나 이를 부여하지 않았다고 사용자가 수당을 지급할 의무는 없다. 단, 사업주는 생리휴가 미부여 시 500만원 이하의 벌금에 처한다.

유급 생리휴가의 취지도 생리휴가 미사용 시 수당으로 대체 지급하기 위한 것이 아니고, 생리휴가 일에 근로의무가 면제되어 당해 휴가일에 대해서 임금을 삭감하지 않는다는 것을 의미한다(단, 단체협약, 취업규칙, 근로계약 등에 별도 수당 지급에 대해서 약정이 있는 경우는 그에 따라야 함).

3 생리휴가 사용 시 공제되는 임금의 범위는?

월 1회 사용 시 1일 통상임금이 공제되는 것이다.

기타 법에서 정하고 있는 수당

1 휴업수당

사용자의 귀책 사유로 인해서 휴업하는 경우에는 사용자는 휴업기간 중 당해 근로자에 대해서 평균임금의 70% 이상의 수당을 지급해야 한다.

평균임금의 70%에 상당하는 금액이 통상임금을 초과하는 경우는 통상임금을 휴업수당으로 지급할 수 있다. 다만, 부득이한 사유로 사업 계속이 불가능해서 노동위원회의 승인을 얻은 경우는 위의 기준에 미달하는 휴업수당을 지급할 수 있다.

휴업수당의 지급요건인 사용자의 귀책 사유란 사용자가 기업의 경영자로서 불가항력이라고 주장할 수 없는 모든 사유를 말하는 것으로 해석하는 것이 일반적이다. 상시 4인 이하의 근로자를 사용하는 사업장에 대해서는 의무 적용 대상이 되지 않는다.

따라서 상시 4인 이하의 근로자를 사용하는 사업장은 휴업을 이유로 회사에 휴업수당을 청구해 볼 수는 있겠지만, 사업주가 이를 지급하지 않는다고 해서 위법한 것이 아니므로 실효성은 떨어진다.

> 휴업수당 = 적은 금액[평균임금 × 70%, 통상임금]

❶ 상시 4인 이하의 근로자를 사용하는 사업장이어야 한다.

❷ 사용자의 귀책 사유가 있어야 한다.

사용자의 귀책사유란 민법에 규정된 귀책사유와 달리 고의·과실을 요건으로 하지 않으며, 사용자의 세력범위 안에서 생긴 경영 장애면 충분하다.

그러나 휴업이 불가항력에 의한 경우이고 사용자가 이를 입증한다면 휴업수당의 지급이 면제될 수 있다.

휴업수당의 면제가 인정되는 사례로는 판매부진, 자금난, 원자재 부족, 공장 화재 또는 파괴, 주문량 감소, 시장불황과 생산량 감축, 갱내 붕괴사고 등의 예가 있다.

❸ 휴업할 것

② 출산휴가수당(출산휴가)

사용자는 근로기준법에 의해 임신 중인 여성 근로자에게 출산 전·후를 통해서 90일(다태아 120일)의 유급휴가(통상임금 기준)를 주어야 한다.

90일은 역월 상의 기간이므로 주휴일 등 각종 휴일이 포함된 일수이다. 90일(다태아 120일)의 휴가기간 중 45일 이상을 반드시 출산 후에 배치해야 한다. 최초 60일(다태아 75일)에 대해서는 사업주가 통상임금을 지급해야 하며, 나머지 30일(다태아 45일)은 고용보험에서 근로자에게 출산휴가급여가 지급되므로 사업주는 임금을 지급할 필요가 없다.

구 분	지급기간	지원액
우선지원대상기업	90일	최대 630만원(다태아 120일 840만원)
대규모기업	30일	최대 210만원(다태아 45일 280만원)

고용보험법에 의거해서 근로자가 출산휴가기간 중에 회사로부터 지급받은 급여와 고용보험 출산휴가급여액을 합한 금액이 당해 근로자의 통상임금을 초과하는 경우 그 초과하는 금액을 고용보험 출산휴가급여에서 감액하고 있으니 유의해야 한다.

출산휴가급여를 지급받고자 하는 근로자는 사업주로부터 출산전후 휴가확인서를 발급받아 출산휴가신청서와 함께 30일 단위로 신청인의 거주지 또는 사업장 소재지를 관할하는 고용센터에 제출한다.

- 출산(유산·사산)휴가 급여 신청서(별지 제105호 서식) 1부
- 「고용보험법 시행규칙」 제123조에 따른 출산(유산·사산)휴가 확인서 1부
- 통상임금을 확인할 수 있는 자료(휴가 시작일 전 3개월의 임금대장, 근로계약서 등) 사본 1부
- 휴가기간 동안 사업주로부터 금품을 지급받은 경우 이를 확인할 수 있는 자료
- 유산이나 사산을 하였음을 증명할 수 있는 의료기관 「의료법」에 따른 의료기관의 진단서(임신기간이 적혀있어야 함) 1부(유산·사산 휴가만 해당)

출산후휴가 급여 신청서·확인서 등은 www.ei.go.kr(고용보험) ➜ 자료실 ➜ 서식자료실 ➜ 출산후휴가 급여/육아휴직 급여에서 내려받는다.

3 해고예고수당

근로기준법에서는 먼저 사용자가 근로자를 해고하고자 할 때는 적어도 30일 전에 이를 예고하도록 규정하고 있다.

● 예고의 방법은 구두 또는 문서 모두 가능하나 반드시 해고될 날을 명시해야 한다.

● 해고예고기간은 근로일이 아닌 역일로 계산하므로 휴일이 있더라도 연장되지 않는다.

● 계산에 있어 첫날은 포함되지 않고 그 익일부터 계산한다.

● 해고 효력은 통지가 상대방에 도달한 때 발생한다.

이러한 해고예고는 반드시 해고될 날을 명시해야 한다. 불확실한 기한이나 조건을 붙인 예고는 예고로서 효력이 없다.

그리고 예고기간 중에는 정상적인 근로관계가 존속하는 경우와 같이 근로자는 임금 또는 근로를 청구할 수 있음은 물론이나, 근로자가 새로운 직장을 구하기 위해서 부득이 결근한 경우라도 사용자는 이에 대한 임금을 지급해야 할 것이다.

이렇듯 해고의 예고는 적어도 30일 전에 해야 하는데, 예고기간의 계산에 대해서는 예고가 행해진 당일은 포함되지 않고 그 익일부터 계산되어 그 기간 말일의 종료로 기간이 만료되므로 예고하는 날과 해고의 효력발생일 사이에는 적어도 30일간의 기간을 두어야 한다.

근로기준법에서는 이와 같은 30일간의 해고예고기간을 설정하지 않은 해고 (이른바, 갑작스러운 해고)에 대해서는 해고예고기간을 설정하지 않은 대가로 30일분 이상의 통상임금을 해고예고수당으로 지급해야 한다고 정하고 있다. 따라서 사용자가 급작스럽게 해고하는 경우는 그에 대한 대가로 해고예고수당을 반드시 지급해야 한다.

다음의 경우는 해고예고수당을 지급하지 않아도 된다. 즉 해고예고수당의 예외가 인정되는 근로자의 귀책 사유이다.

1. 납품업체로부터 금품이나 향응을 제공받고, 불량품을 납품받아 생산에 차질을 가져온 경우
2. 영업용차량을 임의로 타인에게 대리운전하게 하여 교통사고를 일으킨 경우
3. 사업의 기밀이나 그 밖의 정보를 경쟁관계에 있는 다른 사업자 등에게 제공하여 사업에 지장을 가져온 경우
4. 허위사실을 날조하여 유포하거나 불법 집단행동을 주도하여 사업에 막대한 지장을 가져온 경우
5. 영업용 차량 운송 수입금을 부당하게 착복하는 등 직책을 이용하여 공금을 착복, 장기유용, 횡령 또는 배임한 경우
6. 제품 또는 원료 등을 몰래 훔치거나 불법 반출한 경우
7. 인사·경리·회계담당 직원이 근로자의 근무상황 실적을 조작하거나 허위 서류 등을 작성하여 사업에 손해를 끼친 경우
8. 사업장의 기물을 고의로 파손하여 생산에 막대한 지장을 가져온 경우
9. 그 밖에 사회통념상 고의로 사업에 막대한 지장을 가져오거나 재산상 손해를 끼쳤다고 인정되는 경우

포괄산정임금계약

포괄임금계약(포괄 산정 근로계약, 포괄임금 근로계약)이란 월급여나 연봉 안에 연장근로수당 · 야간근로수당 · 휴일근로수당 · 연차휴가수당 등이 포함되어 있는 것으로 체결한 근로계약이나 연봉계약을 말한다.

이 수당들 모두를 포함할 수도 있고, 일부만 포함할 수도 있다. 법률대로 하자면 연장근로수당 · 야간근로수당 · 휴일근로수당 등에 대해서는 50%의 가산임금을 그달 그달 추가로 지급해야 한다.

그러나 그달, 그달 계산하는 것이 사정상 번거롭거나 포괄임금으로 해서 통으로 지급하더라도 근로자에게 특별히 불리하지 않다면 당사자 합의에 의한 포괄임금계약도 유효하다는 것이 대법원과 고용노동부의 입장이다.

구두 근로계약도 가능하나 분쟁이 발생했을 때는 급여에 어떤 수당이 얼마가 포함됐는지 회사는 증명할 길이 없으므로 구두로 하는 포괄임금계약은 하나 마나이다.

서면으로 할 때도 어떤 수당이 얼마만큼 포함되어 있는지를 명시하는 것이 중요하니 경영자와 실무자들은 유념해야 하겠다.

1 계산의 편의

계산의 편의 등을 위해 연장근로수당 등을 일정액으로 미리 정해 지급하기로 한 계약이 유효하더라도 실제 연장근로 등에 따라 산정된 금액이 미리 지급된 금액보다 많을 경우 그 차액은 지급해야 한다.

2 근로자의 승낙

포괄임금계약은 근로기준법상의 가산임금 지급체계에 대한 예외를 인정하는 계약이라는 점에서 명시적으로 근로계약서를 작성했거나 취업규칙 등에 구체적으로 명시했거나 적어도 구두라도 포괄산정내역에 관해 구체적이고 명시적인 합의가 있어야 하는 것이 원칙이다.

3 근로자에게 불이익이 없고 제반 사정에 비추어 정당해야 한다.

포괄임금계약은 실제 시간 외 근로가 발생할 경우 지급해야 하는 법정수당을 당사자 계약에 의해 사전에 미리 임금에 포함시켜 지급하기로 한 약정이라는 점에서 당사자가 계약으로 정한 범위 내에서 근로자에게 불이익이 없고 제반 사정에 비추어 정당해야 그 효력이 인정될 수 있다.

4 기본급과 시간외 근로수당의 분리

월급여를 기본급과 시간외 근로수당으로 나눌 때, 우선 법정수당인 시간외 근로수당으로 배분하고 나머지 부분을 기본급에 배정한다.

포괄임금제도 최저임금에 못 미치는 금액을 지급하면 위법이다.

5 포괄임금제에 퇴직금 포함 계약

연봉에 퇴직금이 포함된다고 해서 이것이 포괄임금제를 뜻하는 것이 아니다. 1년 동안 지급하기로 약속한 연봉액에 퇴직금을 포함시켜서 지급하는 행위, 이른바 연봉 나누기 13은 근로자퇴직급여보장법에 따라 무효가 된다. 따라서 포괄임금에 퇴직금을 포함시켜 지급할 수 없다.

6 포괄임금제에 연차수당 포함 계약

포괄임금에 연차휴가 미사용 수당을 포함해 선지급하는 것은 위법이 아니다. 다만, 수당의 선지급을 이유로 연차휴가의 사용을 제한할 수는 없다.

7 근로자가 연장근로를 정해진만큼 안 한 경우

↗ 실제 연장근로시간이 고정 연장근로수당보다 많을 경우

포괄임금제로 계약한 고정 연장근로수당 등이, 근로자의 실제 근로시간에 따른 법정 연장·야간·휴일근로수당보다 적을 때는 그 차액을 추가로 지급해야 한다. 즉 계약한 고정 연장근로시간보다 실제로 더 많은 연장근로를 한 경우는 실제 연장근로수당과 계약한 고정 연장근로수당 간의 차액에 대해서 별도로 수당을 더 지급해야 한다.

↗ 실제 연장근로시간이 고정 연장근로수당보다 적을 경우

연장·휴일근로수당을 포함한 포괄임금제를 실시하면서 실제 근로에 따라 연장근로수당 등을 지급한다는 규정이 별도로 없다면, 사용자가 포괄임금제 실시 약정에 반해 근로자가 특정일 1시간을 조퇴하여 연장근로를 미실시 하거나, 과소 실시했다는 이유로 고정 연장근로수당 등을 삭감 또는 공제하여 지급할 수는 없다고 판단된다.

 포괄산정임금과 관련해서 유의해야 알 사항

- 포괄연봉제라 하더라도 약정한 법정 제 수당을 법정 기준 미만으로 지급하는 것은 위법이다. 따라서 약정된 연장·야간·휴일근로시간을 초과하는 실제 근로자가 있는 경우에는 그 초과분을 별도로 지급해야 한다.
- 근로자와의 합의에 의해서 법정 제 수당을 포함하는 포괄임금제를 시행했다면 별도의 연장·야간·휴일 및 휴가 수당을 지급할 의무는 없다(임금 68207-586, 1993. 09.16).
- 미리 정해진 근로시간에 따라 지급되는 임금이 실제 근로 시간에 따른 임금을 상회하고 단체협약이나 취업규칙에 비추어 근로자에게 불이익이 없다면 이러한 방법의 임금 지급도 무방하다(임금 68207-388, 1993.06.18).
- 미사용 연차유급휴가보상금을 월급여액에 포함해서 미리 지급하는 근로계약을 체결하고 휴가 사용을 허가하지 않는 것은 인정될 수 없다(근로기준과-7485, 2004.10.19).

급여를 잘못 계산 또는 축소 신고한 경우

1 소득세/법인세 증가

인건비를 줄여서 신고하면 매월 납부하는 4대 보험료는 감소하지만, 납부해야 하는 종합소득세(법인세)는 증가한다는 사실을 잊지 말아야 한다.

참고로 법인의 경우 그 차액이 가지급금으로 계상되기 때문에 유의해야 한다. 즉, 300만 원으로 급여 신고해야 할 직원의 급여를 200만 원으로 축소 신고하는 경우 100만 원의 비용 부분이 모자랄 것이고 이를 보충할 증빙이 없으면 100만 원은 가지급금으로 처리한다.

↗ 근로소득자 탈세 혐의

실제 받는 급여보다 적은 금액이 신고되었으므로 직원의 경우 탈세가 된다. 따라서 추후 적발 시 본세와 더불어 가산세까지 추징당할 수 있다.

↗ 4대 보험 문제

인건비를 줄여서 신고했는데 만약 직원이 출산휴가를 신청하거나 해고되어서 실업급여를 신청하는 경우는 해당 직원의 통상임금이 줄어들게 되어서 직원과 분쟁할 소지가 있으므로 특히 주의해야 한다.

또한, 직원은 국민연금도 적게 내므로 나중에 받는 국민연금액도 줄어들 수 있다.

↗ 각종 수당계산

시간외근로수당 계산 시 세금 신고 등의 기준금액과 맞추기 위해 각종 수당도 축소 신고된 금액으로 지급할 경우 근로자는 실제액보다 수당을 적게 받게 되고 이 경우 임금체불 문제가 발생할 수 있다.

↗ 퇴직금 문제

퇴직금 산정은 4대 보험에 신고된 금액과 별개로 실제 받은 금액을 기준으로 퇴직금을 계산해야 하는데, 사용자가 4대 보험 신고된 금액을 기준으로 퇴직금을 지급하였다면 실 지급된 임금을 입증할 수 있는 자료(월급명세서 또는 월급 입금 통장)를 근거로 노동청에 임금체불 신고를 당할 수 있다.

그렇다고 신고된 금액과 다르게 실제 금액으로 지급하는 경우 걸리고 안 걸리고를 떠나 신고금액과 실제 금액과의 차이만큼 법인의 경우 세법상 가지급금이 발생할 수 있다.

↗ 조세범처벌 및 특정범죄가중처벌

월급을 축소 신고하는 것은 불법이다. 조세범 처벌법 제3조에 따라 사기나 그 밖의 부정한 방법으로 조세를 포탈하면 2년 이하의 징역 또는 포탈 세액의 2배 이하에 상당하는 벌금에 처한다.

특정범죄가중처벌법 제8조에 따르면, 납부하지 않은 세액이 연간 5억 원 이상인 자는 3년 이상의 징역, 10억 원 이상이면 무기 또는 5년 이상의 징역형을 받을 수 있다.

그리고 그 포탈 세액 등의 2배 이상 5배 이하에 상당하는 벌금을 부과한다.

② 급여를 계산 실수로 잘못 지급한 경우

급여를 담당자의 실수로 적게 또는 많이 지급한 경우 발견 시점에 즉시 조정을 하거나 다음 달 급여에서 조정한다. 반면 근로소득세는 지급일이 속하는 달의 다음 달 10일까지 신고납부하면 되므로 지급 시점에 해달 월 급여에 가감해서 신고하면 된다.

↗ 실수로 급여를 적게 지급한 경우

임금은 전액불 및 정기불을 원칙으로 하고 있으므로 착오 계산으로 적게 지급된 금액이 있다면 그러한 사실을 안 때 바로 추가 지급해야 한다. 실수나 착오라 하더라도 미지급된 임금이 있다면 일단 임금체불이 발생한 것이므로 법 위반 문제가 발생한다.

그리고 근로기준법에서는 미지급 임금에 대한 지연이자를 정하고 있다. 다만, 지연이자는 재직 중일 때 발생한 임금체불(미지급 임금)에 대한 것은 아니고 퇴사 시 금품 청산 대상이 되는 임금 및 퇴직급여에 대한 것이다. 즉, 재직 중에 발생한 체불임금에 대해서는 지연이자는 없다.

그럼 미지급한 수당에 대해서 근로자에게 양해를 구하고, 다음 임금 때 지급하기로 하면 법적인 문제는 없을까?

금품 청산 대상이 되는 임금(퇴직금 등) 등은 당사자 간 합의가 있는 경우 지급기일을 연장할 수 있다. 다만, 재직 중일 때는 당사자 간 합의가 있는 경우에도 임금의 지급기일을 연장할 수 없다. 따라서 해당 근로자의 동의가 있더라도 미지급된 임금이 있다면 법 위반 문제가 발생한다.

↗ 실수로 급여를 많이 지급한 경우

임금은 전액 지급을 해야 하므로 회사는 근로자로부터 받아야 하는 금품(예 : 손해배상금) 등이 있더라도 임금에서 이를 상계할 수 없다. 하지만 임금을 계산의 착오 등으로 초과 지급한 경우에는 초과 지급한 임금의 반환청구권을 자동채권으로 하여 임금 공제가 가능하다. 즉, 착오 등으로 초과 지급한 금액이 있으면 임금 지급 시 해당 금액을 공제하더라도 상계 금지 원칙에 반하는 것은 아니다.

동의가 필요한 것은 아니지만 근로자의 예상치 못한 임금이 갑자기 줄어드는 것은 경제적 안정성을 해할 수 있으므로 미리 착오금액 및 상계시기를 고지하는 것이 바람직하다.

계산의 착오 등으로 임금이 초과 지급되었을 때 그 행사의 시기가 초과 지급된 시기와 임금의 정산, 조정의 실질을 잃지 않을 만큼 합리적으로 밀접하고, 금액과 방법을 미리 알리는 등 근로자의 경제생활 안정을 해칠 염려가 없는 경우나, 근로자가 퇴직한 후에 그 재직 중 지급되지 아니한 임금이나 퇴직금을 청구하는 경우는 초과 지급된 임금의 반환청구권을 자동채권으로 하여 상계하는 것은 무방하다. 따라서 근로자가 일정기간동안의 미지급 법정수당을 청구하는 경우 사용자가 같은 기간 동안 법정수당의 초과 지급 부분이 있음을 이유로 상계나 그 충당을 주장하는 것도 허용된다.

↗ 적게 받은 급여 청구 가능 기간

퇴사했다면 직전 3년 치 수당을 재산정해서 받을 수 있다. 나머지 연도의 수당을 포기할 수밖에 없다. 임금채권 유효기간이 3년이기 때문이다.

↗ 퇴사자에게 받지 못한 급여 과다 금액 및 근로소득세와 건강보험 대납액

퇴직 정산을 잘못해서 아니면 해당 직원이 퇴직 후 정산이 이루어져 근로자에게 연락하면 차이 금액을 돌려주면 문제가 없으나 이를 돌려주지 않는 경우도 발생하는데, 이에 대한 회계처리는 잡손실로 회계상 비용처리가 가능하나 세무상으로는 해당 금액을 손금불산입 처리한다. 즉 퇴사한 직원에게 못 받은 근로소득 원천징수 세액 대납액 및 가산세는 손금불산입한다. 따라서 해당 금액을 복리후생비, 잡손실 등으로 회계상 비용처리 했거나 가지급금으로 처리했을 때는 손금불산입 세무조정이 필요하다.

원천징수 세액을 징수하지 아니하고 대신 납부한 원천징수 세액은 법인세법상 손금불산입대상(법인, 수원지방법원-2018-구합-61698, 2018.12.05.)
[요 지]
직원들은 원천징수분 근로소득세 징수·고지의 존재나 원고의 이 사건 직원분 소득세 납부 사실은 물론, 원고의 구상권 포기 사실도 알 수 없었으므로, 원고의 구상권 포기가 인건비 지급에 갈음한 것이라고 볼 수 없고, 직원분 소득세 상당액을 현재의 근로에 대한 대가로 볼 수 없다.

[법인] [사업자가 직원들의 소득세를 대납하고, 구상권을 임의 포기한 채, 이를 직원들에 대한 인정상여로 계상한 경우, 이는 손금에 해당하지 않는다.

[법인, 서울행정법원-2017-구합-90261, 2018.11.09]

과거 세후 소득금액에 대한 합의가 존재하지 아니함에도 비합리적인 기대를 훼손하지 아니한다는 명목으로 임의로 직원들이 납부하여야 할 소득세를 납부하고 구상권을 포기하는 것은 과거에 제공된 근로의 대가로 볼 수 없을 뿐 아니라 특별한 사정이 없으면 이를 통상적이라고 보기도 어려우므로 손금을 요건을 충족하지 아니함

제5장

근로감독관 근로기준법 점검

1 고용된 모든 근로자와 근로계약 체결 여부

점검내용	점검결과	위반내용 예시
❶ 회사에서 직접 고용한 모든 근로자에 대해 근로계약을 체결한다.	① 모든 근로자와 근로계약을 체결한다.	1일 3시간씩 사용 중인 임시직 근로자에 대해 근로계약을 체결하지 아니함
	② 근로계약을 체결하지 않은 근로자가 있다.	
	③ 근로계약을 체결하지 않는다.	

직종, 근무기간 등과 관계없이 회사에서 직접 고용한 모든 근로자에 대해 근로계약을 체결해야 한다.

법령에 정한 기준에 미달하는 근로조건을 정한 근로계약은 그 부분에 한해서 무효가 되며, 무효로 된 부분은 법령에 정한 기준에 의한다.

→ 당사자 사이의 분쟁을 예방하기 위해서는 계약을 서면으로 체결해서 계약 내용을 명확히 하는 것이 필요

2 근로조건의 명시

점검내용	점검결과	위반내용 예시
❷ 근로계약 체결 시 법령에 정해 모든 근로조건을 명시한다. ※ 500만원 이하 벌금	① 법령에 정해진 모든 근로조건을 명시한다.	임금, 근로시간 등 일부 필요사항만 서면으로 명시하고, 휴일, 휴가에 관한 사항 등은 서면으로 명시하지 않음
	② 일부 필요한 사항만 명시한다.	
	③ 근로조건을 명시하지 않는다.	

사용자는 근로계약 체결 시 임금, 근로시간, 휴일, 연차유급휴가 및 기타의 근로조건을 명시해야 하며, 특히, 임금의 구성항목 · 계산 방법 · 지급 방법, 소정근로시간, 휴일, 연차유급휴가에 관한 사항은 서면으로 명시해야 한다. 명시해야 할 근로조건은 임금, 근로시간, 취업 장소와 종사업무, 취업규칙의 기재 사항, 사업장의 부속기숙사에 근로자를 기숙하게 하는 경우는 기숙사 규칙에 관한 사항이다(근로기준법 제17조, 시행령 제8조).

③ 근로자명부 및 계약 서류의 보존

점검내용	점검 결과	위반내용 예시
❸ 근로자명부를 작성하여 보존한다. ※ 500만 원 이하 과태료	① 근로자명부를 작성하여 보존한다.	직원명단은 있으나 별도로 근로자명부를 작성하여 보존하지 않음
	② 근로자명부를 작성하나 일부 필요 사항만 기재한다.	
	③ 근로자명부를 작성하지 않는다.	

사용자는 근로자명부를 작성해야 하며, 근로자명부와 근로계약에 관한 중요한 서류를 3년간 보존해야 한다(근로기준법 제41조, 제42조).

➔ 근로자명부의 기재 사항

성명, 성별, 생년월일, 주소, 이력, 종사하는 업무의 종류, 고용 · 갱신 연월일 등 고용에 관한 사항, 해고 · 퇴직 · 사망한 경우에는 그 연월일과 사유 등

➔ 근로계약에 관한 중요한 서류

근로계약서, 임금대장, 임금의 결정 · 지급 방법 및 임금 계산의 기초에 관한 서류, 고용 · 해고 · 퇴직에 관한 서류, 승급 · 감급에 관한 서류, 휴가에 관한 서류, 승인 · 인가에 관한 서류, 서면합의 서류, 연소자증명에 관한 서류

4 연소자증명서

점검내용	점검 결과	위반내용 예시
❹ 18세 미만인 근로자에 대해서는 그 연령을 증명하는 가족관계 기록 사항에 대한 증명서와 친권자(후견인)의 동의서를 갖추고 있다. ※ 500만 원 이하 과태료	① 가족관계 기록 사항에 대한 증명서 및 동의서를 비치하고 있다. ② 가족관계 기록 사항에 대한 증명서 및 동의서를 비치하고 있지 않다.	생산부 소속 ○○○등 18세 미만 근로자 3명에 대해 친권자의 동의서를 갖추고 있지 않음

사용자는 18세 미만인 자에 대해서는 그 연령을 증명하는 가족관계 기록 사항에 관한 증명서와 친권자 또는 후견인의 동의서를 사업장에 갖추어 두어야 한다(근로기준법 제66조).

→ 15세 미만자는 취직인허증으로 갈음할 수 있음

5 야간근로와 휴일근로의 제한

점검내용	점검 결과	위반내용 예시
❺ 18세 이상 여성 근로자를 야간 또는 휴일에 근로시키는 경우는 그 근로자의 동의를 받는다. ※ 2년 이하 징역 또는 1천만 원 이하 벌금	① 근로자의 동의를 받아 야간 또는 휴일근로를 실시한다. ② 근로자의 동의를 받지 않고 야간 또는 휴일근로를 실시한다.	생산부 소속 ○○○등 18세 이상 여성 근로자 10명에 대해 당사자 동의를 받지 않고 야간 및 휴일근로 실시

18세 이상의 여성 근로자를 오후 10시부터 오전 6시까지의 시간 및 휴일에 근로시키려면 그 근로자의 동의를 받아야 한다(근로기준법 제70조).

점검내용	점검 결과	위반내용 예시
❻ 임산부와 18세 미만자를 야간 및 휴일에 근로시키지 않는다. ※ 2년 이하 징역 또는 1천만 원 이하 벌금	① 임산부와 18세 미만자는 야간 및 휴일에 근로시키지 않으며, 근로를 시키는 경우 고용노동부 장관의 인가 등 법령에 정한 절차에 따른다. ② 고용노동부 장관의 인가 등 법령에 정한 절차에 의하지 않고 임산부 및 18세 미만자를 야간 및 휴일에 근로시킴	생산부 소속 ○○○등 18세 미만자 3명에 대해 당사자의 동의 및 고용노동부 장관의 인가를 받지 않고 휴일 근로 실시

산후 1년이 지나지 않은 여성과 18세 미만자를 야간 및 휴일에 근로시키려면 그 근로자의 동의 및 고용노동부 장관의 인가를 받아야 하고, 임신 중인 여성의 경우는 그 근로자가 명시적으로 청구하여 고용노동부 장관의 인가를 받은 경우에 한해서 야간 및 휴일근로를 시킬 수 있다(근로기준법 제70조).

➔ 고용노동부 장관의 인가를 받는 경우 그 시행 여부와 방법 등에 관해서 근로자대표와 성실하게 협의해야 한다.

⑥ 근로시간

1주간의 근로시간은 휴게시간을 제외하고 40시간을 초과할 수 없으며, 1일의 근로시간은 휴게시간을 제하고 8시간을 초과할 수 없다(근로기준법 제50조, 제69조).

→ 15세 이상 18세 미만자의 근로시간은 1주 35시간 1일 7시간을 초과할 수 없다.

→ 소정근로시간이 법정 기준을 초과하는 경우는 초과근로에 따른 가산임금을 지급해야 한다.

점검내용	점검 결과	위반내용 예시
❼ 근로자의 소정근로시간은 휴게시간을 제외하고 1주 40시간, 1일 8시간을 초과하지 않는다. ※ 2년 이하 징역 또는 1천만원 이하 벌금	① 소정근로시간이 1주 40시간 1일 8시간을 초과하지 않는다.	주 40시간제를 시행해야 하나 이를 위반
	② 소정근로시간이 1주 40시간, 1일 8시간을 초과한다.	

7 연장근로의 제한

점검내용	점검 결과	위반내용 예시
❽ 연장근로는 근로자와 합의하여 실시하며, 연장근로시간은 1주에 12시간을 초과하지 않는다. ※ 2년 이하 징역 또는 1천만 원 이하 벌금	① 근로자와 합의하여 1주 12시간 이내에서 연장근로를 실시한다.	생산부 소속 근로자 ○○○등 10명의 연장근로시간이 1주 12시간을 초과
	② 근로자 합의 없이 1주 12시간 이내에서 연장근로를 실시한다.	
	③ 1주 12시간을 초과하여 연장근로를 실시한다.	

당사자 간에 합의하면 1주간 12시간을 한도로 근로시간을 연장할 수 있다(근로기준법 제53조).

8 연장 · 야간 및 휴일근로

점검내용	점검 결과	위반내용 예시
❾ 연장·야간·휴일근로에 대해서는 통상임금의 50% 이상을 가산해서 지급한다. ※ 3년 이하 징역 또는 2천만원 이하 벌금	① 통상임금의 50% 이상을 가산하여 지급한다. ② 통상임금의 50% 미만으로 가산하여 지급한다. ③ 가산하지 않고 통상임금만 지급한다.	연장, 야간, 휴일근로에 대해 가산수당을 지급하지 않음

연장근로와 야간근로 또는 휴일근로에 대해서는 통상임금의 50% 이상을 가산해서 지급해야 한다. 여기서 야간근로는 오후 10시부터 익일 오전 6시까지 사이의 근로를 말하고, 휴일근로는 법, 단체협약, 취업규칙 및 근로계약에서 정한 근로제공 의무가 없는 날에 근로하는 것을 말한다(근로기준법 제56조).

9 임금 지급

임금은 매월 1회 이상 일정한 날짜를 정해서 통화로 근로자 본인에게 직접 지급해야 하며, 법령 또는 단체협약에 특별한 규정이 있는 경우를 제외하고는 그 전액을 지급해야 한다(근로기준법 제43조).

임시로 지급하는 임금, 수당, 기타 이에 준하는 것과 1개월을 초과하는 기간의 출근성적에 따라 지급하는 정근수당 등은 예외로 한다.

점검내용	점검 결과	위반내용 예시
❿ 임금은 매월 1회 이상 일정한 날짜를 정해서 통화로 직접 그 전액을 지급한다. ※ 3년 이하 징역 또는 2천만원 이하 벌금	① 월 1회 이상 일정한 날짜를 정해 통화로 직접 그 전액을 지급한다.	임금은 통화로 직접 지급하고 있으나 ○○○ 등 근로자 25명의 임금 35,000,000원을 점검일 현재까지 지급하지 못함 ○○○ 등 근로자 102명의 임금 135,000,000원을 임금 정기지급일에 지급하지 않고 15일을 지연하여 지급함
	② 매월 1회 이상 지급하지 않거나 통화로 직접 그 전액을 지급하지 않는 경우가 있다.	
	③ 가산하지 않고 통상임금만 지급한다.	

⑩ 금품 청산

점검내용	점검 결과	위반내용 예시
⓫ 근로자가 퇴직하면 14일 이내에 임금 등 일체의 금품을 지급하며, 특별한 사정이 있는 경우 근로자와 합의하여 지급기일을 연장한다. ※ 3년 이하 징역 또는 2천만원 이하 벌금	① 퇴직일로부터 14일 이내에 일체의 금품을 지급한다.	퇴사한 근로자 ○○○등 5명의 임금, 퇴직금 등 12,400,000원을 당사자 합의 없이 퇴직일로부터 14일을 경과한 점검일 현재까지 지급하지 아니함.
	② 퇴직일로부터 14일 이내에 일체의 금품을 지급하지 않는 경우가 있다.	

근로자가 사망 또는 퇴직한 경우는 14일 이내에 임금, 보상금, 그 밖에 일체의 금품을 지급해야 한다(근로기준법 제36조).

특별한 사정이 있을 경우는 당사자 사이에 합의하여 지급기일을 연장할 수 있다.

11 주휴일 근로

사용자는 1주 동안의 소정근로일을 개근한 근로자에게 1주일에 평균 1회 이상의 유급휴일을 주어야 한다(근로기준법 제55조). 유급휴일에 근로한 경우는 휴일근로에 따른 가산임금 50% 이상을 지급해야 한다.

점검내용	점검 결과	위반내용 예시
❷ 1주 동안의 소정근로일을 개근한 근로자에게 1주일에 평균 1회 이상 유급휴일을 준다. ※ 2년 이하 징역 또는 1천만원 이하 벌금	① 1주일에 평균 1회 이상 유급휴일을 부여한다. ② 1주일에 평균 1회 이상 유급휴일을 부여하지 않는 경우가 있다.	채용한 임시직근로자 ○○○ 등 10명에 대해 무급으로 휴일을 부여하고, 출근일에 대해서만 임금 지급

12 유급 휴일근로

휴일은 법이나 단체협약 또는 취업규칙 등에 정하는 바에 따라 근로제공의 무가 없는 날을 말하며, 법정휴일과 약정휴일이 있다.

유급휴일에 근로를 한 경우에는 유급휴일 임금 이외에 휴일근로시간에 대한 임금과 통상임금의 50% 이상을 가산해서 지급해야 한다(총 250%).

점검내용	점검 결과	위반내용 예시
❸ 유급휴일에 근로하면 기본 일급과 휴일근로에 대한 임금 및 가산수당을 모두 지급한다. ※ 3년 이하 징역 또는 2천만원 이하 벌금	① 기본 일급과 휴일근로에 대한 임금 및 가산수당을 모두 지급한다. ② 기본 일급 또는 휴일근로시간에 대한 임금만 지급한다.	근로한 근로자 ○○○등 10명에 대해 기본 일급을 지급하지 않고 휴일근로시간에 대한 임금과 가산수당만 지급

구 분	개 념
법정휴일	법령에 의해 부여된 휴일로서 주휴일과 근로자의 날이 있다.
약정휴일	단체협약이나 취업규칙 등에 정한 휴일로서 유급 또는 무급 여부는 노사당사자의 약정에 따른다.

13 연차유급휴가

점검내용	점검 결과	위반내용 예시
❹ 1년간 80% 이상 출근한 근로자에게 15일의 유급휴가를 주고, 최초 1년을 초과하는 계속근로연수 매 2년에 대해 1일을 가산해서 휴가를 준다. ※ 2년 이하 징역 또는 1천만 원 이하 벌금	① 1년간 80% 이상 출근한 근로자에게 15일의 연차유급휴가를 부여한다. ② 연차유급휴가를 부여하지 않거나 부적정하게 부여한다.	계속근로기간이 1년 이상인 근로자 ○○○ 등 34명에 대해 연차유급휴가를 부여하지 아니함

사용자는 1년간 80% 이상 개근한 근로자에게 15일의 유급휴가를 주어야 한다(근로기준법 제60조, 제62조).

3년 이상 계속해서 근로한 근로자에게는 최초 1년을 초과하는 계속근로연수 매 2년에 대해서 1일을 가산한 유급휴가를 주어야 하며, 가산휴가를 포함한 총 휴가 일수는 25일을 한도로 한다.

연차유급휴가 산정을 위한 출근율 판단 시 근로자가 업무상의 부상 또는 질병으로 휴업한 기간과 출산휴가기간은 출근한 것으로 본다.

휴가는 1년간 행사하지 않으면 소멸하나, 사용자의 귀책 사유로 사용하지 못한 경우에는 그러하지 않는다.

휴가는 근로자가 청구한 시기에 주어야 한다. 다만, 근로자가 청구한 시기에 휴가를 주는 것이 사업 운영에 막대한 지장이 있는 경우에는 그 시기를 변경할 수 있다.

휴가기간에 대해서는 취업규칙 등에서 정하는 통상임금 또는 평균임금을 지급해야 한다.

사용자는 근로자대표와의 서면합의에 따라 연차유급휴가 일을 갈음해서 특정한 근로일에 근로자를 휴무시킬 수 있다.

점검내용	점검 결과	위반내용 예시
⓯ 근속기간이 1년 미만인 근로자에게 1개월 개근 시 1일의 유급휴가를 준다. ※ 2년 이하 징역 또는 1천만원 이하 벌금	① 1개월 개근 시마다 1일의 연차유급휴가를 부여한다.	근속기간이 1년 미만인 근로자 ○○○ 등 10명에 대해서 월 1일의 연차유급휴가를 부여하지 아니함
	② 연차유급휴가를 부여하지 않는다.	

계속해서 근로한 기간이 1년 미만인 근로자에게는 1개월 개근 시 1일의 유급휴가를 주어야 한다(근로기준법 제60조).

점검내용	점검 결과	위반내용 예시
❻ 법령에 정한 절차에 따라 연차유급휴가의 사용을 촉진하지 아니한 경우는 미사용 휴가에 대해 보상을 한다.	① 휴가의 사용을 촉진하지 않은 경우 미사용한 휴가에 대해 수당을 지급한다.	○○○ 등 근로자 34명에 대해 휴가사용촉진을 하지 않고 미사용 휴가에 대한 보상을 하지 아니함
	② 휴가의 사용을 촉진하지 않고 미사용한 휴가에 대해 수당을 지급하지 않는다.	

사용자는 연차유급휴가의 사용을 촉진하기 위해서 연차휴가가 끝나기 6개월 전을 기준으로 10일 이내에 근로자별로 미사용한 휴가일수를 알려주고, 근로자가 그 사용 시기를 정해서 사용자에게 통보하도록 서면으로 촉구해야 한다(근로기준법 제61조).

14 임산부의 보호

점검내용	점검 결과	위반내용 예시
❼ 임신 중의 여성은 출산전후를 통하여 90일의 보호 휴가(산후에 45일 확보)를 주며, 최초 60일은 유급으로 한다. ※ 2년 이하 징역 또는 1천만원 이하 벌금	① 출산휴가를 통해 90일의 보호 휴가를 부여한다.	임신 중의 여성에 대해 산전과 산후를 통해 60일의 보호 휴가를 부여하도록 사규에 규정
	② 90일의 보호휴가를 부여하지 않는다.	

사용자는 임신 중의 여성에게 출산전후를 통해서 90일(한 번에 둘 이상 자녀를 임신한 경우는 120일)의 출산휴가를 주어야 한다. 이 경우 휴가 기간의 배정은 출산 후에 45일(한 번에 둘 이상 자녀를 임신한 경우에는 60일) 이상이 되어야 한다(근로기준법 제74조).

생후 1년 미만의 유아를 가진 여성 근로자가 청구하면 1일 2회 각각 30분 이상의 유급 수유 시간을 주어야 한다(근로기준법 제75조).

15 생리휴가

점검내용	점검 결과	위반내용 예시
⓲ 여성 근로자가 청구하면 월 1일의 생리휴가를 준다. ※ 500만원 이하 벌금	① 근로자가 청구하면 월 1일의 생리휴가를 준다.	생리휴가 청구 절차 및 휴가 사용 시 유·무급 여부에 대한 기준 및 조치 절차 등이 마련되어 있지 않음
	② 생리휴가를 부여하지 않는다.	

사용자는 여성 근로자가 청구하면 월 1일의 생리휴가를 주어야 한다(근로기준법 제73조).

16 해고 등의 제한

사용자는 근로자에게 정당한 이유 없이 해고, 휴직, 정직, 전직, 감봉, 그 밖의 징벌을 하지 못한다(근로기준법 제23조, 제27조).

사용자가 정당한 이유 없이 해고 등을 하면 근로자는 3개월 이내에 노동위원회에 구제를 신청할 수 있다(근로기준법 제28조).

근로자를 해고하려면 해고 사유와 해고 시기를 서면으로 통지해야 한다.

업무상 부상 또는 질병의 요양을 위해서 휴업한 기간과 그 후 30일간 및 출산전후의 여성이 근로기준법의 규정에 의해서 휴업한 기간과 그 후 30일간의 육아휴직기간은 해고하지 못한다.

점검내용	점검 결과	위반내용 예시
⑲ 정당한 이유 없이 근로자를 해고하지 않으며, 해고하는 경우는 해고사유와 해고시기를 서면으로 통지한다.	① 정당한 이유 없이 근로자를 해고하지 않으며, 해고 시 서면으로 통지한다. ② 그렇지 않다. 부적정한 절차에 의해 근로자를 해고하는 경우가 있다.	징계해고한 근로자 ○○○에 대해 해고 사유와 시기를 서면으로 하지 않고 구두 통보함

17 해고의 예고

점검내용	점검 결과	위반내용 예시
⑳ 근로자를 해고하는 경우 30일 전에 예고하며, 30일 전에 예고하지 않는 경우는 30일분 이상의 통상임금을 지급한다. ※ 2년 이하 징역 또는 1천만 원 이하 벌금	① 근로자 해고 시 30일 전에 예고하거나 30일분 이상의 통상임금을 지급한다. ② 근로자 해고 시 30일 전에 예고하지 않거나 통상임금을 지급하지 않는다.	해고한 근로자 ○○○에 대해 2주 전에 해고 예고 후 해고 조치함

근로자를 해고하고자 할 때는 적어도 30일 전에 예고해야 하며, 30일 전에 예고하지 않은 때에는 30일분 이상의 통상임금을 지급해야 한다(근로기준법 제26조).

예고해고의 적용 예외(근로기준법 제35조)

1. 일용근로자로서 3개월을 계속 근무하지 아니한 자
2. 2개월 이내의 기간을 정하여 사용된 자
3. 월급근로자로서 6개월이 되지 못한 자
4. 계절적 업무에 6개월 이내의 기간을 정하여 사용된 자
5. 수습 사용 중인 근로자

---

18 취업규칙의 작성 · 신고 등

점검내용	점검결과	위반내용 예시
❷ 취업규칙을 작성하여 관할 노동관서에 신고하였다. ※ 500만원 이하 과태료	① 취업규칙을 작성하여 관할 노동관서에 신고하였다. ② 취업규칙을 신고하지 않았다.	근로자 10명 이상이 되었으나 점검일 현재까지 취업규칙을 작성해서 신고하지 아니함

상시 10인 이상의 근로자를 사용하는 사용자는 취업규칙을 작성해서 관할 노동관서에 신고해야 한다(근로기준법 제93조).

취업규칙의 기재 사항

근로시간, 휴게시간, 휴일, 휴가, 교대근무에 관한 사항, 임금의 결정 · 계산 · 지급방법, 임금의 산정기간 · 지급시기 · 승급에 관한 사항, 가족수당의 계산 · 지급방법

에 관한 사항, 퇴직에 관한 사항, 퇴직금, 상여 및 최저임금에 관한 사항, 안전과 보건에 관한 사항, 업무 상과 업무 외의 재해 부조에 관한 사항, 표창과 제재에 관한 사항 등

→ 취업규칙을 작성 또는 변경하는 때에는 근로자 과반수 이상으로 조직된 노동조합이 있는 경우 당해 노동조합의 의견을, 그렇지 않은 경우 근로자 과반수 이상의 의견을 들어야 한다(근로자에게 불리하게 변경하는 경우는 그 동의를 받아야 함).

점검내용	점검결과	위반내용 예시
㉒ 취업규칙을 변경하여 관할 노동관서에 신고하였다. ※ 500만원 이하 과태료	① 변경된 취업규칙을 관할 노동관서에 신고하였다.	취업규칙을 변경하였으나 이를 관할 노동관서에 신고하지 아니함
	② 변경된 취업규칙을 신고하지 않았다.	

취업규칙을 변경한 경우 관할 노동관서에 신고해야 한다(근로기준법 제93조, 제94조).

취업규칙을 작성 또는 변경하는 때에는 근로자 과반수 이상으로 조직된 노동조합이 있는 경우 당해 노동조합의 의견을, 그렇지 않은 경우 근로자 과반수 이상의 의견을 들어야 한다(근로자에게 불리하게 변경하는 경우에는 그 동의를 받아야 함).

점검내용	점검결과	위반내용 예시
㉓ 취업규칙을 근로자가 자유롭게 열람할 수 있는 장소에 항상 게시하거나 갖추어 두어 근로자에게 널리 알린다. ※ 500만원 이하 과태료	① 취업규칙을 근로자가 자유롭게 열람할 수 있도록 게시 또는 갖추어 두어 근로자에게 널리 알린다.	취업규칙을 관리부에 보관하여 담당자가 관리하며, 근로자가 자유롭게 열람할 수 없음
	② 취업규칙을 근로자에게 널리 알리지 않는다.	

사용자는 취업규칙을 근로자가 자유롭게 열람할 수 있는 장소에 항상 게시하거나 갖추어 두어 근로자에게 널리 알려야 한다(근로기준법 제14조).

19 퇴직급여 및 퇴직금제도의 설정

점검내용	점검결과	위반내용 예시
㉔ 근로자가 퇴직한 경우는 14일 이내에 계속근로기간 1년에 대하여 30일분 이상의 평균임금을 퇴직금으로 지급한다. ※ 3년 이하 징역 또는 2천만원 이하 벌금	① 계속근로기간 1년에 대해 30일분 이상의 평균임금을 퇴직금으로 지급한다. ② 연봉액에 퇴직금을 포함하여 매월 분할지급하나, 중간정산 요건에 맞지 않는 사항이 있다. ③ 퇴직금을 지급하지 않는다.	계속근로기간 1년 미만인 근로자 ○○○ 등 5명에 대해 연봉액에 퇴직금을 포함하여 매월 분할 지급함

사용자는 퇴직하는 근로자에게 계속근로기간 1년에 대하여 30일분 이상의 평균임금을 퇴직금으로 지급할 수 있는 제도를 설정해야 한다(근로자퇴직급여보장법 제4조, 제8조, 제9조).

20 최저임금의 적용 등

점검내용	점검결과	위반내용 예시
㉕ 근로자에게 최저임금액 이상의 임금을 지급한다. ※ 3년 이하 징역 또는 2천만원 이하 벌금	① 최저임금액 이상의 임금을 지급한다. ② 최저임금액 미만의 임금을 지급한다.	입사한 생산부 소속 근로자 ○○○ 등 5명에 대해 최저임금보다 적은 임금을 지급

사용자는 최저임금의 적용을 받는 근로자에 대하여 최저임금액 이상의 임금을 지급해야 한다(최저임금법 제6조).

단순노무종사자 외의 수습 사용 중에 있는 자로서 수습사용 한 날부터 3월 이내인 자로서 사용자가 고용노동부 장관의 승인을 얻은 경우는 감액해서 적용 할 수 있다.

점검내용	점검결과	위반내용 예시
㉖ 최저임금을 근로자가 쉽게 볼 수 있는 장소에 게시하거나 적당한 방법으로 근로자에게 주지시킨다. ※ 100만원 이하 과태료	① 최저임금을 근로자에게 주지시킨다.	최저임금을 근로자에게 주지시키지 아니함
	② 최저임금을 근로자에게 주지시키지 않는다.	

사용자는 최저임금을 근로자들이 쉽게 볼 수 있는 장소에 게시하거나 그 외의 적당한 방법으로 근로자에게 주지시켜야 한다(최저임금법 제11조).

식대 상향조정에 따른 최저임금 미달 문제 검토

기본급 일부를 공제하여, 식대를 20만 원으로 상향 조정하는 경우는 20만 원의 식대는 전액 최저임금에 포함된다.

최저임금에 포함되는 임금

구 분	성 격	예 시
포함	• 소정 근로에 대한 임금 • 매달 지급하는 임금	기본급, 식비 · 교통비 · 숙박비 등 복리후생비, 매달 지급되는 근속수당, 정근수당, 상여금
불포함	• 소정근로 외 근로에 대한 임금 • 1개월을 초과하는 기간에 걸친 사유에 따라 지급하는 임금	연장 · 야간 · 휴일근로수당, 연차 미사용수당, 1개월을 초과하는 기간에 걸쳐 지급되는 상여금(분기별 또는 반기별 상여금)

한 권으로 끝장내자 인사노무 급여관리 근로기준법 실무설명서

지은이 : 손원준

펴낸이 : 김희경

펴낸곳 : 지식만들기

인쇄 : 해외정판 (02)2267~0363

신고번호 : 제251002003000015호

제1판 1쇄 인쇄 2023년 06월 16일

제1판 1쇄 발행 2023년 06월 26일

제2판 1쇄 발행 2024년 05월 07일

값 : 20,000원

ISBN 979-11-90819-38-1 13320

Korea Good Books

본도서 구입 독자분들께는 비즈니스 포털

이지경리(www.ezkyungli.com)

2개월 이용권(2만원 상당)을 무료로 드립니다.

구입 후 구입영수증을 팩스 02-6442-0760으로 넘어주세요.

K.G.B

지식만들기

이론과 실무가 만나 새로운 지식을 창조하는 곳

서울 성동구 금호동 3가 839 Tel : 02)2234~0760 (대표) Fax : 02)2234-0805